倭国通史

【日本書紀の証言から】

高橋 通
TAKAHASHI Toru

原書房

倭国通史

日本書紀の証言から

はじめに

本書は「倭国《わこく》」の建国（西暦八〇年頃）から滅亡（七〇一年）までを通史としてまとめたものです。「日本国に先行して倭国があった」とする点では「九州王朝説」に属しますが、その基本認識以外の多くの点、特に九州王朝説の一方的な「日本書紀の捏造・盗用」の決め付けには賛同できず、倭国事績と日本書紀が整合する多くの解釈を提案します。史料に基づく論理的検証に徹し、推論を極力排しています。日本書紀にはそれを可能とする十分な記述があるからです。

日本書紀は「倭国不記載」を原則としています。そうした理由の一つは、日本建国後初の遣唐使（七〇二年）に対し、唐が「倭国と日本は別の国」と認定したからでしょう（旧唐書）。一方で日本書紀は、倭国の存在を否定しない配慮が随所に見られます。その結果、日本書紀から多くの「倭国と大和の関係」を読み取ることができます。

それらを含めて本書の「他書と異なる主な主張点」を記して自己紹介に代えさせて頂きます。

一、「倭国の源流は朝鮮半島の倭人国、その半島倭人の先は北九州諸島の海原倭人」と考える。

二、「半島倭国」は北方民族移動によって半島から列島へ押し戻され、「半島倭国の消失」・「列島倭国大乱」・「国譲り」につながった。これら事績は神話化されて海原倭人の「高天原アマテラス神話」の最後部につけ加えられた。半島から列島へ「天降った」時代差で「九州倭国」（国譲り前）と「神武大和」（国譲り後）に分かれた。

三、「卑弥呼の邪馬台国はどこか」論争には与《くみ》しない。なぜなら、「九州の倭国女王卑弥呼と邪馬台国に都する女王は別の国、別の女王」と論証できるからだ。本書の基本論証の一つ。

四、倭国は一貫して倭諸国の宗主国であり、宗主国であろうとした。その根源は倭国女王卑弥呼が魏の皇帝に「其れ（倭）種人を綏撫《すいぶ》し」（魏志倭人伝）と、倭諸国の指導者となることを諭されているからだ。以後、倭国の中国遣使に倭諸国の随行使を許したようだ。台与《とよ》の遣晋使、倭の五王の遣宋使、多利思北孤《たりしほこ》の遣隋使、倭国遣唐使に「大和の随行使」を許している。また、東国征戦・九州征戦・半島征戦で倭諸国を主導し大和もこれに協力している。

五、倭国は一貫して大和を「格下ながら特別な同盟国」として扱っている。その由来を筆者は「倭国の祖は天孫ホアカリ（ニニギの兄）、神武大和の祖は天孫ニニギ（弟）、即ち倭国（兄）≧大和王権（弟）の関係」と推測する（先代旧事本紀）。

六、雄略紀五年条が「倭国と日本は別の国、倭国≠日本」を証明している、とする論証を確認し、傍証を加えて補強した。倭国と雄略朝は百済王家人質を分け合う同盟国だった。従って、倭国が支配する九州に大和雄略朝の将軍墓墳（熊本江田船山古墳）がある十分な理由がある。

七、「磐井《いわい》の乱」で反乱した筑紫君磐井は筑後に栄えた豪族（崇神紀）。反乱の相手は倭国王（筑前）。倭国王から要請された継体天皇が鎮圧軍を派遣したと解釈する。三者（倭国王・継体［応神五世］・磐井［大彦末裔］）の関係には五世遡った祖先達（倭国王・応神天皇・武内宿禰［大彦同族］）の関係が投影されていたと考える。

八、継体天皇と将軍物部《もののべの》麁鹿火《あらかい》は九州で磐井領を収奪し、内政に重心を移した倭国に代わって「任那奪還倭諸国軍司令」として九州に宮を設け（安閑紀）、倭国朝廷に参画した（敏達紀）。「大和王権の九州遷都と倭国朝廷への参画」が論証できる。

九、大和王権は九州に遷都したが、次第に倭国物部氏に取り込まれ蘇我氏に翻弄された。しかし、「三つ目の新九州王権（倭国から独立した上宮王家）と連携し、乙巳の変を契機に合体して大和王権として復活したいきさつ」を日本書紀は明示していないが、隠してもいない。

日本書紀を「不記載・不説明・誤読誘導は多いが虚偽記述は少ない」と理解して取り組めば、数少ない豊富な情報源である日本書紀から得られる正しい情報ははかり知れないと考えます。本書はそのほんの一部でしかありません。

二〇一五年春

高橋　通

目次

はじめに　001

第一章　半島倭人の「倭国統一」、列島へ移動で「倭国大乱」　010

中国の倭人と極東の倭人について、また倭人の「国」の萌芽と「倭国」の初出・倭国の統一・「倭国王が中国遣使」などを紹介する。倭人は朝鮮半島南端にも居て、「倭国」は対馬海峡の両岸にまたがる海峡国家だった。

海外史書と日本書紀神代巻を対応づけ、「高天原神話の最後部は半島の倭領域を反映」「倭奴国は半島系倭人の国」「半島系が海原系を含む倭諸国を統一」「大陸民族の玉突き南下が倭国大乱の要因」「海原系の発展と後退」などを検証する。最後に「倭人は呉の太白の後裔か？」を検討する。

第二章　「倭国女王卑弥呼」と「邪馬台国女王」は別の国、別の女王　053

魏志倭人伝に基づく「邪馬台国論争」の大和説と九州説を紹介し、魏略に基づく第三の説を論証する。それらを加え、歴代中国史書の解釈と誤解を整理した。別の命題「倭国女王卑弥呼の都は九州のどこか？」論争には立ち入らない。

第三章　纏向・神武・崇神・仲哀——それぞれの倭国との関係　074

三世紀後半〜四世紀の倭国と大和の関係を述べる。
まず、天孫ニニギの降臨の時期、前方後円墳の由来、神武東征と倭国の関係を検証する。記紀は神武・崇神・景行の並立した三系統を縦につないで万世一系としている。大和では何度かの王権交代があったが、王統融合とアマテラス祭祀を加えた祭事権の継承を伴うものだった。景行・（日本武尊）・仲哀は崇神朝の将軍として倭国征戦に協力し、後に天皇に追諡号されたと考えられる。

第四章　仲哀皇子／応神、仲哀皇子／仁徳を同一人視　103

四世紀後半、倭国・大和は連携して新羅征戦を実行した。これに関連した事績「日本貴国」「神功皇后と皇子の大和帰還」「皇子の北大和進出と崇神系王権との交代」を検証する。貴国王が応神天皇に代わると広開土王と戦い大戦果があった。しかし、最終的に新羅から人質をとって支配下に置いたのは仁徳天皇の時だ。ここまでの四〇年間数代の事績を神功紀は三六二年条に一括記載している。その結果「仲哀の皇子＝応神天皇」の同一人視が通説となった。
仁徳が新羅征戦を完了し、貴国を河内に遷都して近畿諸王権を支配下においた。その結果「倭国は近畿・大和も支配して列島統一を果たした」として中国宋から倭国王に叙せられた。

第五章　日本書紀の証言、「倭国≠日本」と「倭国≧日本」　143

日本書紀の分析から『大倭≠日本』『倭国天王≠日本天皇』を論証する。また、宋書から「倭王武は衰退の王」であって、「隆々たる雄略天皇」ではあり得ないことを示す。しかし、両者は共にアマテラスを祀る友邦であるとともに、

倭国を宗主国とする倭諸国の筆頭として大和は「倭国≧日本」と表現されるような関係と考える。

「獲加多支鹵（わかたける）大王」の銘のある鉄剣が熊本県と埼玉県から出土したが、「倭国王が支配する九州の中に、雄略天皇の将軍の墓が存在する十分な理由がある。日本貴国の後裔である筑紫君が鍵」との解釈を提案する。

第六章 「筑後の豪族、磐井の乱」と「大和王権の九州遷都」 182

六世紀には東アジアの各地で下克上が起こった。倭国内部でも「倭国王に対する磐井の乱」があった。鎮圧要請を受けた継体天皇は物部麁鹿火を派遣して反乱軍を鎮圧した。その見返りに九州に拠点を得て、更に筑紫君系所領を次々と収奪した。継体天皇の次安閑天皇は「任那奪回連合軍総責任者」として「九州の勾金橋」に遷都し、倭国朝廷に参画した。この論証によって初めて「難波（筑紫）の堀へ棄仏」も「推古の大和遷都（帰還）」も納得され、「日本書紀の捏造」説の多くが否定される。「九州に重心を移した欽明～敏達朝」は物部尾輿大連・蘇我稲目大臣によって実質的には倭国朝廷に取り込まれてゆく。

第七章 俀国王多利思北孤と上宮王と大和推古天皇 223

六世紀、中国の混乱に呼応して列島も「権威の崩壊」と「新しい体制の模索」が続いた。倭国王家では物部氏が外戚として専横した末に討伐され「倭国王権が復活」した。これを主導した新興の蘇我氏は敏達後継を肥前に囲い込んで「蘇我系大和王権（肥前）」とし、用明・崇峻・推古と続く。倭国王家中枢の王族上宮王が「上宮王家独立」を果たし、上宮王・（聖徳太子）・□・舒明・皇極／斉明と続く。一方、蘇我系大和王権は推古の代で「大和王権として大和へ帰還遷都」した。

倭国は「俀」と更号し、天子を自称して遣隋使を送り「対等外交」を試みた。また、この遣隋使に小野妹子を随行させた大和推古天皇は初めて大和独自の「朝貢外交」を試みた。しかし、それらの試みは隋の煬帝の老獪な二股外交によって両方とも失敗した。

第八章　上宮王家の大和合体と倭国白村江の戦　263

隋から唐に代わると、倭国王は再び天子を自称し、倭国は遣唐使は送っても朝貢はしなかった。上宮王家と大和王権はそれぞれ親唐自主外交を模索した。

蘇我氏の専横に対抗して上宮王家（皇極）と大和王権（孝徳）は密かに連携して「乙巳の変」で蘇我宗家を滅ぼした。紆余曲折があったが、孝徳が崩ずると斉明が継承（重祚）して「大和王権／上宮王家の合体」を実現した。

半島では百済が唐・新羅に滅ぼされ、百済の遺臣らが倭国に救援要請をしてきた。倭国は「百済救済」の派兵を号令した。斉明天皇は結局「百済救済」に加わった。白村江の戦いで倭国・倭諸国連合軍は敗れた。

第九章　天智の「日本」と天武の「大倭」　302

白村江の敗戦後、九州倭国は唐によって傀儡化された。大和の天智天皇は傀儡倭国と距離を置き「倭国からの独立、親唐日本国」を構想して大和を「倭国（分国）」から「日本国」へ改号宣言した。

しかし、壬申の乱で天智天皇から天武天皇へ代わると、反唐派の天武天皇は唐と対立する新羅に近づいた。新羅が唐に勝って朝鮮半島で支配的になると九州に駐留していた唐軍は縮小され、傀儡倭国の力も弱まった。大和の天武天皇は、次第に列島の単独支配者になっていった。天武天皇は「大和の日本と九州の倭国の統合」=「大倭国構想」を進めた。

第十章　倭国の終焉と日本建国　317

傀儡倭国は駐留していた唐軍の撤退と共に消滅した。天武天皇の「大倭国」構想も天武天皇の崩御と共に消えた。持統天皇が天智天皇の「親唐日本国構想」を復活させて、それを文武天皇が実行した。唐と対等に外交しようとする俀国・大倭の精神は封印され、日本建国は唐への「朝貢」遣唐使で完成した。唐は「日本国と倭国は別の国」と認定し、それに従って日本書紀は「倭国不記載」とした。

倭国と大和は政事的に対抗することはあっても対立までは到らず、むしろ政・祭を分担してきた。倭国の自滅によって大和は祭事朝廷色を色濃く残したままの日本国を建国し、今日に至っている。

第一章　半島倭人の「倭国統一」、列島へ移動で「倭国大乱」

◉倭・倭人――南方と東方の倭人

日本列島がまだ縄文時代だった紀元前一一世紀に、倭人が中国の周《しゅう》に朝貢した、という文献がある。これが「倭《わ》・倭人」の最も古い時代を記述したものだ。

論衡《ろんこう》[1]巻八
「暢草《ちょうそう》（薬草）は倭より献ず」

論衡巻一三
「周時（紀元前一一〇〇年頃）、天下太平にして、越裳《えつしょう》、白雉《はくち》を献じ、倭人、鬯艸《ちょうそう》を貢す」

「倭人」とは「中国大陸南東部の沿海漁民で、鯨面文身する種族」を指してきた。「委（漁民がフカなどをおどす為の入れ墨）の人」が語源とされる。[2] 論衡の記述はその中国南東部の倭人であろう。その後、極東にも鯨面文身する漁民がいることが次第に知られ（紀元前一世紀頃）、中国はこれも同様に倭人と呼んだ[3]（後述）。

この「倭」には第十章で述べるように「日本改号」と関係する字義がある。

旧唐書《くとうじょ》[4]東夷伝《とういでん》倭国条

「倭国は自らその名の雅《うつく》しからざるを悪《にく》み、改めて日本となすと」

なぜ「倭国」の名が雅しからざるのか？　それはこの字を文化程度の低い風俗（文身）を指す卑字とする解釈[5]があるからだ。しかし、これは「倭国から日本への変遷」の過程で主張された一つの見方であって、歴史的に卑字と思われ続けたわけではない。別の字義から良い意味にも解釈されてきた（次節）。

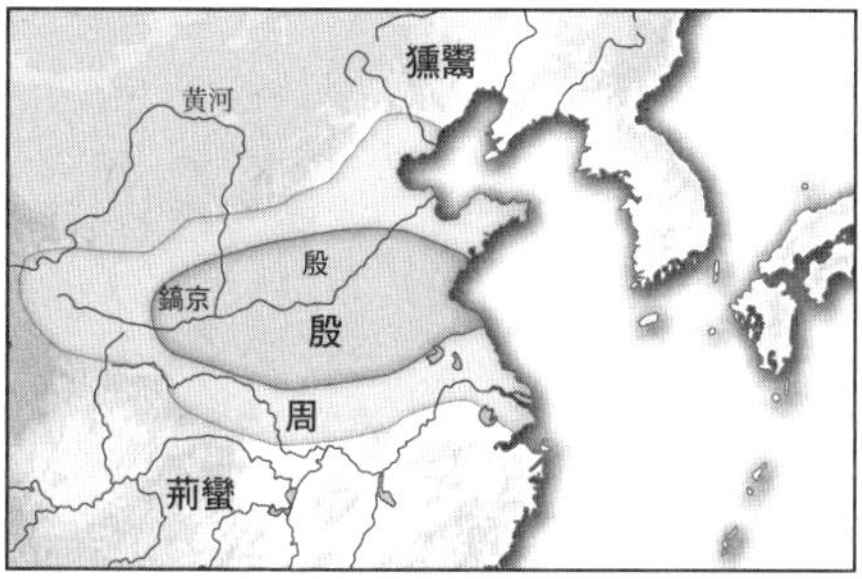

紀元前 1100 年頃の中国と日本

◉徐福伝説――東海の倭人

史記[6]によれば、秦始皇帝《しこうてい》の時代（紀元前二二〇年～二〇一年）、方士（仙術士）徐福《じょふく》が不老不死の仙薬を求めて東海の地に到り留まって王となった、という。

史記秦始皇本紀《しきしんしこうほんぎ》（前二一二年）

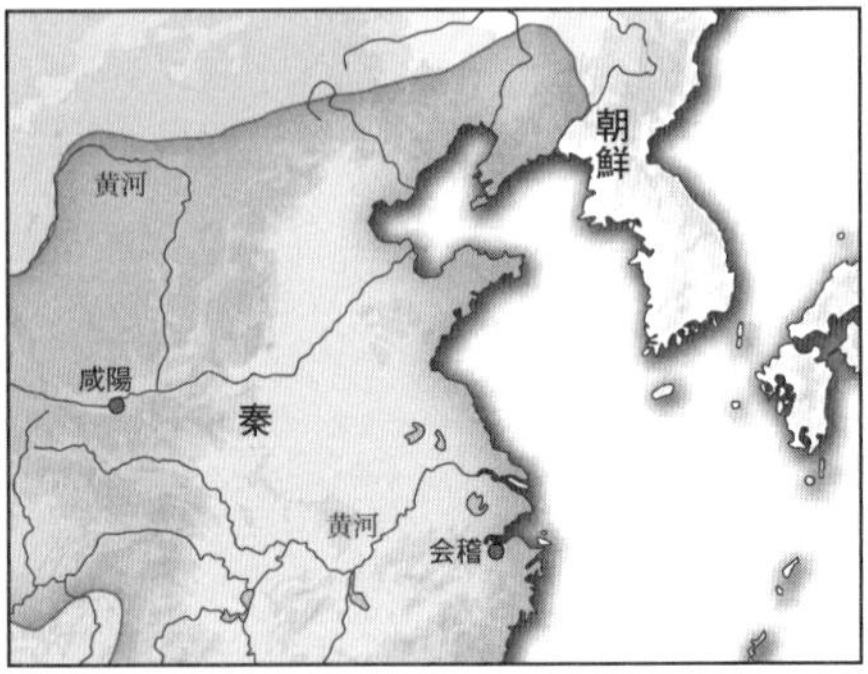

紀元前３世紀。秦の時代の会稽

「薺の人徐市（徐福）ら上書して言う、海中に三神山あり、名づけて蓬萊《ほうらい》、方丈《ほうじょう》、瀛洲《えいしゅう》と曰う、仙人これに居る。請う、斎戒して、童男女と之を求むることを得ん［…］秦の皇帝大に説《よろこ》び、振男女（童男女）三千人を遣わし、之に五穀の種、種百工を資して行かしむ。徐福平原廣澤を得、止りて王となりて来（帰）らず」

三国志《さんごくし》[7]呉書

「（徐福）蓬□（欠字）山の神仙を求めるも得ず、徐福誅を畏れて敢えて帰らず、遂にこの洲に留まる。世世相伝承し、数万家を有す。人民時に会稽《かいけい》に至り交易す。会稽東冶県の人、海に行きて風に遭い、漂流して□洲（欠字）に至る者あり。絶遠に在り、往来すべからず」

この伝説で中国人に「東方絶縁海中に知られざる温和な国、あこがれの理想郷がある」との認識が広まった。そして、「東方の倭・倭人」とはひょっとしてこの理想郷ではないか？　なぜなら、『倭』は『委（ゆだねる）の人』、『委』とは『おとなしい』の意」（説文解字《せつもんかいじ》[8]）だから、と。「倭」のもう一つの字義だ。後の中国史書が「倭国」の位置を会稽東冶の東とするのはこの伝承に由来する。

いっぽう、会稽東冶の東海の洲とは日本列島だとする解釈が日本側にも古くからあり、各地（佐賀・和歌山・富士など三〇地域）に徐福到来伝説が遺存する。この東海の洲が「倭」なら、その「王」は初めての倭王ということになるが、内外にそれを裏付ける史料はない。

なお、魏略逸文（後述）に「倭人には自らを（会稽北の呉の）太伯《たいはく》（王族）の後（後裔）、とする伝承がある」との記録がある。これについてはやや複雑なので、本章末で紹介する。

◉倭、国の萌芽

紀元前一世紀、漢代事蹟の記録漢書《かんじょ》[9]に次の一節がある。

漢書地理志
「楽浪[10]海中倭人有り、分かれて百余国をなし、歳時を以って来たり献見すと」

「倭人とは」ではなく、いきなり「倭人有り」が出てくる。漢書は、「倭人」を周知のものとして扱っている。「論衡ですでに御存知の黥面文身する漁民、すなわち倭人が楽浪海中にもいる」と言っているのだ。「倭人」を黥面文身する漁民全般、南海倭族も含むような表現である。これが前漢時代の認識なのだろう（漢書の編纂は後漢時代）。また、倭人という未開種族が国を造ることの意外性を伝えつつ、「百余国ではまだまだ統一国家とは言えない初期段階」というような伝え方だ。

◉西暦一世紀——倭国の倭奴国

次の時代を記した後漢書《ごかんじょ》[11]では、漢書のこの記事を受けて倭についてさらに詳しく（千字強）記している。

後漢書東夷伝《とういでん》倭条
「倭は韓の東南大海中に在り［…］凡そ百余国［…］使駅を漢に通ずる者三十国ばかり、皆王と称す」

ここでは「読者はすで極東の海の倭人を知っている、倭人と言えば極東の倭人だ」という立場で、「南海の倭族」などを字義からはずしている。南海の倭族は開化されて鯨面文身の習俗を棄て、その結果「文身する倭族の居住する地域は極東のみ」となったのかもしれない。これが後漢時代の認識なのだろう（編纂は宋代）。

一世紀の前半、倭はまだ統一されていなかったが「倭国」という捉え方がされ始めた。

後漢書五七年
「倭奴国、貢を奉りて朝賀し、使人は自ら大夫と称す。倭国の極南界也。光武は賜うに印綬を以てす」

「倭奴国」は九州福岡の湾に突き出た志賀島《しかのしま》から出土した金印「漢委奴国王印《かんのゐぬこくおうのいん》」の「委奴国」[12]だとされる。それもあって、この文献は多くのことを示唆している。

一、倭奴国が北九州にあったことは、志賀島の金印の鑑定から定説化して異論のないところだ。

二、北九州の倭奴国が倭国の極南界だから、倭国が九州内陸部には及んでいないこと、また次節で説明するように倭国が朝鮮半島にも及んでいたから、倭国は対馬海峡の両岸に存在した。

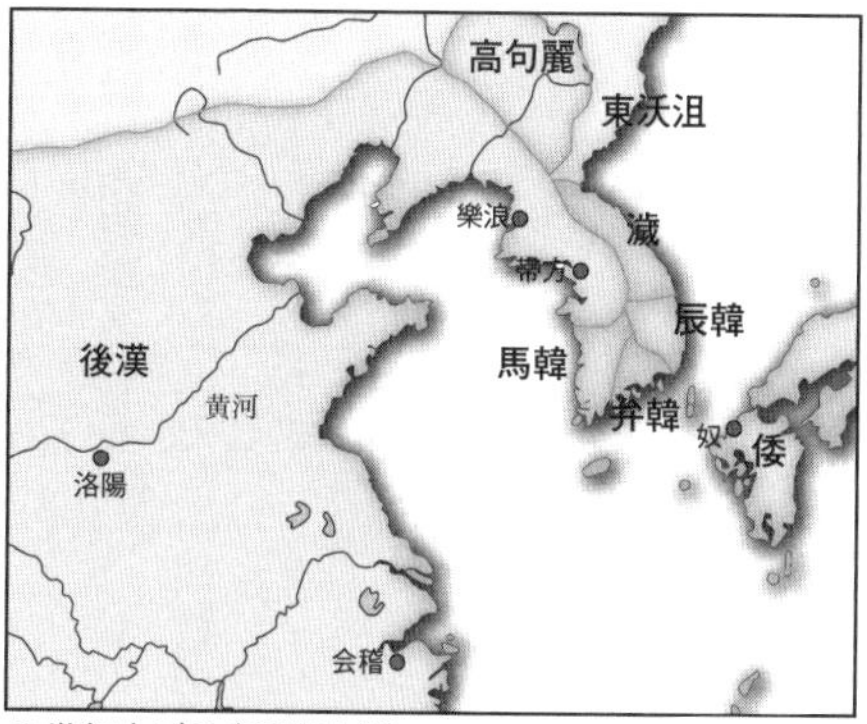

2世紀中ごろ（後漢時代）

三、中国に朝貢した倭奴国を「倭国の極南界」としていることで、倭国は朝貢していなかったこと、倭国は統一されていなかったことがわかる。その理由は、もし倭国が中国への朝貢国なら、その属国（倭国の倭奴国）の朝貢を中国は二重には受けないからだ。また、統一が成っていれば、倭国は支配下の倭奴国の「頭越しの中国への朝貢」を認めなかっただろう。これらから「倭国」は倭諸国の総称、と理解される。

四、倭奴国に認められたのは「倭奴国／倭奴国王」だが「倭国の中の抜きん出た国王」の印として、金印を得ることができた。将来の「倭国王」を保証されたに等しい扱いだ。これにより「朝貢」と「叙位」の典型的な冊封体制に初めて入った。倭奴国は倭国統一へ向かったと解釈できる。

◉倭、朝鮮半島にも

倭は大海中だけでなく朝鮮半島にもあった、と同じ後漢書は記述している。

後漢書東夷伝韓条

「韓に三種有り［…］馬韓《ばかん》は西に在り［…］南は倭に接す。辰韓《しんかん》は東に在り［…］弁辰《べんしん》は辰韓の南にあり［…］其の南亦《また》倭に接す［…］地合方四千余里、東西海を以って限りと為す［…］馬韓［…］其南界は倭に近し、亦文身する者有り。辰韓［…］鉄を出す。濊《わい》、倭、馬韓これを市に求める［…］弁辰は［…］其の国は倭に近し、故に頗ぶる文身する者あり」

「韓（三韓）は東西を海、南を倭と接する」としているから「朝鮮半島南端にも倭があった」と解釈できる。「弁辰［…］其の国」とあり国扱いだから、それと並記される馬韓・弁韓・倭も国扱い、と解釈される。

また「馬韓・弁辰は倭に近い故に文身する者がいる」として、言外に「韓人は一般には文身しない。倭の倭人は言うまでもなく文身する」として「三韓に接する倭は別民族」との認識を示している。また、倭が鉄を韓に求めたことが記されている。

◉「半島の倭」、もう一つの史料「多婆那国と脱解王」

「半島の倭」が辰韓（後の新羅《しらぎ》）の史書にも出てくる。辰韓四代目脱解王《だっかいおう》誕生説話だ。

三国史記[13]新羅本紀
「脱解は［…］もと多婆《たば》那国の生れ［…］その国は倭国東北一千里に在り［…］その国王の妻が大卵を生む、王曰く［…］これを棄てよ［…］海に浮べ往く所を任せた［…］初め金官《きんかん》国海辺に至り［…］金官人怪みてこれを取らず［…］辰韓に至り［…］（辰韓の）先王命じて曰く、吾が死後［…］よって位を継ぐ（五七年）［…］倭国と好交を結ぶ（五九年）」

「脱解王は卵から生まれた」という辰の王室神話だが、倭国の具体的な地理を示唆している。「倭国から東北一千里で多婆那国、そこから海流に乗って金官・辰韓へ至った」という記述だ。これを検討する。

一、金官国は弁韓（後の伽耶《かや》）の東域と知られている。海流で流された方向と距離から多婆那国は金官の西方海岸域（上流）である。そこは弁韓の東域か馬韓である（後漢書韓条）。
二、「倭の北は馬韓か弁韓である。馬韓は西寄り、弁韓とその北の辰韓は東寄りである」（後漢書韓条）。「多婆那国は倭の東北」（三国史記）とあるから、合わせ読めば多婆那国は弁韓か辰韓である。
三、以上の共通域は弁韓だ。多婆那国は弁韓の東域海寄り、と解釈できる。

四、「千里」はこの時代約八〇キロメートルである。根拠は「楽浪郡から九州北端まで一万里（現在計測で約八〇〇〇キロメートル）」（魏志倭人伝）である。

五、以上の条件を満たす領域を地図に求める。候補は多くなく「多婆那国の南西八〇キロメートルにある倭国」とは「弁韓の南、馬韓寄りの海岸地方」とほぼ特定できる。これは対馬の東一五〇キロメートルの半島南部だ（次頁地図参照）

六、従来、「倭国＝大和」説では「多婆那国とは丹波（大和の北）」と解釈し、「倭国＝北九州」説では「倭国の北東八〇キロメートルの多婆那国とは関門海峡あたり」と解釈をしてきた。しかしこれら「倭国は列島内」を基にした両説に拠ると、多婆那国から海流に乗ればさらに東北（北陸方面）に流れて半島から遠ざかり、辰韓に至ることはできない。それに対し、半島に（も）倭国があったという解釈に基づけば、「多婆那国は倭国の東北八〇キロメートルの弁韓南部」と比定できて、三国史記の説話を説明できる。地理が納得性を持つから伝承が成り立つのだ。

以上から、「多婆那国と脱解王」の説話は半島の倭の具体的な領域を示唆している、と解釈できる。

◉倭国統一

「脱解王は五九年に倭国と友好を結んだ」（三国史記、前出）とあったが、三国史記の記述の流れからこの倭国は多婆那国の近くの半島倭国であろう。「脱解王は倭国と一元的な外交ができた」とは「倭国は統一された」を意味するのだろうか。しかし、これは前述「倭国の倭奴国」（後漢書五七年条）の項

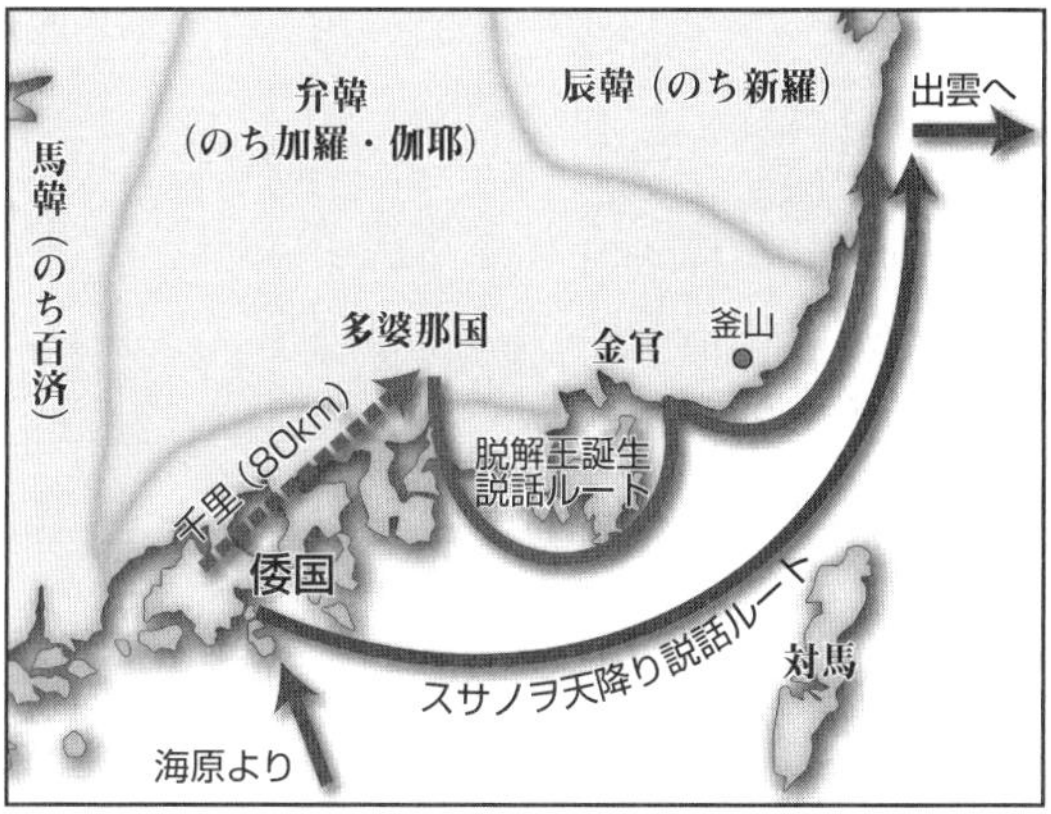

神話から推定する半島の倭

三の「倭国は統一できていない」と矛盾する。恐らく状況は単純ではなく、倭国は半島を主体に統一の過程にあったが倭国の極南界の倭奴国が一方的に独立を宣言して勝手に中国に遣使したなどの対立的関係も推測される。

それから五〇年ほどのち、倭国は後漢に遣使した、と後漢書にある。

後漢書東夷伝倭条一〇七年

「倭国王帥升《すし》[14]等、生口《せいこう》一六〇人を奉献し、請見を願う」

後漢書安帝紀一〇七年

「倭国使いを遣わし奉献す」

魏志倭人伝[15]

「その国（倭国）は本《もと》も亦男子を以って王となし、住《とど》まること七、八〇年なり。倭国乱れ相攻伐すること歴年。すなわち一女子を共立して王となす。名づけて卑弥呼《ひみこ》という」

後漢書倭伝

「桓・霊の間、倭国大乱［…］歴年主なし」

「倭国は乱れる前に男子の倭国王が居て、遣使して朝貢を願い出た」とは「倭国は統一された」と考えられる。ここでは統一時期のみ検討し、「倭国大乱」については後述する。後漢桓帝《かんてい》（一四七年〜一六七年）、霊帝《れいてい》（一六八年〜一八九年）の年代がわかっているから「その前の男王が居た七〇〜八〇年間」を基に統一年代を逆算してみる。[16] その結果を略記すると「西暦八〇年頃、倭国は男王によって統一され、一〇七年に倭国王帥升が遣使した。統一は一五〇年〜一六〇年まで続いたが、その後大乱が二〇年前後続いた（一六〇年〜一八〇年）」となる。

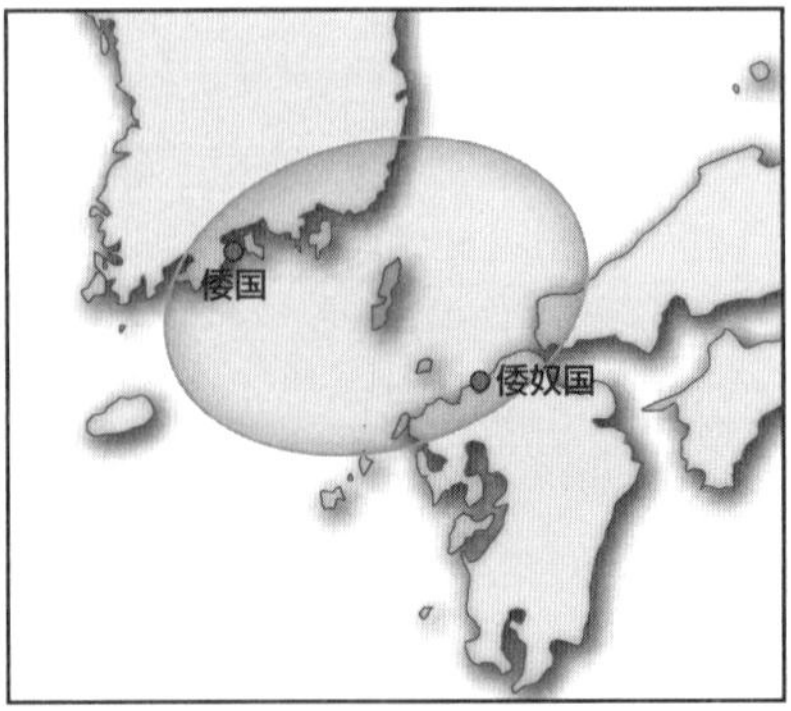

倭国（中央アミ）は海峡国家

◉統一倭国は海峡国家

統一された「倭国」とはどの範囲か？　すでに述べた三つの記述から「統一倭国」は「朝鮮半島南端と北九州を含む海峡国家」だったことがわかる。三つとは「倭奴国（北九州）を極南界とする倭国」（後漢書五七年条）、「倭国と好交を結ぶ」（三国史記五九年条、前出）、二〇年前後あとの「倭国統一」で、これは史書の表現からも同一の「倭国」と考えられるから、統一倭国は朝鮮半島南端と北九州を含む。ただし、この統一が「倭奴国による倭国統一」なのか「倭国による倭奴国統合」なのか、従って「倭国の中心拠点は北九州か、半島か」はこれだけではよくわからない。

◉「倭国王」は自称の段階

中国史書の外交の記述に現れる称号には、遣使する側の「自称」と中国皇帝による「叙位」がある。また遣使側の方物（宝物）献上には儀礼的な「献ずる」と中国の冊封体制下での「朝貢」「貢献」と、その両方に使われる「奉献」がある。それについては第五章で論じるが、後漢書の「倭国王帥升」の場合は献上品の内容からも単なる儀礼的「献ずる」を超えた「奉献」である。「請見」を願っている、つまり朝貢を願い出た、との記事だから、逆に未だ朝貢に到っていない状況だ。従って「倭国王」は与えられた称号ではなくて「自称」の段階と考えられる。

これに対して後漢がどう反応したか、冊封体制の象徴である「朝貢」「爵授叙位」の記事は残っていない。倭奴国の印綬を記した後漢書がそれを記していないことは統一承認と冊封体制に到らなかった可能性が高い。倭国の主張する統一はまだ不十分と判定されたからかもしれない。その推測の根拠の一つは、後漢書には「倭国王帥升等」とあり、複数の王とも読める。そこで「倭国は連合国家だった、倭諸国王の一部（半島南部の倭国？）の王等が倭諸国を代表して楽浪郡まで出向き、奉献して請見を願った、洛陽には使いが行った（帝紀《ていき》）、しかし良い返事はなかった」と考えることもできる。

◉倭国が倭奴国を統合

「倭奴国の建国から二〇年程後（八〇年頃）に倭国が統一されたこと、さらに三〇年程後に倭国は後漢に遣使した、しかし承認と叙位はあった形跡がない」と前述した。この統一について検討する。

倭奴国が倭国を統一したならば冊封体制の継続であるから、後漢は新倭国に対して統一承認と叙位をするのが自然だがそれがない。このことから逆に、(半島の) 倭国が倭奴国を含めて統合したと考えられる。

では、なぜ後漢は新倭国に承認を与えなかったのか？　一つの理由は、倭国は未だ連合国家で、大陸的な意味の統一国家でなかった可能性がある。加えて、漢や韓から見れば、海原《うなばら》の倭人が半島を荒らし (三国史記前五〇年、後一四年)、しだいに半島内に「倭国」を形成しつつあるのを問題視していた可能性がある。後に漢に代わった魏は半島の倭を帯方郡に付属させた(後述)。中国は半島の倭を冊封体制ではなく、帯方郡のように直轄領にする方針があったのだろう。狙いは新羅・伽耶諸国 (半島南東部) の鉄だと考えられている。結局中国は倭国に承認を与えなかった。

この点､海の向こうの倭奴国や後の卑弥呼の倭国は事情が異なる。半島の倭の一部が海原の倭を制圧し、はるか絶遠の地である北九州にまで達して倭奴国を建てた後、後漢に朝貢してきた。これは「漢の文化圏拡大の成果として顕彰に値する事績」として、また半島の倭国を牽制する意味も込めて後漢は「倭奴国」に金印を与えたと解釈できる (遠交近攻策)。

◉倭国大乱

そのような状況の中で「倭国大乱」が一六〇年〜一八〇年頃起きた。中国史書は「卑弥呼を共立して収まった」と述べるのみで、その原因・対立勢力・収拾の中身についてなにも言及していない。それがさまざまな推測と仮説と論争を巻き起こしてきた。特に考古学から土器・金属 (銅鐸・銅矛など)

の出土分布研究、高地集落遺跡など、中国文献の北方民族移動の波及、日本書紀の「国譲り」物語と関係づける案などがある。しかし、分野間の説に整合性が欠けるなど定説化していない。

◉半島情勢――韓の強勢

ここでは「倭国大乱」を取り巻く国際情勢に着目する。魏志韓伝の二世紀後半の記述に「半島の倭」と関係のある部分がある。括弧は筆者追記。

魏志韓伝
「桓帝、霊帝（一四六年〜一八九年）の末、韓・濊《わい》（北朝鮮の日本海側、辰韓の北、後の高句麗）が強勢となり［…］多くの民が韓国（三韓？）に流入す。建安年間（一九六年〜二二〇年、後漢末）［…］（漢の）遺民を集めるため、兵を挙げて韓と濊を討伐したが、旧民はわずかしか見出せなかった。この後、倭と韓を遂に帯方（郡）に帰属させた」

この記述の「倭」は「半島の倭」と考えられる。この記事では後漢の関心が半島の漢民の保護にあり、海中の倭を視野にいれていないからだ。「帰属させた」とは半島の倭を帰属させたと考えられる。
ここで注目するのは「桓帝、霊帝末に韓が強勢となった」とある点だ。「霊帝末」なら一八〇年頃となるが、「桓帝、霊帝の末」とは「二帝にまたがる後半」と解釈でき、「桓帝末」の一六八年を含む一六〇年〜一八〇年にあたり、ちょうど倭国大乱のあった頃だ。この二つの史実「韓の強勢」と「倭国大乱」は関係があるのだろうか？

◉半島倭人の南下で倭国大乱

当時は後漢末の混乱期で、その最後が黄巾《こうきん》の乱（一八四年）だ。その間、民族間の玉突きのような移動と争いが多い。「韓・濊が強勢となり」とは北方からの圧力で民族南下が起こり、多くの民が韓国（馬韓・辰韓）に流入したと解釈できる。その結果、在来韓人は隣接する倭領域に押し出され、半島南部の倭人が難を逃れて列島に多く流入した可能性がある。

さらにこの頃、半島南部にしばしば飢饉が起こったと記録されている。これも半島の倭人が列島へ移住する原因になったと考えられる。

三国史記新羅本紀
一二五年「靺鞨《まっかつ》（後の高句麗）が（辰韓の）北部へ侵入」
一三七年「靺鞨侵入」
一四〇年「柵を作って靺鞨侵入を防ぐ」
一四五年「春夏旱魃となり、（辰韓の）南地最も甚だしく民飢える」
一七三年「倭女王卑弥呼遣使来聘」
一九三年「倭人大飢饉、求食者千人余」
二〇三年「靺鞨侵入」

二〇八年「倭人侵入」

一四五年の「南地」とは辰韓の南地だが、半島南端の倭人も同様に飢えただろう。一九三年、農地の乏しい新羅に、しかも弁韓を越えて倭の難民がこれ程押し寄せる事態は、食糧でより豊かな馬韓・北九州へ難民がさらに大挙流入したと考えられる。北九州への難民はまず同系の倭国を頼っただろうが、膨張するとその周辺の在来倭人を追い払っただろう。その結果、北九州・九州内陸部・一部本州で「半島系の倭人が列島に流入して列島在来倭人との間で倭国大乱となった」可能性が考えられる。

ここで注目されるのは、飢饉の記事に囲まれて「一七三年、倭女王卑弥呼遣使来聘」とあることだ。卑弥呼については第二章で詳しく検討するが、倭国大乱を収拾するために一七〇年頃卑弥呼が共立された、しかし収拾にはなお一〇年を要した、と考えられる。その間の一七三年の卑弥呼の対辰韓外交は単なる儀礼外交ではなかっただろう。北方からの圧力や飢饉で半島倭人が難民化したこと、難民が列島へ流入したり半島の倭によって積極的に列島開拓地に送り出されたりした、卑弥呼はその受け入れ側（または拒絶側）だったとも想像される。これには前節の「後漢が漢の遺民を守る」との政策を実行したことが参考になる。

◉倭国大乱の収拾後「半島の倭」は失われた

倭国大乱は一八〇年頃にようやく収拾された（魏志倭人伝）。半島の倭国は支配域を九州内陸部にまで広げ、半島の倭人を盛んに列島の新支配地に入植させた可能性がある（天孫ニニギの日向への天降りなど)。

いっぽう、半島では濊・韓の南下に加え、楽浪郡(後漢)から帯方郡(魏)への交代に伴う混乱が半島の倭にさらなる圧力を加えた。

魏志韓伝

「この後(二二〇年以降)、(半島の)倭と韓を遂に(魏の)帯方(郡)に帰属させた」

「帰属」は「倭」がなくなったことは意味しないが、倭国は本拠を北九州に移動させて、その後半島の倭はなくなった。別の史料でそれが確認できる。魏の使いが倭国に至る道行き記事だ。

魏志倭人伝(前出)二四〇年

「(帯方)郡より倭に至るには、海岸を水行して韓国をめぐりて、南東し、其の北岸狗邪韓国《くやかんこく》に到る、七千余里、始めて一海を渡る、千余里対馬国に至る」

二三九年、卑弥呼は遣魏使を送ったが、「翌年魏の使いが詔書・印綬を奉じて訪倭した」とあり、この時の報告がこの文章と考えられている。後漢書や三国史記が「半島の倭」と記した半島南端を通りながら一言も「倭」に触れず、逆に「狗邪韓国」という韓人の国を思わせる国に触れている。倭人が残っていたかもしれないが「倭(国)」はすでに半島にはなかったことを示している。

従来この文章の「其の北岸」とは「倭の北岸」の意味で狗邪韓国は倭国の一部とする解釈が有力だった。これは「倭国の極南界の倭奴国」（後漢書五七年条）と組み合わせた解釈だ。しかしこれら二文は時代が違い（五七年と二四〇年）、そのあいだに前述した「帯方郡が二二〇年以後に（半島の）倭と韓を帰属させた」（魏志韓伝）という史実が入る。従って「（半島の）倭と韓が帯方郡に帰属させられた後（二二〇年〜二四〇年の間に）、半島の倭はなくなりそこに韓人系の国ができた」と解釈できる。その根拠の一つとして注目すべきは文中の「至る」と「到る」の使い分けだ。目的地の倭国・対馬には「至る」とし、狗邪韓国には「到る」としているから「（倭の北岸）狗邪韓国に至る」の意味ではなく、「（帯方郡より半島西岸を南へ、半島南端を東へ）水行して、其の北岸（左舷が）狗邪韓国に到る（時）［…］始めて一海を渡る」と括弧を補った意味、すなわち「渡海行動を起こすべき地点を示した」と取れるからだ。

結論として「二四〇年時点では、朝鮮半島には倭（国）はなかった」と解釈できる。半島の民族間の玉突きのような南下の結果として半島の倭人が同様大挙南下して海峡を渡り、列島に押し寄せた可能性が高い。倭人にはそれを可能にした渡海能力があった。例えば、

三国史記新羅本紀一四年
「倭人兵船百余艘を遣わし、海辺の民戸を掠《かす》める」

その結果「半島の倭」が失われた。以後、倭（国）・倭人は列島のみを領域・居住域として発展を遂

げてゆくことになる。

◉記紀の神話「アマテラスとスサノヲ」

二世紀頃までの倭について「中国史書」の記事を紹介した。では、国内情報である「記紀」に対応する記事はあるだろうか？　二世紀頃といえば弥生時代であり、記紀では歴史以前の神話の時代だ。[17]

記紀の神代

「昔、陰陽未だ分かれず（紀）［…］天地が開け始めた時高天原《たかまがはら》に神々が生じた（記）。伊奘諾《いざなぎ》・伊奘冉《いざなみ》が天の浮橋から磤馭盧島《おのころしま》を創りそこに降り立って国生みをした（記紀）。その後、伊奘諾は生める三柱、天照大神《あまてらすおおみかみ》（以下アマテラス）・月読尊《つくよみのみこと》（以下ツクヨミ）・素戔嗚尊《すさのをのみこと》（以下スサノヲ）にそれぞれ「高天原」「滄海原潮《あおうなはらのしお》」（一書では「配日知天事」）・「天下」（一書では「滄海之原」）を支配させようとした。アマテラスは直ぐに天上（高天原）に行った。スサノヲは任地（天下）に行く前の挨拶と称してアマテラスの行った高天原に押し入った。アマテラスは国を奪われると恐れ、曲玉と交換で剣を与えた。しかしなおスサノヲは乱暴狼藉を働いたため、アマテラスは天石屋戸の中にこもってしまった。スサノヲは高天原から追放され天降って出雲に到った。出雲国で大蛇を退治し、そこで結婚して宮を建てた。その子孫大己貴命《おおなむちのみこと》（一書では大《おお》国主神《くにぬしのかみ》、大物主神《おおものぬしのかみ》）は、因幡の白兎を助けた後、過酷な試練を与えられたり、娘のスセリビメとさまざまな宝器を手に入れ、スサノヲから大国主神の称号を与えられた。その後、多くの

子孫を残し、国造りを行って国土を完成させた」（要約）

日本書紀は神々の造った世界を三領域「高天原」「天下」「滄海原潮」に分けている。スサノヲの委ねられた「天下」は「葦原中国《あしはらのなかつくに》」や「出雲」を含むと読めるから日本列島を指すと考えられている。アマテラスに委ねられた「高天原」は「神々の住む天界」、ツクヨミに委ねられた「滄海原潮」とあるが名前から「日に対する月」「黄泉《よみ》の国」で、「高天原」と対をなす想像上の世界と考えられている。

◉「高天原」とは——神話と歴史の境界

古事記は冒頭で「天地のはじめ、高天原に神々が生じた」とあり、「高天原」は神々と一体である。神々が生じ、集い、天降る想念上の存在である。いっぽう、日本書紀は冒頭に「陰陽思想」と重厚な「天」があり、三界が定まり、支配者が任じられる段になって「高天原」の呼称が初出する。「高天原」が「葦原中国」と対比するような領域として登場する。恐らく、古事記の方が古形で素朴な神話と呼称であろう。

前節の要約で分かるように、アマテラスもスサノヲも高天原で生まれたわけではない。「スサノヲはオノコロシマで生まれ、島から出て列島で苦労して国造りをした。列島の支配を親からまかされた」、これが素朴な伝承で史実でもあろう。いっぽう「アマテラスはオノコロシマで生まれ、高天原の支配を親からまかされた」、そこまでは、対比として素直であり、素朴な伝承であろう。

しかし、その高天原神話の最後に突然アマテラスが「スサノヲの支配する葦原中国は我が子孫の支配する国である」と一方的に一族を次々に列島に派遣する。いわば侵略戦争だ。侵略の歴史を元来の高天原神話の最後に付け加えて神話化することで正当化した可能性がある。

この視点は歴史と神話の境界問題として普遍的である。歴史の観点からすれば「歴史の前には歴史がある。さらにその先を人知を超えた神の世界とするのはさまざまな動機がある」。例えば、薄れる記憶の伝承化・共有化、王権の装飾化・ベール化、権力構造の固定化などだ。特に権力構造の固定化とは、「歴史上の争いの結果を神話化して、子々孫々までその関係を固定化しようとする」という時の常套手段として使われる。

◉高天原はどこか

そこで生ずるのが「神話では、天降りは高天原から、とされているが、前述の『最後』には歴史的に具体的な出立地があったのではないか、それはどこか？」という疑問だ。

「高天原はどこか？」の問いに、神話の場所を比定するのは意味がないとするのは正しくない。高天原は神々の住む想像上の世界だが、人々の移動・移住とともに祭場も移動し、神々も移動する。神々の移動を神話から知るとそれを信奉した人々の移動が知れる。まして、父祖を神格化した神話は特定の場所を示唆する場合が多い。ヒントになる記述がある。

日本書紀神代上八段一書四

「（スサノヲが向かった高天原で）スサノヲの行いがひどかったので、諸神は〔…〕遂にスサノ

ヲを追放した、この時スサノヲは新羅国に降り、曾戸茂梨《そしもり》に居た［…］そこから船で出雲へ行った」（要旨）

前述と併せ読むと、「スサノヲは島（オノコロシマ）から出て、滄海之原の支配域（一書、また中国史書にある海峡倭国の海原の島）から、高天原を経由して新羅に降り、出雲に降りた」となる。この順路の内、「各経由地は現実世界に該当域が見つかるが、途中の高天原だけが想像上の世界」とするのは整合性がない。そこで、神話の「海原の島と新羅国の間に立ち寄る所、高天原」とは前述の「半島の倭国」と考えると一貫した歴史解釈となる可能性がある。そこで「高天原とは半島倭国である」を仮説として検討する。

◉「高天原」に擬せられた半島の倭

述べたように、中国史書は倭の領域として「倭は海中の島々（漢書・後漢書倭伝）と、朝鮮半島南端にある（後漢書韓伝）」と二領域を示している。対応する日本書紀では三領域として示されている。その一つ「天下」は日本列島であるから中国史書の「海中の島々」と一致する。ではもう一つの「高天原」は中国史書に示される「朝鮮半島の倭領域」であろうか。はじめに断るが、「朝鮮半島に高天原があった」ということではない。「半島の事績を高天原神話に組み入れた人々がいた」という意味で、以下検討する。便宜上「半島の倭領域」を「高天原」と記すことはあるがその意味である。また後述するように、高天原神話は半島倭人の存在より古く、半島倭が高天原に結びつけられたのは、神話に加えられた何回かの改変の最終段階で、内容的にも最後の部分（天孫降臨とその先駆）だけ、と考えられる。

まず重要な事実は「朝鮮半島南端に倭があった」という史実だ。

天下（日本列島）の支配を委ねられた神話のスサノヲとは漢書にいう「海中の倭人」に属すると考えられる。その海中の倭人が侵入したがった場所と理由があるとすれば、それはもう一つの倭領域「進んだ文化や鉄（剣）を持つ半島南部の倭領域」を反映している可能性がある。「韓領域」でなく「倭領域」と解釈した理由は「スサノヲはアマテラスと姉弟」とあり、同系倭人の領域と示唆（神話）されているからだ。

「半島の倭」が先んじて漢や韓の文明や鉄に接したのは地理的な近さによる。従って、続いて文明に接しようとした倭人がいたとすれば「列島の倭人全体」ではなく、「半島の倭人に地理的にも血脈的にも最も近い倭人」すなわち「壱岐・対馬周辺の海原出身の列島倭人」が第一の候補として挙げられる。神話の中で、スサノヲは列島支配を委ねられたが一書では「滄海之原」とされ、スサノヲ一族の「海原→列島」の移動が示唆されているからだ。「海原から高天原に侵入して追い出されたスサノヲの神話」は、「海原の倭人と半島の倭人の対立」を反映している可能性がある。例えばすでに挙げたが、

三国史記新羅本紀一四年
「倭人兵船百余艘を遣わし、海辺の民戸を掠《かす》める」

兵船で新羅を襲う倭人とは海原の倭人、また海辺の民戸とは新羅のみならず半島の倭も含まれている、と考えられる。「弁辰・倭は混住していた」ことが後漢書韓伝に示唆されているからだ。神話で「スサノヲが曲玉との交換でアマテラスから剣を得た」と表現されている。これは列島産物（勾玉）と朝鮮半島に産する鉄や鉄器との交易の史実、「韓から倭への鉄の流れ」（後漢書韓伝）を反映していると考えられ、さらに「海原倭人はその交易を押さえ、アマテラス一族は半島側で、スサノヲ一族は列島側で鉄などの交易を押さえていた」と解釈できる。

倭人の中で海原倭人や半島倭人は稲作適地が少なく半農半漁地域だったと思われる。しかし、青銅器に代わる鉄（剣）を得て強勢となり、さらに鉄が農業（開墾）でも威力を発揮することを知って豊かさへ目覚めた。それを示す記述が日本書紀にある。

日本書紀神代上第五段一書一一
「アマテラスは天上に在ってツクヨミを葦原中国（列島）に行かせ、その地が米・魚・粟・蚕などで豊かであることを知って喜んだ」（要旨）

「半島倭人」が農地を求めて移動「半島→列島」を志向する兆しを示唆している。

後述するように、神話では高天原のアマテラス一族が葦原中国へ派兵と移住を繰り返している。史料でも半島の倭は漢・韓に圧迫されて失われているから、半島から列島へ移動・移住したと考えられる。神武《じんむ》天皇の祖ニニギが高天原から日向に天降りした後「この地（筑紫）は韓国《からくに》に向かいて佳き地」と言って宮を建てた、とあり、ニニギの出立地が同じように「韓国《からくに》に向かいて住き地（半島の倭領域）」だったこと、すなわち「朝鮮半島から列島への移住」の神話化を示唆している、と解釈できる（第三章参照）。

以上、神話の「高天原」と、歴史の「朝鮮半島の倭領域」は多くの点で相似している。もとより神話と歴史は異なる世界であるが、この相似は「仮説」が正しいことを示唆している。

◉スサノヲ一族の国造りは北九州でも

スサノヲは出雲に天降り、子孫オオナムチが建国した、とされる。

日本書紀神代上八段
「大己貴命《おおなむちのみこと》と少彦名命《すくなひこなのみこと》は力を合わせ心を一にして天下を造った［…］その後未完成の所を大己貴神が独り能く造り巡り、遂に出雲国に到る」（要旨）

「スサノヲ系の国造りは出雲から始めて出雲に戻って、列島全体の国造りが完成した」と述べている。「国造りの完成」に北九州も含まれていることは間違いない。その根拠は次節以下の「アマテラス系とスサノヲ系が葦原中国で共存した」とする神話があるからだ。倭奴国が建国される前の状況として北九州に海原系が国造りしたと解釈できる。

◉アメノホヒの天降り

「三界の支配権」を犯したスサノヲの追放で「高天原」は静かになり、スサノヲの天降った「天下」も前節のように子孫オオナムチの国造りが完成した。神話は完成したかに見えたが、意外な展開となる。

日本書紀神代上（要旨）
「アマテラス一族は葦原中国を平定するべく天穂日命《あめのほひのみこと》（アメノホヒ）を往かせた。しかし、此の神佞《みだりに》オオナムチに媚《こび》て三年に及ぶも尚報告しなかった。さらに第二陣としてその子を送ったがオオナムチ一族と結婚しやはり復命しなかった」

この神話はいくつかの点で不審だ。まず、今度はアマテラス側の「三界の支配権侵犯」に見える。そのうえアマテラスの子アメノホヒとその子はアマテラスの意向に抗している。また、スサノヲ一族はアメノホヒらを「父祖を追放したアマテラス一族」として拒絶していない。

これらの「不審」を貴重な情報ととらえて歴史解釈を試みる。

◉アメノホヒの国は倭奴国か？

前節で神話は「アメノホヒはアマテラス系として初めて高天原から列島に移住した」と述べている。

これと関係しそうな歴史事績を選ぶと「倭人の建国」の初出として次がある。

後漢書五七年

「倭奴国、貢を奉りて朝賀し、使人は自ら大夫と称す。倭国の極南界也。光武は賜うに印綬を以てす」

この記述が神話と対応するかどうか検討する。

九州の倭奴国を「倭国の極南界」とする「倭国」とは半島倭を含む。その「倭国の倭奴国」が後漢(洛陽)に遣使した。これはそれまでの「楽浪郡に通じた」とはレベルが違う。遣使して漢の威を借りようとする外交術と、そこに至る知識、語学力を持っていたということになる。当時、これらは漢(楽浪郡)・韓を通じて得たと考えるのが自然だ。従って「倭奴国は漢・韓の影響を受けた半島系倭人の国」と考えられる。

半島の倭人が北九州(葦原中国)に移住・建国すれば在来の倭人と争いになるはずだが、後漢から「金印」を受けている、ということは周辺と大きな争乱はなかったと考えられる。これは神話の「アメノホヒはオオナムチ(出雲系)にこびた(平和裏に住み分けた)」の表現と対応するように見える。列島倭人にとって半島倭人は、少数ならば文明の伝達者として歓迎された可能性がある。ちなみに日本書紀では「アメノホヒは出雲系諸氏の祖」とされている。これは「アメノホヒ(アマテラス系先陣)とスサノヲが『共存』していたが、アマテラス系の後陣が両者を北九州から出雲に追いやった結果」

と解釈する。

「倭国の倭奴国」が倭国を差し置いて後漢（洛陽）に遣使したことは、神話の「高天原に復命しなかった（高天原の意に反した）」と対応するように見える。平和裏の入植、豊かな未開拓林野（鉄斧で初めて開墾可）、温和な気候などで倭奴国は母国（半島）を頼る必然を失ったと考えられる。

以上とて示唆にすぎないが「アメノホヒの国は倭奴国」を有力な仮説と考えたい。

◉倭国大乱と国譲り

日本書紀にはよく知られている「国譲り」神話がある。

日本書紀神代上第九段

「アマテラスらは、弟スサノヲの国造りした国土は自分の孫ニニギ（古事記では最初子のアメノオシホミミ、のち孫が生まれてニニギに交代）が治めるべき国であると宣言し、まず先発の一族を派遣し、スサノヲの一族を力ずくで屈服させた。スサノヲの子孫オオナムチ（大国主神、大物主神）は自らを祭祀することを条件に葦原中国（列島）をアマテラス一族に譲ることを承諾した」（要旨）

肉親が苦労して開拓して完成させた国を一方的に奪う、という不条理が国の原点だとする神話に違和感があるが、何らかの史実と関連あると考えられている。そこで「半島倭」の仮説を延長し、「『国譲り』とは半島の倭人と列島の倭人の争い＝倭国大乱の後、列島倭人が国を奪われた」とする仮説を検討する。

一、倭奴国の成功が半島の倭の南下を促したことは充分考えられる。ツクヨミの調査がそれを物語っている。

二、半島では倭人は後進の被圧迫民族だが、列島では先進強勢民族として拡大できる。鉄器農具に適した開拓候補地が自由に入手できた可能性がある。スサノヲ系が半島から得た鉄器で在来倭人にできない開墾地を開き、その後に半島系（高天原系）はさらに多くの鉄器をもって未開拓地を開いて最初は住み分けた、と想像される。

三、「住み分け」は初期段階のみで、半島情勢の緊迫によって半島倭人は大挙南下せざるを得なくなり、その数が限度を超えてスサノヲ系や在来系倭人と争いとなった、と考えられる。

四、魏志倭人伝では「倭国大乱」とあり「内乱」であり「倭人同士の争い」だ。当時の「倭国」は魏や韓から見れば半島の倭が近いから「半島の倭人同士の争い」だった可能性も否定できない。しかし、大乱収拾後まもなく半島の倭自体が消失しているからこれは説得性がない。

五、列島の倭人が（スサノヲのように）半島に押しかけ、半島の倭人と争った可能性もあるが、これも前項と同じ理由で説得性がない。

六、同様に「列島内の倭人同士の争い」だった可能性もある。従来の定説はこれだ。この場合は「鉄器を持った勢力対持たざる在来倭人勢力」とも考えられてきた。しかし、これは倭国大乱（国譲り）前にすでに決着があって、「スサノヲ系（多少なりとも鉄器を持っていた）は列島中に国々を造り巡って完成させた」と記紀は記している。

七、「多少なりとも鉄を持っていたスサノヲ系から国譲りを受け得た新勢力」とは「より多くの鉄を持つ半島の倭」しかあり得ない。

以上から、倭国大乱とは半島の倭と列島の倭の争いであり、その原因は「半島の倭の列島への南下」と解釈するのが妥当だ。その結果、「スサノヲ系が負けてアマテラス系へ国譲りした」とする神話になった、と考えられる。

◉卑弥呼はアマテラスか？

倭国大乱は卑弥呼の共立で和解・収拾された。この史実を日本書紀の神話で補完してみると、対立とはアマテラス一族とスサノヲ一族であり、その両陣営を和解させられる人物卑弥呼と宗女台与は両陣営のいずれでもない第三者、例えば故地海原で共通の祖先を祭る「ツクヨミ系の祭事者」である可能性が考えられる。少なくも大乱の一方の当事者（政事王）アマテラスであるとは考えにくい。「アマテラス（政事王）≠卑弥呼（祭事王）」と解釈される。

なお、「半島の辰（弁辰・辰韓）の祖に安冕辰沄《アメシウ》氏・賁弥辰沄《ヒミシウ》氏という一族がいた、との記録があり、これが列島に渡ってアマテラス一族、卑弥呼一族となった」とする説がある。本章末で紹介するが、結論としてはこれを否定する。

◉海原系から出雲系へ

倭国大乱と国譲りの関連を検討してきた。日本書紀とほぼ同様の国譲り神話を、さらに情緒豊かに記している古事記の記述を示す。括弧内は筆者追記。

古事記国譲り

「ただ僕《あ》（大国主神）が住みか（神殿）は、天つ神の御子の天の日継知らしめす［…］天の御単《みす》の如くして（政事宮殿のように）、底つ石根《いわね》に宮柱ふとしり（太く）、高天原の氷木たかしりて（屋根の交叉する棟木を高くして）治めたまはば［…］僕《あ》は［…］隠《かく》りはべらむ（立派な神殿に祀ってくれるなら、自分は引っ込もう）。また［…］（子の）事代主神《ことしろぬしのかみ》［…］仕え奉《まつ》らば（祀らせれば）、僕《あ》が子等百八十神《ももやそがみ》は違《たが》う神はあらじ（自分の子を祭祀者にすれば、一族も文句は言うまい）」（要旨）

一言でいえば、「政事権の宮殿の如き立派な神殿を造り、祭事権を子に認めるなら政事権は譲ろう」というものだ。記紀はアマテラス系（半島高天原系）がスサノヲ系（列島高天原系）に国譲りを強要して認めさせた、としている。

八〇年頃に倭国は統一したはずなのに、なぜアマテラス系とスサノヲ系は争ったのか？　それは大乱前の倭国は半島高天原系だけを「点と線」でつないで統治した、実質スサノヲ系との「住み分け」

だったと考える。その王は「倭国王」を自称して中国に遣使したが統一を認められた形跡がない。その後、半島からの大量流入で「住み分け」では足らず、今度は「面の支配」にしようとして大乱が起こり、海原系・スサノヲ系が負けて祭祀権の留保（卑弥呼共立）を条件に支配を受け入れた、と解釈される。

スサノヲ系は北九州では国譲りしてアマテラス系の支配下となり、残りは出雲を中心にまとまったようだ。しかし、出雲でも国譲りをしなければならなかった。その根拠は、出雲地方にホアカリを祖とする氏族が多いという。ホアカリはニニギの兄、天孫で、国譲りを勝ち取った側だ。ホアカリ一族が出雲の新政事権者として送り込まれたのではないか。記紀に書かれていないが、国譲りを成功させたのはニニギに先んじて天降りしたホアカリの可能性があるのではないか（第三章）。

◉「高天原」まとめ

「半島の倭」は失われた。失われたからこそ伝承は神話化され、元々の高天原神話に追加された。そのような追加が何層にも重なって「高天原」神話はできあがったと考えられる。素材までさかのぼると縄文の神話・大陸の神話、始祖神話などさまざまな断片が入り混じり分析は不可能だ。ここでは神話の形成を三段階に捉えて試案としたい。

一、「高天原」の元来の意味は「海原を支配する天」。「海原倭人の神話」では海原の天候を支配し島生み神話の神のいる「天」を意味した（古事記）。島の高台の原に神殿を設け、神々を招請して海の安寧を祈った。それが元来の神々の集う「高天原」であり神の天降る霊場だった。「天」と「高天原」は一体で同義語だった。古事記では「まず高天原ありき、そこに神々が成り出でた」としている。海原から半島に植民したアマテラス系もこの高天原神話を共有していた。

二、「高天原」に第二の意味「海原の島々」が付け加えられた。海原倭人が海原から列島及び朝鮮半島への入植後、そこに霊場を設け故地の神を招請してこれを「高天原（故地海原）からの天降り」とした。神無月《かんなづき》伝説もその一つだろう。その後、神々に父祖を加え、父祖が海原から現在地（列島・半島）に植民した故事を「高天原から天降り」と神話化した（スサノヲ系など）。

三、スサノヲ一族はこの第二の意味の神話「高天原（海原）から王者として列島に天降り（天神降臨）、国造りを成功させた」という神話を持っていたはずだ。その一部が出雲系祭事王に始まる大和祭事朝廷（第三章参照）を通じて古事記に伝えられたと思われる。日本書紀ではあまり採用されていない。

四、「高天原」に第三の意味「半島の倭」が加えられた。第一・第二の「高天原神話」を共有していた半島の倭人は海原倭人との争いを経て列島へ移動した。列島移動後に「失われた半島」の故地伝承を神話化して第三の意味「高天原（半島）から父祖は列島へ天降った」を加えたと考えられる。特に「アマテラスとスサノヲ」の神話は「半島の倭の正統性」と改変解釈された。この改変神話は「倭国」と「大和朝廷」とに共有され、主流として生き残り、美々しく飾り立てられた。

五、倭国はこの第三の意味の神話「高天原（半島）から筑紫に天降り（天神降臨・天孫降臨）、スサノヲ一族からの国譲りを成功させ、葦原中国の平定を完了させた」という詳細な神話もしくは史書を持っていたはずだ。記紀編者はそれを入手していると考えられるが、簡単にしか言及していない（第十章）。

六、天孫であるニニギは前項の「平定された葦原中国」を「支配する為に筑紫に天降った」とされる。前項と同じ第三の意味である。しかし、その一族は「支配するはずの葦原中国（倭国）」を横目に通り過ぎて奥地の大和に移り住んだ。予定通りにいかなかったのだ。しかし、日本書紀の編纂時点では倭国は滅亡しているから「予定通りニニギが天孫降臨（第三の意味）の主流」と位置づけされている。

◉倭人は呉の太伯の後裔か？

古代中国の呉《ご》国に由来する「呉」は、なぜか日本人に親近感を感じさせる。「中国」と同義語のように使われている。たとえば「呉服」などだ。それ故か、古代史では次の史料が特別の興味を引く。

魏略倭伝
「その旧語を聞くに（訪倭した魏使が倭人から聞いた伝承に）、（倭人は）自ら太伯《たいはく》の後（後裔）と謂う」

ここで「太伯」とは史記に、

史記呉太伯世家（要旨）

「呉（会稽の北、上海近く）の太伯（周の太王の子）は、太王が末子を王に立てんと欲したので、文身断髪して王位を争う意志のないことを示した、千余家が帰（服）し呉句（後の呉王朝）を建てた」

とあり、「呉の太伯」である。言い換えれば「倭人は呉王族の後裔と自称している」という。魏略は続けて、

魏略倭伝

「昔、夏后《かこう》（夏王朝、紀元前二一〜一六世紀）の少康《しょうこう》（六代帝）の子、会稽に封じられ、断髪文身して蛟龍《こうりゅう》の害を避けた。今倭人また文身、以って水害を厭うなり」

と解説して、呉（会稽北）に文身断髪の風習があることを示している。列島の倭人と呉・会稽地方が「文身」という共通点を持つだけでなく、倭人には呉の出身という伝承があったことを示して、何らかの関係があった可能性を示唆している。

◉「呉の倭人」の移動説

佃收は「倭人は呉をルーツとして北上し、朝鮮半島へ、さらに列島に来たことが文献で跡付けでき

る」として、その根拠を次のようにしている[18]（四七頁図参照）。

一、「倭人のルーツは呉（会稽北）だ」（魏略倭伝）としたうえで、

二、論衡に「越裳白雉を献じ、倭人、鬯艸《ちょうそう》を貢す」とあり、「越」と「倭人」は対で表現されている。いっぽう、「越（会稽南）」と対にされるのは隣の「呉（会稽北）」だ。「呉は南隣の越（会稽南）との戦いに敗れ、北（東表、青島の西）に逃げた」（呉越の戦い、史記紀元前五三八年）。呉には倭人がいた。一の傍証となっている、としている。

三、「北に逃げた呉人集団には王族大概の子孫や呉に居た倭人の一部がいた。これに辰（東表の国）の王族の一部（辰韓の祖となる）が加わりさらに北に逃げた」（推測）。推測の根拠は以下にある。

四、「（逃げた先の）東表では辰の顕著なる者が安冕辰沄氏《アンベンシウ》だったが、国を賁弥辰沄氏《ヒビシウ》に譲った」（契《きっ》丹《たん》古伝[19]）

五、これら倭や辰は春秋戦国時代にさらに北上して燕《えん》（北京付近）に属した。「倭は燕に属す」（山《せん》海経《がいきょう》[20]）

六、秦の統一で燕（と倭や辰）は遼東に逃れ（史記）、漢が秦をほろぼしたが（紀元前二〇六年）、辰は遼東を守った（契丹古伝）。

七、「白狼水（大凌河上流＝遼東の西）は［…］東流して倭城の北に至る、蓋し倭地人これに移る」（水経注《すいけいちゅう》[21]）とあり、倭の痕跡が遼東西にある。

八、この後、辰は漢の圧力で二つに分かれて朝鮮半島を南下した。いっぽうは渤海を渡り朝鮮半島

西岸から弁辰となり（紀元前一九五年頃）、他方は鴨緑江を越えて辰韓となった（紀元前一〇八年）。

九、「安冕《アンベン》は呉音でアンメンと読め、後の日本列島の神話に出てくるアメ（アメノオシホミミ・アメノコヤネなど）につながる、アメ族と呼ぶことにする。アメ族は紀元前一九五年頃、朝鮮半島南端に移動し、前一〇八年の漢の楽浪郡設置の頃九州に渡った、これが天孫降臨だ」

一〇、また、賁弥《ヒビ》は呉音でヒミと読め、卑弥呼の祖と考えられる。（佃説）

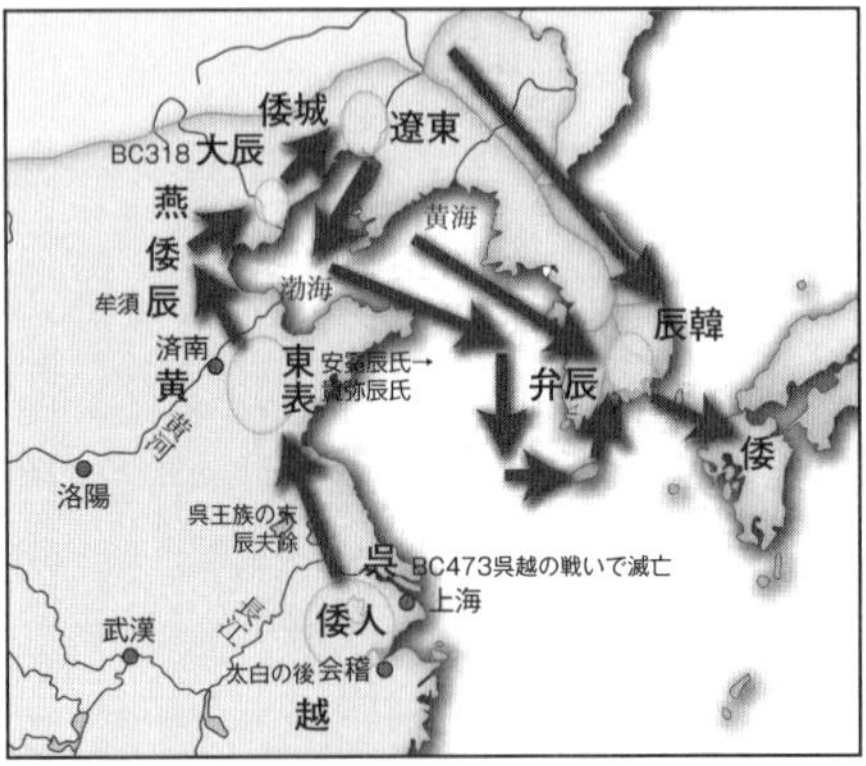

倭人のルーツと渤海沿岸（佃説より）

このように、「呉の倭人は辰韓・弁辰の祖等とともに数百年移動し（追われ）続けて朝鮮半島から列島に到った」としている。

佃の分析は、基本的に文献を根拠にしているから説得力がある。「呉から列島に到る『倭人』の移動ルートの一つ」を、断片的な点ではなく線として初めて明らかにした価値ある一説といえるだろう。ただし、史料的価値に疑義がある「契丹古伝」のみに依存している部分があり、その点からあくまで「一説」にとどまる（例えば遼東以前の「辰」）。次節で筆者の修正を加えた解釈と全体の評価を述べたい。

◉「遼東の倭」のその後——筆者理解

呉や辰の王族が遼東を経由して朝鮮半島の建国に関与したことは史実であろう。しかし、その一部がさらに南下して列島に倭国を建国した、とするのは無理がある。以下に検討する。

一、「呉王族と百済には何らかの関係がある」ということは佃の引用する資料にも見える。

広韻[22]

「風俗通（風俗通議）に云う、呉公子夫概《ふがい》（周王の子で呉の始祖太伯から六代闔閭《こうりょ》王の弟）[…]扶余《ふよ》を以って氏と為し、今の百済王扶余氏なり」

呉の一部王族が遼東に居る頃（前節）、扶余族（ツングース系）の一部を支配するか、漢の圧力をかわす為に扶余族が呉王族を担いだ、などで呉王族と扶余の関係ができたと思われる（第四章「二つの百済」参照）。

しかし、これは呉人ではあっても倭人ではない。「呉の太伯が倭人の真似（文身）をした」（史記）という記録は「これら王族は倭人ではない」と解釈できる。呉の一部に居た「倭人」は種族名であって「太伯の後」（呉王族との関係）の根拠は伝わっていない。

二、「呉や辰の王族と関係がある扶余族が百済を建国」の可能性はあるが、倭国の祖を呉王族（太伯の後）とする根拠は弱い。佃説は「安冕辰沄《アメシウ》氏・賁弥辰沄《ヒミシウ》氏も辰人で、倭人も『太伯の後』だから同根だ。倭人のアメはすなわち高天原のアメ族だ、ヒミ族は卑弥呼の祖だ」とする。しかし、相当無理があり、さらなる論証が必要だ。なぜなら、辰氏は東表の出であり呉の倭人ではない。アメシウ氏・ヒミシウ氏などは史料として疑義がある契丹古伝のみに依拠し、しかも東表関連記事だけに記されているだけだから、遼東・百済まで敷衍できるか疑問である。半島に卑弥氏が存在したとしても、それと呉王族や卑弥呼とを結ぶ根拠は充分ではない。

三、中国では「文身」は南方特有の未開習俗の象徴「＝倭」とみなされた。周代の知識だ。それが漢代ではすでに開化されて習俗がなくなっていたと考えられる。なぜなら「倭人」といえば極東の倭人しか意味しなくなっているからだ。半島の諸族と半島南端の倭人は風俗（文身）が違うことが魏志韓伝に強調されているから、陸ルートの倭人には文身の習俗が失われていたと考えられる。魏志韓伝の「倭人」は陸ルートの倭人ではない。

四、稲作技術の流れはかつては遼東半島→北朝鮮回りの陸路が考えられていたが、稲のＤＮＡや年代測定により、現在は、江南→日本→朝鮮（南部）の海路が支持されている。稲作の伝播は列島では紀元前三〇〇〇年頃（焼畑陸稲、熱帯ジャポニカ）、水田は前一六〇〇年頃、南朝鮮では陸稲・水田（温帯ジャポニカ）とも前一六〇〇年頃という。いずれにせよ佃説の倭人移動よりも相当早く、ルートも稲作に適さない遼東地域を通る陸路ではない、と考えられる。陸路がゼロとは言わないが、「稲作倭人は主として海ルート」と考えられている。

五、しかし「倭（国）は太伯の後」は正しいかもしれない。すなわち海ルートの倭人を支配したのは陸ルートの呉朝の末裔（呉人）だと。支配層なら少数派でも有り得るからだ。しかしもしそうなら、倭国と辰韓・弁韓は神話（王室神話、島生み神話など）を共有しているはずだが、その徴はない。記紀には痕跡すらない。アマテラス神話の根幹部分は「アメシウ氏の九州到達（前一〇八年頃、佃説）」よりはるかに古いとみられる。やはり佃説の「安冕辰《アメシウ》沄氏のアメはアマテラスのアマとおなじだ」とするのは無理だ。

六、魏略の「倭人の伝承（太伯の後）」がある以上、呉の末裔が少数ながら実際に渡来したなど、さまざまな可能性（定性的）に研究の余地があるが、今のところ佃説も仮説の域を出ない。「海ルートの呉人が倭人のルーツ」説もあるがさらに仮説に留まる。よりはっきりするまでは前述の「海原の倭人から出た半島の倭人が倭国を建国した」と解釈するのが（定量的には）妥当だ。

結論として平凡だが、太古から何波にもわたって南方から来た海原の倭人は、「遼東の倭」の一部や海ルートの後続倭人・稲作倭人・南方縄文人・北方縄文人と伝承を包み込みながら列島へ、半島へ発展し、倭国を建国したと考える。

◉倭国と日本列島の関係

日本列島とその近隣諸島に居住した人々には北方の狩猟民、広葉樹林帯の採取民、南方渡来の稲作民、やはり南方系漁民など多様にいた。それらを総称して中国は「倭人」としたが、その具体的な認識は楽浪郡に近い「半島や海原の倭人」に限られていた（文身など）。倭人の一部でしかない海原倭人の、さらに周辺の一部族に過ぎない朝鮮半島の倭人が、中国文明圏への地理的な近さからいちはやく開化され、諸民族に揉まれて戦闘を知り列島に比較して強勢となった。後続して半島を目指した海原倭人を押し返し、海原の諸島を奪い九州にまで勢力を広げ、それが倭国となった。その後の半島では北方民族の南下があり、半島の倭人は圧迫されて九州へ大挙移動し、在来倭人との摩擦で倭国大乱になったと考える。倭国は列島で支配を確立し、半島の倭国は姿を消した。新たな支配者は「海原神話の高天原とアマテラス」の最終部分を改変して「支配者の天降り神話」として伝承した、と考える。

第一章注

[1] 「論衡」……王充《おうじゅう》（二五年～一世紀末）編。自然観、人文、歴史、政治思想などが論じられている。
[2] 「倭」……漢書地理誌に「倭」に対する注（魏代の如淳による）として「如墨委面」とある。
[3] 「倭人」……鳥越憲三郎「倭人・倭国伝全釈」（中央公論社、二〇〇四年）
[4] 「旧唐書」……唐（六一八年～九〇七年）の二九〇年間の史書。北宋　欧陽脩・宋祁編（九四五年）　倭国伝に並んで、「日本国伝」が初出する。官撰書　後晋の宰相となった劉陶の撰修とされている。
[5] 「倭の解釈」……倭（わ、ゐ）＝したがう、ちいさい、みにくい、醜面。これを「匈奴」などと同様、蔑んで卑字を当てたとする解釈がある。
[6] 「史記」……前漢の武帝の時代（前九一年頃）に司馬遷によって編纂された歴史書。
[7] 「三国志」……西暦二八〇年～二九〇年頃。陳寿により編纂され、後漢から西晋による三国統一までの三国時代の史書。「魏国志（魏志）」「蜀国志」「呉国志」から成る。
[8] 「説文解字」……西暦一〇〇年　後漢の許慎《きょしん》の作。最古の部首別漢字字典。略して説文ともいう。
[9] 「漢書」……前漢（前二〇二年～八年）の史書。後漢時代に班固（三二年～九三年）が撰録。「地理志」に

倭のことが一行だけ記録されている。極東倭人の初出記事として、注釈なしに倭人と言っている。

［10］「楽浪郡」……現北朝鮮ピョンヤン付近の中国領、前一〇八年設置。

［11］「後漢書」……後漢（二五年〜二二〇年）の約二〇〇年間、五世紀南朝宋の范曄《はんよう》の編。倭国については魏志倭人伝を基にしている。

［12］「委奴国」……「漢の倭の奴国」ではなく「印」の慣習から「漢の委奴国」だ、との説に従った。「倭」の字ではなく、「委」の字を使っている。卑字を避けた中国側の配慮という解釈もある。「委」の字が再出する唯一の日本の文献は、正倉院御物で聖徳太子筆と言われる「法華義疏《ほっけぎしょ》」写本の中にある「此是大委国上宮王私集非海彼本（これは大委国上宮王の私集（写本？）であって、海外本ではない）」という書き込みである。大委国上宮王とは多利思北孤（第七章）とする古田説がある。

［13］『三国史記』……朝鮮半島に現存する最古の歴史書で一一四五年完成、全五〇巻。高麗王の命により金富軾らが編纂。三国時代（新羅・高句麗・百済）から統一新羅末期までを対象とする紀伝体の歴史書。南韓百済寄りの修飾をしているので、第三者的客観性では日本書紀の方が勝るとする史家もいる。百済三書（日本書紀に引用がある百済記・百済新撰・百済本記）が失われたので、それらを基にしたと思われる三国史記が朝鮮の史書の標準とされている。

［14］「倭国王」……後漢書では「倭国王」だが、『翰苑』に引用されている後漢書には「倭面上国王」とあり、諸本により「倭面土国」「倭面土地王」「倭面国」などがあるなど議論が残っている（「倭人伝の用語の研究」三木太郎　多賀出版　一九八四年）。ただ、西嶋等は「当初から倭国王であった」と結論している（「倭国の出現」西嶋定生）。次に中国史書に出てくる「倭国王」は宋書の「倭国王珍」である。

［15］「魏志倭人伝」……中国の正史『三国志』中の「魏書」の東夷伝倭人条の略称　二八〇年〜二九〇年頃陳寿の編、史実に近い年代に書かれた。

［16］「統一年代」……後漢桓帝（一四七年〜一六七年）・霊帝（一六八年〜一八九年）の「桓帝の例えば中ごろ

一五七年から大乱が開始した」とすると、その前、七〇～八〇年間が男王の統一時期だから、統一年代は、「一五七年の七〇～八〇年前、すなわち七七年～八七年」だ。倭国王帥升（一〇七年遣使）は数代後の倭国王だ。

[17]「日本書紀」 続日本紀七二〇年条に「一本舎人親王（天武天皇第三皇子）勅を奉り日本紀を修す」とあり、正式名称は「日本紀」。詳細は「参考文献」の項参照。

[18]「倭人のルーツと渤海沿岸」……佃收（星雲社、一九九七年）。

[19]「契丹古伝」……浜名寛祐 一九二六年 奉天ラマ教寺秘蔵の古書を写書研究した書「日韓正宗遡源」のこと。内容の信憑性には疑義も持たれている。一〇世紀に東丹国（契丹の分国）の耶律羽之によって撰録された漢文体の史書。文中に「耶摩駘記（七七三年に来日した渤海国使の報告書らしい）に曰く［…］上古を探り先代を観［…］一に秋洲と曰ふ、読むで阿其氏末《あきしま》と倣す」とあり古事記序文にある「探上古［…］明観先代」と一致する部分があり、古事記・日本書紀を入手していた可能性がある。

[20]「山海経」……中国古代の地理書。戦国時代から秦朝・漢代にかけて徐々に執筆加筆されて成立した最古の地誌とされる。

[21]「水経注」……北魏代の地理書、五一五年頃の成立。

[22]「広韻」……一〇〇八年成立の韻書。古語の有用資料。

第二章　「倭国女王卑弥呼」と「邪馬台国女王」は別の国、別の女王

◉二世紀の倭国の大乱と再統一

後漢書や魏志倭人伝には、二世紀後半に倭国で大乱があったこと、卑弥呼が共立されて収まったこと、二三九年に、倭の女王卑弥呼は魏に使いを出したことが記されている。

後漢書

「桓・霊の間、倭国大乱［…］暦年主なし」

魏志倭人伝

「倭国乱れ相攻伐すること歴年。すなわち一女子を共立して王となす。名づけて卑弥呼という［…］景初二年（二三九年）六月、倭の女王、大夫の難升米《なしま》等を遣わし郡（帯方郡＝現在のソウル付近）に詣《まい》り、天子に詣りて朝献せんことを求む［…］（魏の皇帝）詔書して倭の女王に報じて［…］親魏倭王卑弥呼に制詔す［…］親魏倭王となし、金印紫綬を［…］仮綬せしむ［…］其れ（倭）種人を綏撫《すいぶ》し」

卑弥呼は「親魏倭王」に叙せられ、金印を授与された。すなわち「朝献」と「叙位」を交わす典型的な冊封体制に入った。当時の国際社会で承認されたのだ。

◉卑弥呼の都する邪馬台国はどこにあったか？　魏志の「里程記事」

倭の女王卑弥呼はどこにいたか？　魏志倭人伝には「邪馬台国、女王の都する所」の文字がある（後述）。この「邪馬台国」はどこにあったか？　九州か？　大和か？　この疑問を巡って長年大論争が繰り広げられ、未だ決着がついていない。本章でもまずこのテーマについて取り上げる。論争を御存知の方は「『魏略』に基づく第三の説」まで飛ばしてさしつかえない。筆者はこの第三の説を採る。

まず、女王国の位置について。魏志倭人伝には帯方郡から卑弥呼の女王国までが里数で記述されていて、研究者に「里程記事」と呼ばれている。

魏志倭人伝

「倭人は帯方東南大海の中［…］旧百余国、漢の時朝見する者あり、今（魏時代）使訳通ずる所三十国、郡（帯方郡）より倭に至るには、海岸をめぐって水行し［…］その北岸狗邪韓国に到る七千余里［…］始めて一海を渡ること千余里、対馬国に至る［…］又南に一海を渡ること千余里、一大国（壱岐）に至る［…］又一海を渡ること千余里、末盧国に至る（九州北岸。ここまで海路で合計一万余里である）［…］東南陸行五百里、伊都国に到る［…］皆女王国に統属す［…］

奴国に至る百里［…］不弥国に至る百里［…］（以上里程記事）［…］（ここに次節で説明する「日程記事」が入る）［…］（帯方）郡より女王国に至ること萬二千余里」

これによれば、帯方郡から九州北岸までが一万里（現在の実測で約八〇〇キロメートル、すなわち一里は約八〇メートル）[1]。帯方郡から女王国までは一万二千里とあるから、九州北岸から女王国までは残りはあとわずか二千里（＝一六〇キロメートル）、「女王国は九州」にあることは明らかだ。また、この後に続く次の記載も里程で記されている。

魏志倭人伝
「女王国の東、海を渡る千余里（八〇キロメートル）、又国あり、皆倭種なり［…］その（女王国の）南に狗奴国《くなこく》有り［…］女王に属せず」

「女王国（九州）の東の海千里（八〇キロメートル）」の候補は四国しかない。そこ（四国）は「女王国ではないが、倭種である」としている。逆にたどると四国の西は大分、さらに西は筑後である。女王国は筑後あたりまで、と解釈できる。その南は熊本（肥後）である。「（女王国の）南に服属しない狗奴国がある」としている[2]。狗奴国は熊本あたりと読める。以上、卑弥呼の女王国とは、この時点で九州北半分を占めているに過ぎなかった。

ただ、この文章では女王国と九州南部や四国との関係については断定的に記しているのに、九州から十里程（関門海峡、一キロメートル以下）しか離れていない「本州」との関係に言及していないので、女王国の広がりを九州に限定すべきかどうか、これだけではわからない。海峡以東は水行が主だったのか、国譲りの後で平穏、魏使の関心外だったのか、とにかく魏志倭人伝の「里程記事」は言及していないので次節のような論争が起こるのだ。

◉邪馬台国論争とは？　魏志の「日程記事」

ここまでの「里程記事」は、「卑弥呼の女王国は九州」ということで疑問の余地がないように読める。では、世に言う「卑弥呼の邪馬台国論争」とは何か？　実は、魏志倭人伝には前述の「里程記事」の中に、後から挿入したような異質な数行があり、それは「日程記事」と呼ばれている。「日程記事」はその解釈を巡って史家を悩ませ、邪馬台国論争を巻き起こしてきた。その「日程記事」とは「九州女王国までの里程記事」に続く数行の部分だ。

魏志倭人伝
「南、投馬《とま》国に至る水行二〇日、（官名列記）、五万余戸ばかり、南、邪馬台国[3]に至る、女王の都する所にして水行一〇日、陸行一月なり、（官名列記）、七万余戸ばかり」

この直前まで海上・地上とも里程で統一された表現がここだけ日程表現になり、そのあとに再度里程記事の総括記事が続く。しかもこの「邪馬台国」が登場するのはここ一カ所のみだ。「里程記事」では五カ所に「女王国」と出てくる、などと違和感がある。そこに「日程記事」の解釈に諸説が生まれるわけがある。

◉大和説

この里程記事の「卑弥呼の女王国」と日程記事の「女王の都する邪馬台国」は同一国だ、とする解釈が大勢だ。それが仮に正しいとして、その所在地については諸説あり、論争が続いている。「邪馬台国大和説」は『里程記事』の先に『日程記事』を足して読むべき」とする。すなわち、

一、そうすると九州北岸の先に「南、水行二〇日＋一〇日」では九州南端、あるいはその先の海になってしまう。だから、「南は東の誤り。すなわち『東に水行二〇日＋一〇日』で難波に到る」とする。

二、さらに「そこから東へ『陸行一月』ではまた海に出てしまうから、一月は一日の誤り。『難波から一日』ならそこは大和、すなわち女王の都する邪馬台国は大和だ」とする。

三、大和に都する女王は卑弥呼、卑弥呼は倭国女王、従って、倭国の都は大和。

とする説だ。何がなんでも倭国は大和にしなければすまない強引な説だ。しかし、「邪馬台国七万余戸」は魏志倭人伝中に出てくる倭諸国の最大戸数である点や、大和の纒向《まきむく》古墳（第三章）の考古学的広域性から、この「倭国女王卑弥呼の都する邪馬台国大和説」は根強く支持されている。

◉九州説

いっぽう、邪馬台国九州説では、「帯方郡から女王の都までの行程『里程記事（万二千余里）』を別の表現『日程記事（水行一〇日陸行一月）』で併記した、と読むべきで、同じ行程だ」としている。すなわち「卑弥呼の女王国（九州）＝女王の都する邪馬台国」とする。

しかし、魏使の詳細な実地の里程記事のあとでは、現地伝聞らしい大雑把な日程記事を併記して補う意味がない。しかも、記述の順序が「里程記事・里程の総括（郡より女王国に至ること万二千余里）・日程記事」と続くなら「併記説」は説得性を持つが、実際は「里程記事・日程記事・里程総括」とあり、日程記事は里程記事に挟まれている挿入であって、併記説は説得性に欠ける。

それらを無視すれば、このように「水行一〇日陸行一月」を「帯方郡から邪馬台国への全日程」と読むことは不可能ではない。しかし、そうすると日程記事の前半「南投馬国に至る水行二〇日」もまた「帯方郡からの全日程」としなければ統一が取れない。そうであれば、これら日程記事は帯方郡からの放射状距離表現であり、里程記事の継ぎ足し距離表現とは異なる表現体系の文章の一部と考えられる。すなわち、日程記事は「他から切り取った文章の挿入、あるいは入れ替え」ではないのか。次節以下でそれを検討する。

◉「魏略」に基づく第三の説「二つの女王国」

こうした論争は「倭国女王卑弥呼と邪馬台国に都する女王は同一」が仮に正しいとした場合の、邪馬台国の所在地についての論争だ、と述べた。これに対し、大和岩雄[4]や上野武[5]等が魏志や魏略の分析を進め、里程記事の「卑弥呼の女王国」と日程記事の「女王の都する邪馬台国」は「別の国、別の女王である」とする説を提案している。

「魏略《ぎりゃく》[6]」は魏末〜晋初（二七〇年頃）に編纂された同時代的な史書だが、散逸して完全本は写本も残っていない。しかし、成立時期や残っている部分の文章（逸文）が魏志と同一、あるいは類似することから、「魏志は魏略を原典としている」とされている。その魏略の「倭」を記した主な逸文は二つある。いずれも引用で、一つは「漢書地理誌の後代注」、もう一つは明治時代に大宰府で見つかった「翰苑《かんえん》[7]（唐代）の写本」である。それらを基に上野は、魏略の見つかった断片記述を魏志倭人伝の対応カ所に当てはめ、見つかっていない部分を推定して考察している。それによって「魏志には『里程記事』と『日程記事』の両方があり、魏略には『里程記事』はあるが、問題の数行の『日程記事』はなかった。散逸して見つからないのではなく、もともと魏略原文になかった。なかった理由は『日程記事』情報がもたらされた時期が魏略成立後だったからだ」と推論している。その結果の推測として「卑弥呼のあと倭国は東遷した（別の国）、その女王は台与《とよ》（別の女王）」としている。

「日程記事が魏略の原文になかった」には賛同できるが、「魏略は邪馬台国の情報を持っていなかった、情報は魏略編纂後に中国にもたらされた」という論には賛同できない。「台与が倭国を東遷」については「一仮説」の提案に留まると考える。

◉魏志の構文、「邪馬台国の向こうが国境」

ここでは上野とは別の論拠を提案し、「女王国と邪馬台国は別の国」を論証したい。注目するのは、倭国の「国境記事」の構文上の位置だ。まず「魏志の構文」を検討し、その後「魏略の構文」と比較してみる。まず、魏志の文章要素のうち四つを取り出して順序を示してみる。番号は筆者による。

魏志倭人伝

①冒頭文「倭人は帯方の東南大海中にあり、山島に依りて国邑をなす」

②里程記事「[…]始て一海を度《わた》る千余里、対馬に至る[…]」(以下女王国への里程記事)」

③日程記事「南投馬国に至る、水行二〇日[…]南邪馬台国に至る女王の都する所水行一〇日陸行一月」

④国境記事「女王国の東、海を渡ること千余里、復国有り、皆倭種なり」

ここでは、②里程記事(卑弥呼女王国)と③日程記事(女王の都する邪馬台国)の後に④「国境記事」が出てくる。つまり、「卑弥呼女王国と女王の都する邪馬台国は同じ倭国内」としているのだ。倭国の女王は一人、卑弥呼だ。当然、「卑弥呼は邪馬台国に居る」という解釈になる。

これは邪馬台国九州説も大和説も、魏志に拠る限り同じ結論になる。

◉魏略の構文、「国境の向こうの邪馬台国は不記載」

いっぽう、魏略の倭を記した部分の一つが、魏志の冒頭文①と国境記事④が一体となった文章の形で見つかっている。

漢書地理誌倭伝（顔師古《がんしこ》［唐代の注釈者］の注が引く所の魏略）①冒頭文＋続けて④国境記事

「倭は帯方の東南大海中に在り、山島に依りて国を為す。海を度《わた》ること千里、復国有り、皆倭種なり」

また、魏志の②「里程記事」は「翰苑」に引用されて見つかっている。

翰苑所引魏略

「［…］帯方従《よ》り倭に至るには［…］一海（対馬海峡）を度《わた》ること千余里、対馬国に至る［…］（以下女王国に至る里程記事、魏志に略同じ、伊都国まで）」

しかし、魏志の③「日程記事」に対応する魏略の文は見つかっていない。そこで次が問題になる。

③「日程記事」は、

一、もともとあったが散逸して見つかっていないのか？

二、もともとなかったために見つかっていないのか？（上野ら）

一、散逸して見つかっていない場合、もし見つかったとすればどの位置にはめ込まれるだろうか？当然、魏志と同様②里程記事（伊都国に到る）の後に、③日程記事（邪馬台国水行一〇日陸行一月）が続く。すると、魏志と違って冒頭文①＋④「海を渡れば別の国」があるから魏志とは違った解釈になる。すなわち水行一〇日の邪馬台国は国境の外と解釈され、倭は九州（女王卑弥呼で、海を渡った邪馬台国（女王の都する所）は別の国、従って女王は別の女王となる。「水行一〇日陸行一月」の元来の意味が「帯方郡からの放射日程」（九州王朝説）だったかどうかに関係なく、冒頭文の影響で里程記事のあとに日程記事（水行）が来れば「水行＝国境＝別の国」、そう解釈されるのは避けられない。

これは記述としては可能だが、これでは「倭国の記事の中に別の国の記事が混在」して史書の形式に反する。従って③日程記事は、一、散逸して見つからないのではなく、二、もともと不記載だった、と考えるべきだろう。一、は成り立たないと仮定して進む。

二、もともとなかった場合、二つのケースが考えられる。

（二－一）魏略は情報を持っておらず、魏志が初めて見出した情報だったかもしれない（上野ら）。

あるいは、

（二－二）魏略は情報を持っていたが、前述のような解釈から「倭国外の情報」として「倭国伝に載せなかった」という可能性もある。

◉魏略は邪馬台国の情報を持っていたか？

上野は「魏略は『日程記事（邪馬台国情報）』を持っていなかった」とし、その理由として「この情報は魏略編集の二七〇年頃より後に魏にもたらされた」と分析している。

しかし、卑弥呼の時代（二三九年）の背景を考えると纒向古墳の時代に近く、東海から近畿、吉備、山陰、九州を巻き込む大宗教活動があった時代だ。水行二〇日や陸行一月などは、困難はあったにしても多くの人々によって繰り返されたに違いない。卑弥呼が列島最大の都市（邪馬台国）についての情報を持っていないはずがない。卑弥呼を訪問した魏の郡使も当然この情報をある程度は把握し、それを洛陽に報告したに違いない。だから、魏略編者は「邪馬台国の情報は持っていたが、倭国の外」として「倭（国）伝」の中に入れなかった、と考えるのが妥当だ。中国が邪馬台国の情報を持っていた可能性を示唆する文献（邪馬台国の遣晋使）については本章末で触れる。

◉魏略の編集方針

魏略と魏志の違いの最たるものは冒頭文だ。魏略は「倭（国）は」で始まる「倭（国）伝」であるのに対し、魏志は「倭人は」で始まる「倭人伝」だ。

魏略は逸文しか残っていないことを考慮しても、構成が明確だ。冒頭文を「倭（国）は」で始めるとともに国境を明示し、「倭（国）伝」とした。その倭国伝で最大の事件は「親魏倭王印綬」であるはずだ。魏略のその部分は残念ながら散逸したか残っていないが、この最大事件を記録したのは間違いない。魏の認定によって冊封体制の倭国の範囲と体制が確定した。魏略はその認定に従って倭国を記したと思われる。「倭国女王は卑弥呼、その国都は女王国。女王国から海を渡ると別の国」、それが魏の認定だ。それに従った構成だ。その根拠の一つは、魏略の記事は倭国内諸国及び隣接国に限られているからだ。[8]

◉魏志の編集方針

それに対し魏志は魏略のみならず多くの史料に基づき、「倭」を時間的にも地域的にも幅広く記した。時間的には「漢の時→今（魏）」、印綬の前後で「倭→倭国」「王→倭王」の変化を記し、地域的には九州女王国はもちろん、さらに国境外に言及し、「女王国の東、海を渡ること千余里、又国あり、皆倭種。又侏儒国《しじゅこく》有り、その南に［…］又裸国《らこく》有り、黒歯国《くろはこく》復在りその東南船行一年にして至るべし」と倭国外の倭種の情報もあらいざらい採用している。そして、冒頭文を「倭人は」とし「倭人伝」とした。

その編集方針から、陳寿《ちんじゅ》は系統の違う「邪馬台国、女王の都する所（③日程記事）」を入れ、国境内と信じたので④国境記事（海が国境）を後ろに移した（信じた理由は次章で触れる）。これによって、

「倭国女王卑弥呼の都は邪馬台国」と読めるようになった。

しかし、古い時代の不正確な情報も取り込んだせいか、不整合が多く理解を困難にしている（現実の地形との比定が困難など）。

◉顔師古の魏略引用——上野解釈

以上の論拠は、④国境記事の位置にあり、次の魏略逸文にあった。

漢書地理誌倭伝（顔師古注所引魏略）冒頭文＋続けて④国境記事

「倭は帯方の東南大海中に在り、山島に依りて国を為す。海を度《わた》ること千里、復国有り、皆倭種なり」

上野はこの冒頭文について「これが魏略原文であった、と思うのは漢籍における逸文の扱い方を誤っている」としている。「この部分は魏略原文そのものではなく、唐代の顔師古が漢書地理誌に注を加えた際に引用した魏略であって、顔師古の常として理解を助ける目的のためには原文の要約・編集・省略がかなりある」とする。その根拠として、明治の碩学那珂通世《なかみちよ》[9]の次の記述を引用している。「顔師古が他書を引くに、常に字句を節略したるにつきて思ふに、魏略の原文は、魏志にとりたるが如くありしなるべし」と。上野はこれを是として、

一、「魏略」逸文が冒頭「倭」であって「人」字がないのは、顔師古が引用する際に省略したものと考えられる。
二、「顔師古の引く魏略冒頭文」の「①+④」の文章は魏略原文ではない、むしろ魏志の「①+②+③+④」の方が魏略原文に近い（番号表記は筆者表記に変えた）。

すなわち、「魏略の冒頭文は魏志と同じ」と推測している。これに対する筆者の解釈を対比して示す。

一、「魏略」逸文が冒頭「倭」であって「人」字がないのは、顔師古の省略でない。その理由が漢書地理志から読める。

漢書地理志
「樂浪海中倭人有り、分れて百余国を為す、歳時を以って来たり献見すと云う〔…〕［師古曰く〔…〕今猶《なお》倭国有り、魏略に云う、倭は帯方東南大海中に在り、山島に依り国を為す、海千里を渡る、復《また》国有り、皆倭種］」

漢書地理志は人文地理志だから対象は「倭人」であって「倭（国）」が主ではない。しかし、この箇所で注釈者顔師古が魏略を引用して説明したかった言葉は漢書地理志の「倭人」ではなく、自分の解説注釈文「今猶《なお》倭国有り」の「倭国」だ。その為に魏略の「倭（国）は」を引用している。魏略が「倭人は」だったら引用していない。従って、魏略冒頭文は「倭（国）は」だったと断定できる。「人」字の省略ではない。

二、顔師古に省略や改変が多いことは上野の詳しい分析と説明から判る。また、「①＋④が原文だ」という保証はない。①と④が離れていた可能性はある。しかし、だからと言って魏略原文が魏志の「①＋②＋③＋④」に近いと断ずるのは早計だろう。

その根拠は、顔師古は魏略と魏志をよく理解していてその違いもよく知る立場だから、両書にある④国境記事の文章上の場所によって、卑弥呼女王国と邪馬台国とが同一か別国か、の違いが生じることは、十分気がついたはずだ。さらに、陳寿が悩んだだろう「④国境記事の位置」に、顔師古が無神経であるはずがない。従って、事実は逆で「①＋④」と魏略を引用紹介していることとは、そうしても「魏略の原意を損ねない」と顔師古が信じていたことを示している。そのような状況は、次の二つのケースで考えられる。

（二–一）魏略原文の順が「①＋②＋④（海が国境）＋③（海を渡り邪馬台国）」であったケース。これならば③は国境の外で、④の位置が顔師古の注のように冒頭に移動されても意味が変わらないし、記事の順序としては近いところから順に記すことになるから一番素直だ。しかし、これでは倭国記事の中に「国境の外の別の国とされる邪馬台国」の記事が混在する形になり、「倭（国）は」で始まる「倭（国）伝」の史書の形式にはずれる。

（二–二）魏略原文にそもそも③日程記事がなかったケース。事実、③は逸文としても見つかっていない。そしてまた、顔師古注のように「①+④+②」でも魏志の「①+②+④」でも同じ意味になり、④の移動改変によって魏略の原意を損ねない。また（二-一）のような国外記事混在の問題も生じないのだ。

以上から、「顔師古の魏略引用の冒頭文（①+④）は魏略原文であるか、少なくも原意を損ねていない文章であり、③日程記事は魏略にそもそもなかった」とするのが妥当である。魏略の魚豢《ぎょかん》は③の情報（邪馬台国女王）は持っていたが、「倭（国）伝」の編集方針として倭国外の情報を載せなかった、と解釈できる。

前述では「魏略には日程記事は元々なかった」ことを「仮説」としたが、ここまでに確認でき、その理由は「別の国」だったからと考えられる。

結論として、「邪馬台国は倭国の外、別の国」である。従って「倭国女王卑弥呼と邪馬台国女王は別の女王」である。

◉邪馬台国の遣晋使？

卑弥呼後のことが魏志に記されている。

魏志倭人伝

「卑弥呼以って死し（二五〇年頃）、大いに冢を作る［…］さらに男王を立てるも国中服さず

［…］卑弥呼の宗女壱与《とよ》（通説では台与、以下通説に従う）、年十三を立てて王と為し、遂に定まる［…］台与［…］政（魏使張政《ちょうせい》）等の還るを送らしむ、よりて台（洛陽）に詣り［…］（生口三十人、白珠などを）貢す」

いっぽう、神功紀には「神功皇后は卑弥呼又は台与」を示唆するような次の編者注を載せている。

神功紀
「晋の起居注（皇帝日誌）に曰く、『武帝の泰始二年（二六六年）［…］倭の女王、訳を重ねて貢献せしむ』と」

しかし、「神功皇后が倭の女王」とは書いていない。そうでないことを編者は中国史書から知っていたと考えられる。卑弥呼、台与（三世紀、前掲の女王は時代的に台与と考えられている）と神功皇后（四〇〇年頃、第四章参照）とは時代が違いすぎる。神功皇后の年代をさかのぼらせる為の示唆に使ったと考えられる。示唆に留めたところが編者の工夫であろう。

この記事に関連して注目されるのは同年の別の史料、晋書武帝紀だ。起居注と比べてみよう。

晋書武帝紀《しんしょぶていき》
「泰始二年（二六六年）［…］倭人来たりて方物を献ず」

神功紀の引く晋の起居注
「泰始二年（二六六年）〔…〕倭（国）の女王〔…〕貢献せしむ」

神功紀の引用と同年で同じ晋の武帝関連記事だから、二文は同一事績だとするのが定説だ。しかし晋書は倭でなく「倭人」、朝貢とは異なる「献ず」である。「献ず」となっているのは、晋とまだ朝貢関係を持っていないか、これから持とうとする使節と考えられる。中国は誇示の意味もあって冊封体制の朝貢使には「貢ず、朝貢す、貢献す」と書き分ける（「献ず」「貢ず」「奉献す」の使い分けについては第五章で述べる）。すなわち晋書の「倭人来りて方物を献ず」は台与の「朝貢」遣晋使ではない。「同年の別の遣使」だ。では「倭国と別の倭人国が遠く危険を冒して別々に遣使」したのだろうか。そうではなく「朝貢する倭（国）女王（台与）の遣使」に「倭国とは別の、未だ朝貢していない倭種の国の遣使」が「随行」した、と考える方が自然だ。その根拠は、卑弥呼が魏の皇帝に「其れ（倭）種人を綏撫《すいぶ》し」（魏志倭人伝）と、倭諸国・倭種の指導者として倭国外倭人の面倒を見ることを諭されているからだ。[10]

倭国の周辺には倭種の国は多いが、武帝紀に記される程の国となると「倭種で最大の人口を誇る邪馬台国」（魏志倭人伝）の可能性が高い。この推測が正しければ、中国は邪馬台国の遣使に直接接したことになる。魚豢が「魏略」を編纂していた二七〇年頃以前の事績である。「情報だけならもっと前から邪馬台国の情報が中国に伝わっていて不思議はない。それでも魚豢は魏略の記事に邪馬台国を採用しなかった。公式外交国『倭国』とは別、と知っていたからだ」と推定される。

この記事については「前方後円墳との関係」で第三章で改めて触れる。

◉中国史書の「邪馬台国」諸誤解

歴代中国史書は、「倭国」についてさまざまな異なる記述をしている。中には誤解もあり、それが後世の日本史家の論争につながっている。そこでこれまで述べた理解に基づき、中国各史書の理解と誤解を整理した。

一、「魏略」は「倭国の卑弥呼女王国は九州、邪馬台国は別の国」と正しく理解した。「倭（国）は」で始まる「倭国伝」として、「倭国外の邪馬台国」は記載しなかった。

二、「魏志」は「倭（国）」のみならず、遠方情報「女王の都する邪馬台国」やさらなる遠方の倭種情報を洗いざらい加えて「倭人は」で始まる「倭人伝」とした。その際「邪馬台国（国都）の上位国は倭国」と誤解したようだ。実は、九州から遠いこの地域にはまだ統一上位国はなかったと考えられる。この誤解が後世の史家を惑わした。第一の誤解だ。

三、「後漢書」は二に対し「それはおかしい、卑弥呼のいるのは邪馬台国でよいとしても、その場所は九州」として、魏志を修正した。

後漢書倭伝

「［…］その大倭王は邪馬台国に居る。楽浪郡のとりでは、その国を去ること万二千里（魏志に同じ、九州)」

しかしこれも誤解で、後世の「邪馬台国＝九州説」を誘導した。第二の誤解だ。

四、「隋書」[11] はさらに複雑だ。隋書は「倭国は魏の時邪靡堆《やまと》に都す、すなわち魏志の謂う所の邪馬臺なるものなり」としている。これによって、後世の「倭国女王卑弥呼の都、邪馬台国＝大和」説が史料的根拠を得たかたちだ。しかし、この文章は隋の「訪大和使」が大和朝廷（推古《すいこ》朝）の主張に影響された結果だろう。その背景を加味して解釈すれば、「魏の時（のみ）やまとに都す」と括弧の「のみ」を補って読むべきだ。魏の時の倭国の都は九州だからそれでも誤解である。これが第三の誤解だ。これについては第七章で詳述する。

第二章注

［1］「里」……帯方郡から九州北岸まで海上一万里は、現在の地図上で約八〇〇キロメートル、従って一里＝約八〇メートル。この里制度は「短里＝八〇メートル／里」と呼ばれ、古代中国の一部・極東で使われ遺存したが、後世の「長里＝四三〇メートル／里」の標準化とともに忘れられた、という。

［2］「狗奴国」……九州王朝説の多くは狗奴国を筑後とするが、魏志倭人伝は筑後も女王国の一部としている。

［3］「邪馬台国」……現存する最古魏志版本に「邪馬壹国」とあり、これが正しいとする説と詳しい分析から「邪馬臺国」が正しいとする説が争われたが、後者が正しいとするのが定説となってきた。ここ及び以下では「邪馬臺国」の慣用略記である「邪馬台国」と記す。

［4］「邪馬台国は二ヶ所あった」……大和岩雄（大和書房、一九九〇年）

［5］「女王卑弥呼の『都する所』」……上野武（NHK出版、二〇〇四年）。この説の基となる説として、喜田貞吉（一九一七年）、橋本増吉（一九三二年）らの説「里程情報と日程情報は原典が異なる。これらが混同されている」や、久米雅雄の「九州女王国卑弥呼と畿内邪馬台国（卑弥呼の弟が佐治する）が並立していた」とした説がある。

［6］「魏略」……魚豢編纂の「魏」を中心に書かれた歴史書。成立は魏末から晋初の時期（二七〇年頃）

［7］「翰苑《かんえん》」……唐代六六〇年頃　張楚金による類書（文例集）。写本の一部が太宰府天満宮にのみあり、中国を含め他にない。

［8］「隣接国」……魏略逸文に出てくる隣接国は「東、千里復国有り（漢書注）」「南の狗奴国（翰苑）」「侏儒国（法苑珠林《ほうおうじゅりん》。唐代の仏教百科辞典で、一行の魏略引用がある。ただし女王国の南四千里の遠方としている）」である。いずれも「隣接国」扱いだ。「邪馬台国も隣接国か？」という疑問に対して「海（国境）を渡り投馬国を経て五千里以上あり、隣接国とはいえない」として魏略は邪馬台国を倭国伝から除外した、と解釈できる。残念ながら残された逸文だけで判断せざるを得ない。

［9］「那珂通世」……一八五一年～一九〇八年。明治時代の歴史学者。東洋史の概念を初めて生んだとされる。「支那通史」や日本の紀年問題を研究した「上世年紀考」などを著す。

［10］「随行使」……似た事例は「今使訳通ずる所三十国」（魏志倭人伝）だろう。三〇国が別々に遣使したとは考えられない。随行使、連名の遣使や献上物と信書の預託などが多かったと考えられる。第五・七・八章で述べるが、倭国は後年も中国遣使に雄略朝・推古朝・孝徳朝の随行使の同行を許したようだ。晋書はその嚆矢となる記事と解釈できる。この寛容な外交指導力が倭国の長年の宗主国継続の原動力だろうと考える。

［11］「隋書」……六三六年、魏徴によって本紀五巻、列伝五〇巻が完成。六五六年長孫無忌によって志三〇巻が完成。

第三章

纒向・神武・崇神・仲哀――それぞれの倭国との関係

◉四世紀前半、倭国は国内征戦に注力

晋書《しんしょ》二六六年の「女王台与の遺晋使」の後、四世紀の倭国情報は極めて少なく「謎の四世紀」といわれている。しかし、三国史記には「三〇〇年、新羅が倭国と使者を交換」、「三六六年、百済、倭国に使者」とあるから、倭国が続いていたと推定される。四世紀前半の倭国は国内征戦に注力したと考えられる。その根拠は「宋書倭王武の上表文」（第五章）に「国内征戦の後に海外征戦が続いた」とあり、それは四世紀後半と考えられる。たとえば広開土王碑《こうかいどおうひ》に「三九一年、倭が海を渡って百済や新羅を破って、臣民とした」とある。

海外については次章に譲り、本章では四世紀までの国内の動き「纒向と倭国」、「神武東征と倭国」、「崇神《すじん》～仲哀《ちゅうあい》／神功皇后と倭国」の関係について述べる。

◉纒向古墳

三世紀前半、現在の大和の纒向地区（奈良盆地の東南）に大規模な都市型集落が現れたことが、考

古学研究から明らかにされた。関東から四国・九州の特徴を示す土器が多数発掘されて、広域を巻き込む活発な祭事活動があったことが明らかになった。まず纒向に独特の前方後円墳が出現し、その後統一形式の前方後円墳が全国規模で拡がりを見せた、という。

二〇〇九年一一月、纒向古墳近くで建物跡が発掘された。高さ一〇メートルに及ぶ高床の入母屋造《いりおもやづく》りで祭事宮殿と想像されている。魏志倭人伝にある「卑弥呼の宮殿」ではないかと話題になった。「邪馬台国、女王の都する所」（魏志倭人伝）が根拠だが、「その女王は卑弥呼ではない」と第二章で検証した。大和は広域の祭事朝廷があったとしても、倭国と異なり広域政事統一国はまだなく、政事的には小国分立のままだったようだ[1]（後述）。

◉遣晋使が「前方後円墳」を研究？

前方後円墳の起源を中国に求める説がある。

晋書武帝紀
「泰始二年（二六六年）［…］倭人来たりて方物を献ず。円丘方丘を南北郊に併《あわ》せ、二至（冬至と夏至）の祀り二郊に合わす」

この頃、中国では「冬至に都の南郊の円丘で天神を祀り、夏至に北郊の方丘で地祇を祀った。その祭祀形態に円丘方丘（一例五〇メートル四方）を併《あわ》せる新しい形式が打ち出された」という。山尾幸久は試案として「二六六年の倭国女王台与の遣晋使が前方後円墳の構想を纒向に持ち帰った」と解釈したという。しかしこれは「台与の倭国は九州で、九州倭国と前方後円墳のつながりは希薄」であるから整合しない。

これに対して「台与の遣晋使には随行した別の国の倭人がいた」と述べたが、この倭人こそ纒向から派遣され、台与の遣晋使に随行して前方後円墳の理論付け、権威付けを学んで持ち帰ったと考える。その根拠は、「六世紀前半以前の前方後円墳は晋尺（二四センチメートル）に拠る」（森浩一「古墳の発掘」）。晋（二六五年～四二〇年）と列島の交流は前記記事以後には四一三年の倭王讃《さん》の記事までないから、この時の使者が晋尺を持ち帰った可能性が高く、そうであれば円方墳の新構想も合わせて持ち帰った可能性がある。もとより、前記の文章は武帝紀の構成上同年の事績の列挙で、倭人事績と祭祀事績はたまたま文章上隣り合っただけとするのが正しいだろう。また、墳墓と春秋祭祀の祭壇とは規模においても意味合いにおいても異なるし、倭人が何を参考にし、しなかったかは憶測に過ぎない。しかし、限られた情報が示唆する貴重な「前方後円墳の由来の可能性」だ。

◉邪馬台国は大和か

第二章で「随行使は邪馬台国の使い」の可能性を、また前節では「随行使は大和纒向の使い」の可能性を指摘した。それらの帰結として「邪馬台国は大和か」という命題が浮上する。しかし「別の国、別の女王」と考えれば、倭国国境外の邪馬台国が大和か別の国かはもはや重要ではない。

それを承知で敢えて推測するならば次のように表現できる。

九州倭国は祭事女王卑弥呼を共立して広域政事統一国となり、魏や晋に遣使した（主要倭諸国王の集団政事指導体制と象徴的倭国王卑弥呼か）。いっぽう、大和纒向には祭事女王がいて広域の祭事活動を展開していたが、政事的には半世紀後ですら小国が分立（神武・崇神など）して広域の政事統一国への過程には遠かったと考えられる。もちろん倭国に対抗して独自の遣使を出す状況になかっただろう。そこで、大和の祭事王（女王）は倭国女王台与の遣晋使に随行使を出し、この随行使が中国から前方後円墳の構想と晋尺の基準を纒向に持ち帰った可能性、並びにこの時の大和の情報が「邪馬台国」と伝わった可能性がある。大和（祭事都名）に政事的な広域統一国（上位国）はまだなく、従って国名もない。それが魏志の「邪馬台国（国都）の広域統一国（上位国）も倭国だろう」という誤認につながったと考えられる、と。一つの可能な推測ではないだろうか。

◉神々の共生――出雲の役割

考古学的成果である纒向古墳の歴史的解釈は、中国史書の「邪馬台国」よりも記紀の方が参考になる。記紀に現われる「やまと」には出雲が深く関係している。出雲系の国造りは、先住民との関係が穏やかなものであったらしい。「国譲り」の記述に先立つ部分で、「記紀」は次のように記している。

日本書紀神代上八段

「大己貴神（＝大国主神の若年名）独り能く巡り造る。遂に出雲国に到る［…］今此の国を理《おさむ》るは、唯吾一身のみ。吾と共に天下を理る者、蓋し之有り乎。時に神の光海を照らす。忽然浮び来る者有り〔…〕吾日本《やまと》国の三諸山《みもろやま》に住まわんと欲す〔…〕是大三輪の神也」

古事記上大国主

「是に於いて大国主神愁いて告《の》らさく。吾れ獨り何かにか能く此国を作り得ん。孰れの神吾と能く此国を相作らむか。是の時海を光《てら》し依来る神有り〔…〕答えて言はく吾を倭《やまと》の青垣の東山の上にいつき奉れ。此れは御諸山の上に座す神也」

どちらの記述も、出雲系の大国主神が「ともに天下を治めよう」と呼びかけ、やまとの神が応えている。その時からか、大和では三輪山（山自体が地神ご神体）に大国主神が祀られている。大和には高天原系のニギハヤヒ一族がいたが、倭国の政事覇権的存在感はなく、地神や国神にも寛容な出雲系の存在感の方がはるかに強い。共生思想の出雲の影響があったやまとでは倭国のような覇権的大乱を経過することなく「纒向活動」に入っていったと思われる。「国譲り」の後、出雲系祭事権は纒向を中心として活動し、倭国もこれを尊重したと考えられる。

◉天孫ニニギの日向天降り

纒向活動と同じ頃、倭国大乱は収束し、朝鮮半島南端の倭国は列島への移動の最終段階に入っていた（一八〇年〜二四〇年）。この経緯は記紀の神話に対応付けすることができる。

日本書紀では「スサノヲを高天原から追放した後、アマテラスは一族アメノホヒらを葦原中国《あしはらのなかつくに》に天降りさせた。さらに、スサノヲ一族から国譲りを受けて葦原中国を平定し、平定後に天孫の瓊瓊杵《ににぎの》尊《みこと》（以下ニニギ）を支配者として日向の襲《そ》の高千穂の峰に天降りさせた」としている。

古事記では次の表現となっている。

古事記上巻ニニギ

「（ニニギは）竺紫の日向の高千穂の久士布流多氣《くしふるたけ》に天降り［…］此の地は韓国《からくに》に向かい［…］甚だ吉地《よき》［…］と詔して［…］宮とした」

この「日向」がどこか、比定地論争がある。定説は宮崎県日向、九州王朝説は福岡県（一説では糸島市日向峠）とする。ここは「竺紫の日向」とあるから福岡県とするのが妥当だろう。別の根拠は「半島から移住する最初の地として日本海沿岸地域が妥当」「半島倭人の故地である韓国を遠望できるよき地」（古事記）、また「半島の韓領域に向き合った倭国領域に似たよき地」（第一章参照）と整合性が高いからでもある。

◉ニニギの天降りの時期

ニニギと倭国との関係を理解するには、ニニギの天降りの年代を検討する必要がある。

一、半島の韓が強勢となり（一六〇年〜一八〇年）、半島の倭が南下して倭国大乱となった可能性を第一章で示した。

二、日本書紀は「国譲りと平定後、高天原のアマテラスはニニギを降臨させた」としている。これを「倭国大乱収拾（〜一八〇年）後、半島の倭はニニギを九州に移住させた」を示唆している、と解すると「ニニギの九州移住は一八〇年以降」となる。

三、二四〇年までに半島の倭（高天原）は拠点を九州に移したと考えられる。（第一章）

四、従って、ニニギが筑紫の日向に移住したのは一八〇年〜二四〇年の間となる。この全期間、倭国王は卑弥呼だった（魏志倭人伝、三国史記）。「日向への移住」も「狗奴国戦への派兵」（次節）も発令者は倭国王卑弥呼だった可能性がある。しかし、日本書紀は「ニニギは列島の卑弥呼ではなく、半島のアマテラスから列島に派遣された」と強く主張している。ニニギの天降り時点では「祭事王卑弥呼」は九州に都していたが、倭国の政事拠点が半島に残存していた（一八〇年〜二四〇年）、ニニギはその「政事王」（アマテラスで表現される）から派遣された可能性を示唆している。

五、「アマテラス」は本来は海原倭人の悠久の神話の主役であって、「半島の政事王」を「アマテラス」と表現するのは誇大表示だろう。しかしその表現を神話に押し込めて神格化を図っている、そうする必要性があったと解釈すべきだろう。「半島の倭が失われた」という史実と関係すると思われる。

◉フキアエズ一族の戦い

大乱収拾の後、倭国に残された問題は倭国の南に盤居する狗奴国との戦いだった。

魏志倭人伝二四七年条

「倭の女王卑弥呼、（南の）狗奴国［…］と素より和せず［…］遣わして（帯方）郡に詣《まい》らしめ相攻撃する状を説く［…］因りて詔書・黄幢《はた》を齎《もたら》し［…］檄《げき》を為りて之に告諭す」

「相攻撃」だからその一方に倭国軍がいた。そしてこの軍は大乱収拾後に北九州などから南に派兵されたと考えられる。年代的・地理的にみてその一部にニニギの子孫である彦波瀲武鸕鷀草葺不合尊《ひこなぎさたけうがやふきあえずのみこと》（以下フキアエズ）一族がいた可能性がある。なぜなら、フキアエズ一族は大乱収拾後に半島から北九州に移住しながら、未だ定住地を得ていない。新天地を自ら戦い取らなければならなかった、と考えられる。一族も結局この南への派兵に参加した可能性が高い。根拠はその後の神武東征の出立地が宮崎日向と考えられるからだ。狗奴国との主戦場は筑後・肥後方面で、宮崎日向のフキアエズ軍は狗奴国の背後を突く別動隊ではないだろうか。

しかし、逆に狗奴国が攻勢に出たようだ。卑弥呼は魏から金印と旗指物を授与されたことを後ろ盾に狗奴国と休戦に持ち込むのがやっとだった、と思われる。狗奴国制圧のために駐留した兵団は領土を得ることなく役割を終え、フキアエズの子である神武の一族も転出を余儀なくされたに違いない。それが「神武東征」につながった、と考える。

◉神武東征

フキアエズの子神武とその兄等は東に豊かな地があると知り、東征を決意する。

古事記中巻

「神倭伊波礼毘古命《かむやまといわれひこのみこと》（神武天皇）は［…］高千穂宮に座し［…］東に行かむと思い、すなわち日向より発ち筑紫に幸す［…］豊国の宇沙に到り［…］竺紫の岡田宮に一年［…］阿岐国［…］七年［…］吉備に［…］八年［…］速汲門にて［…］（大和へ）」

神武らは日向を出立する。「日向より発ち筑紫に幸す」とあるから、この日向は筑紫ではない。ニニギの「竺紫の日向」とは別の場所であろう。

いっぽう、日本書紀は同じくニニギの天降りを「日向の襲の高千穂の峯」（本文）あるいは「筑紫の日向」（一書）としながらも神武の東征の出立を次のように記述している。

神武紀

「（神武）天皇東征に向う。速吸之門《はやすいのと》に至る［…］筑紫国菟狭《うさ》に至る［…］筑紫国岡水門に至る［…］安芸国に至る［…］吉備国に入る［…］（大和へ）」

同じ状況を日本書紀も記しているが、出立地を明記していない。そこで定説では「筑紫に至る前に通る速吸之門とは豊予水道と解される。だから出立地は宮崎の日向の国」と解釈している。前節でみたように、神武の日向とニニギの日向は別の場所である。古事記と日本書紀を併せ読めばこの「神武の出立地は宮崎日向」は妥当な解釈であろう。ただ、定説は「だからニニギの降臨地も宮崎県日向」としているが、これは前述のように妥当でない。

古事記と日本書紀から次のように推測することができる。ニニギは「筑紫の日向の高千穂」に天降った（記紀）。その子孫フキアエズ、神武らは南へ南へ移動して、その度に故地日向や高千穂の地名を移植した。九州中部に日向国高千穂峡があり、九州南部宮崎に日向国・高千穂峯がある（地名移植は後年かもしれないが、その元となる伝承は残しただろう）。神武らは東征に際して「宮崎の日向の高千穂宮」を出立し（記）、筑紫に行き（記紀、恐らくニニギの故地「筑紫の日向」に行き）、宇佐を経て（記紀）、そこから東征に向かった（記紀）と。

神武等は日向から彷徨とも思える旅に出た。「阿岐《あき》国（広島）に七年［…］吉備に八年滞在した」というのは、点在する倭国領で傭兵されていたのだろうか、卑弥呼没後の騒乱に巻き込まれていたのだろうか。

魏志倭人伝二四八年頃

「卑弥呼以って死し、大いに冢を作る［…］さらに男王を立てるも国中服さず、更更相《こもごもあい》誅殺し、時に当たりて千余人を殺す、復《また》卑弥呼の宗女台与年十三を王と為し、国中遂に定まる」

「国中遂に定まる」、しかし神武一族はなお領地を得ることができなかった。平和になり（二四八年以後）傭兵される機会もなくなり、新たな機会を求めて大和に向かった、と思われる。そこで遭遇した先住民は、同系（高天原系）のニギハヤヒの一族長髄彦《ながすねひこ》だった。よく知られているこの戦いについては詳細を略すが、まずはニギハヤヒ一族を従わせて根拠地（磐余《いわれ》、現桜井市）を得た。神武の即位は二七〇年頃と推定される（後述）。その後、隣接する三輪の大物主神一族の娘を后にし、その子ら（三人）も地元の豪族の娘を貰うなどして仲間入りを果たしてゆく。

ニニギの使命は「国譲りが終わった葦原中国を支配すること」とされている。だが、史実は「まだ男王（政事王）で収まる状態でなく、卑弥呼の後も台与（祭事王）を必要とした」とある。神武も意に反して倭国を横目に見て通り過ぎるしかなく、九州奥地やさらに奥地の大和で努力し、何代もの後についに発展の途を得た。「神武東征譚」は日本建国に至る第一歩の苦労物語だ。伝承も実は少なかったかもしれない。神武以前（九州時代）の伝承の融合や取り込み、地名移植や他史書の流用による飾り立てがあるかもしれない。しかし、それでも創業の惨憺たる苦労があったことが透けて見える。注目すべきは「日本書紀はそれを隠そうとしていない」という点にある。それがむしろ史実性を示している。

◉その後の九州

神武が九州を去り、倭国は台与の時代になった（二六六年頃）。その後の倭国について前述のように三国史記に倭国の存続の記録があるが、中国史書には四一三年の晋書「倭国王倭讃」まで詳しい情報がない（第四章）。この間、倭国王権、王統が断絶、交代したなどの諸説がある。しかし、それを支持する史料はほとんどない。

筆者は「台与のあと、倭国王権を継いだのは天孫ホアカリ系の可能性がある」と考える。その根拠は物部《もののべ》氏の家伝的史書ともいうべき「先代旧事本紀《せんだいくじほんぎ》」[2]にある。物部氏の祖は大和に天降ったアマテラス系のニギハヤヒの子可美真手《うましまぢ》とされる（大和物部氏）。これは複数の史書（古事記・日本書紀・古語拾遺・先代旧事本紀）で確認でき、公認の伝承である。ところが、九世紀編の先代旧事本紀だけは「祖はニギハヤヒだが、ニギハヤヒとはホアカリのことだ」と主張している。[3]ホアカリは記紀でニニギの兄とされている。そこでこの主張は「物部氏の祖はただのアマテラス一族（天神）ではなく、神武と同列の天孫（アマテラス直系）を祖としている」としてニギハヤヒより「格上」の祖を主張しているのだ。

この伝承はニギハヤヒ伝承の多い大和物部氏になかった伝承のようで、「格上の天孫に臣従した物部氏」に伝わった伝承と考えられる。その物部氏とは「九州倭国王に臣従した九州物部氏」であろう。なぜなら、先代旧事本紀は形式的にはニギハヤヒを祖とする大和物部氏の全国発展史ながら、九州地名を冠した物部氏が多い（二田物部［鞍手郡二田郷］・筑紫聞物部［豊前企救郡］など）。編纂は物部氏の宗家の伝承・文書を基にしてなり、それは九州物部氏と思われる。その宗家伝承が「九州物部氏は天孫ホアカリを祖として、ホアカリの直系子孫に臣従してきた」と主張していると考えられる。

先代旧事本紀が出された頃は大和天皇家の祖ニニギ（天孫）の権威が確立していたから、それと並ぶ天孫の子孫とも受け取れることを公言することは相当の根拠と許容される下地がないとあり得ないことだ。この書は朝廷の日本紀講筵《にほんぎこうえん》（貴族向け解説講座）にも用いられたというから半ば公認されており、一部の物部氏の祖がホアカリの流れを汲むことは公知、あるいは公然の秘密だったと考えられる。

◉倭国王は天孫ホアカリ系か

以上から筆者は次のように推定する。

物部氏は高天原（半島倭国）でアマテラス一族に広く仕え、共通伝承と個別伝承を持った物部諸氏だった。何波かにわたった天降り（列島移住）で、ニギハヤヒ・ホアカリ・ニニギに臣従して天降った。ホアカリ系倭国王に臣従したホアカリ系物部氏（九州物部氏）は倭国王家の外戚として、また物部諸族の宗家として専横したが、倭国滅亡で没落した。代わって大和王権の隆盛と壬申の乱で活躍したニギハヤヒ系大和・関東物部氏などが主流となった。日本書紀は「倭国不記載」の編集方針に従って、九州倭国とともに九州物部氏も不記載にしている。神武天皇に臣従したニギハヤヒ系ウマシマヂ物部氏伝承だけを記載することで、「九州物部氏もニギハヤヒの支族、従って大和王権の臣下だった」という誤読を誘導する構文となっている。九州物部氏と思われる事績も、一部だけが大和物部氏と読めるように工夫されて不記載を免れている（第六章）。後世の資料はこれにならっている。隆盛を極めた九州物部氏の子孫にとっては悔しい誤解の固定化だろう。彼等は先代旧事本紀で「九州物部氏不記載」には大筋従いながらも「示唆でもよいから史実を残そう」と、「ホアカリとニギハヤヒは同一人」を潜り込ませた。その本意は「物部氏は二系統、その祖はホアカリとニギハヤヒ」だったと考える。

以上が史実とすれば、裏返すと「九州物部氏が臣従してきた九州倭国王は、ホアカリとその直系子孫である」と示唆していることになる。出雲地方にホアカリを祖とする氏族が多いのは、ホアカリが出雲系だからではなく、国譲りで出雲に派遣され政事権を引き継いだホアカリ系氏族（倭国王族）が多い、と解釈できる。これは、「国譲りを成功させた倭国勢力の中心にホアカリがいた」、「ニニギが天降りした時の祭事王は卑弥呼だが、その政事王としてすでにホアカリが九州にいた」ことを示唆しているのではないか。この推測は、後述の各章で繰り返し確認する「大和は倭国の格下だが同盟国」と整合する。

◉纒向の祭事朝廷——神武は創始者ではない

纒向での祭事活動は、畿内のみならず東海から吉備以西にまで及ぶ範囲から集まった人たち、言い換えれば列島各地の首長から派遣された人々で行われ、その成果である前方後円墳とその祭事形式を列島各地に持ち帰った、と考えられている。そのような広域祭事活動の主導者はだれだろうか？[4] 以下に祭事王権の推移を検討する。

一、纒向古墳の創始時（二〇〇年～二二〇年頃）には、大和にはニギハヤヒ一族が鳥見《とみ》（桜井市、奈良盆地の東南）にいた。神武東征に立ち向かうのだから大和の代表格の政事覇権であろう。しかしその勢力圏は大和盆地を出ることはなく、広域の祭事的権威を持っていたとは考えられない。

二、鳥見の北の三輪（奈良盆地の東南東）には三輪・大物主神一族がいた。三輪一族は政事覇権的には弱体でも、ニギハヤヒに滅ぼされることもなく地神系の三輪神とスサノヲ系の大物主神の祭事権威を維持していたと考えられる。大物主神は列島各地に国造りを完成させた、と記紀にあり、纏向活動の主導者の資格はありそうだ。各地の政事王達はその祭事権威に従って配下を纏向に送り込んだと思われる。纏向祭事朝廷は三輪王権が主導したものであろう。アマテラス系政事権（ニギハヤヒ系・ホアカリ系・ニニギ系）は「国譲り」に際してスサノヲ系の祭事権の尊重を約束したから、纏向祭事権にも手出しはできなかったのかもしれない。

三、神武はニギハヤヒ一族を制圧して鳥見を奪って本拠地とした（磐余）。しかし、神武も隣の三輪一族の地を奪うことなく、そこを本拠とする大物主神一族の娘を后とした。一般に「ある王統の娘を后・妃にした」とある場合、三つのケースがある。征服の象徴（上下の上）、忠誠の証（上下の下）、親交の絆（対等）だ。神武の場合はその後の三輪王権との関係をみると「親交」と思われる。

四、神武が崩じた後、子が継いで綏靖《すいぜい》天皇となり母方の三輪を本拠地にした。三輪王権の当主にもなったか傍流かは分からない。神武一族にとって三輪一族との連携は政祭両面でのメリットがあった、と考えられる。

五、欠史八代は、神武系第九代開化《かいか》天皇までとされる。少ない情報からの姻戚関係の分析から、三系統四世代（約九〇年）の分析例を紹介する（佃説[4]、前注）。いずれも三輪王権と関係が深いという。

しかし、神武から第八代までの天皇陵は円丘または山形である。九州の伝統を守っているのか、少なくとも神武系は、二六〇年頃に始まったといわれる纒向の前方後円墳活動の主導者ではないと考えられる。

六、第九代開化天皇は孝元《こうげん》天皇の子、欠史八代の最後とされる。御陵は神武系で初めての前方後円墳であり、以降、次代の崇神〜敏達《びだつ》天皇（第三一代）まで例外（安康・雄略《ゆうりゃく》・武烈）を除いてすべて前方後円墳である。神武系として最初に前方後円墳を取り入れ、次代の崇神系に引き継いでいる形だ。しかし次頁の系図によれば、開化天皇の年代は神武から四世代離れ、三八〇年頃とみられる。いっぽう崇神の在位は二八八年〜三一八年（記崩年、次節参照）であるから崇神は開化の子ではない。前方後円墳も崇神陵の方が早いことになる。神武系が遅れて前方後円墳を取り入れたことは、神武系が崇神系に接近した、もしくは取り込まれた可能性もある。

七、第一〇代崇神天皇は和名にイリがつくからイリ王朝とも呼ばれ、神武高天原系と異なる王権とする説が有力だ（扶餘《ふよ》からの渡来系とする説が根強い）。ただし、神武系と崇神系に姻戚関係があったのは史実のようだ。開化天皇の孫狭穂姫《さほひめ》が垂仁《すいにん》天皇の后となった詳述がある。

崇神はアマテラスを祀っている。渡来系と考えられる崇神がなぜアマテラスを祀ったのか。背景に「疫病から人口が半減した」（崇神紀、渡来系のもたらした疫病か）という厳しい状況があり、崇神天皇は祭事に没頭し、天照大神、倭大国魂神《やまとのおおくにたまのかみ》、大物主神を祀り直した（崇神紀）。崇神天皇はアマテラスも祀る統合祭事王となったと思われる。崇神朝が神武系と融合合体したのかもしれない。

八、第一一代垂仁天皇も同じく和名にイリがつき、崇神の直系と考えられる。やはり天照大神を祀

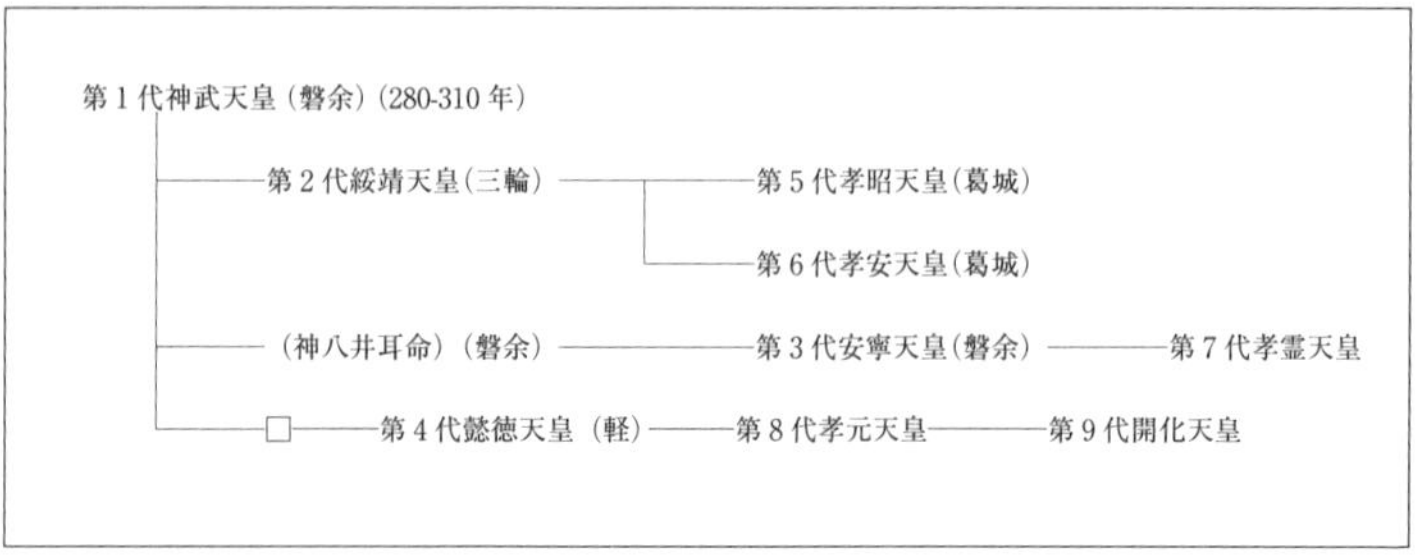

り伊勢神宮を創始したとされる。纒向の祭事による権威は神々を融合しながら三輪系、神武系、崇神系へと引き継がれたようだ。

九、第一二代景行《けいこう》、（第一三代成務《せいむ》）、第一四代仲哀は長年征戦で大和を留守にしているから、祭事王ではなかったようだ。ここでは省き後述する。

一〇、仲哀天皇の神功皇后は九州征戦から大和に帰還するが、また巫女の資質を持ち、祭事の主導者だった可能性はある。

一一、仲哀天皇の皇子は神功皇后とともに九州から大和に帰還して、崇神朝に代わった（第四章）。当然崇神朝の天照大神も含めた統合祭事権を継承したと考える。この仲哀系の王権の上に乗ったのがやはり九州から帰還した大和軍の王、仁徳《にんとく》朝だ。仁徳と後継者も祭事権を継承したと考える。纒向以来の前方後円墳である応神《おうじん》天皇陵〜仁徳天皇陵（最大）がその証だ。

以上祭事権の推移をまとめると、「神武天皇は纒向古墳の創始者ではない。神武系は政事的には三輪系に近づいたが、祭事的には九州系を維持して前方後円墳を採用しなかった。むしろ、後代とされる崇神朝の方が前方後円墳に象徴される纒向の三輪系祭事権と神武のアマテラス系を融合して祭事王権として拡大し、その祭事王権は崇神系・神功系・仁徳系の大和諸政事王権に継承されてきた」。その理由は「大和の纒向以来の祭事風土的な伝統」だろう。祭事を理解し掌握して初めて大和の政事もうまく運んだのだろう。

◉日本書紀の年次修正法

神功紀以前の日本書紀年次（皇紀）には誇張や操作があり、次の修正法が支持されている。

一、古事記の天皇崩年干支は海外史書との整合性が高く信頼性が高いとされる。「記崩年」と略す。記崩年は崇神天皇から推古天皇までの多くに記されている。これを基点として計算することが多い。[5]

二、諸天皇に異常な長寿の記録がある。「春秋に歳を数える二倍年暦説」と解釈されて、半分を崩年年齢と解釈することが試みられる。例えば、神功皇后崩年年齢一〇〇歳は五〇歳に、応神天皇一一〇歳（古事記は一三〇歳）は五五（～六五歳）とする。次の文献が解釈の根拠の一つとされている。

魏志倭人伝注

「魏略曰：其の俗、正歳《せいさい》四節を知らず、但春耕秋収を計って年紀と為す」

三、干支で記述されている場合には二巡（一二〇年）繰り下げてみる。外国史書と整合する場合が多い。例えば、神功紀二五五年の「百済肖古王《しょうこおう》薨」とあるのは正しくは三七五年と百済史書から判っている。

これらも絶対ではなく、個々に他との整合性を見ながら試行錯誤するしかない。しかし、本書及び本書が依拠する文献では優先して右の順の修正を試みている。

◉崇神・垂仁朝――神武朝と並立

第一〇代崇神天皇の在位は二八八年（推定）[5]～三一八年とされる。すでに一部述べたが、この在位は神武天皇の在位と重なる可能性が高い。第一代神武天皇の在位は二七〇～三〇〇年頃と見積もられるからだ。[6]年次は厳密ではないが、神武が高天原系、崇神がイリ王朝系（扶餘からの渡来系か）と王権が異なるから、二王権が並立していた時期がある可能性が高いことを意味する。並立した後、二つの王権が合体したのか継承したのか交代したのかわからない。合体の場合、史書編纂の際、二つの王統をどう取捨選択するか、どの順序で表現するかは極めて政事的だから裁量の範囲、との考え方も事例もある（第八章、「大和王権と上宮王家の合体」参照）。日本書紀はここでは並立した王権・王統を時代をずらして両方をつなげ、そのぶん歴史が長くなっている（年表参照）。「王統が徐々に融合しながら、王権が相対的に神武系から崇神系に移動した」と推測するあたりが妥当と思われる。

その理由は既に述べたように、神武王権は三輪氏を滅ぼすことなく血縁的に融合していること、崇神王権は三輪氏を滅ぼすことなく祭事権を継承していると思われること、神武王権を滅ぼすことなくしだいに后を娶るなど上位に立つ傾向があったことなどである。

◉崇神天皇の征戦

崇神天皇が祭事王として自然災害を克服すると、政事王として大和から畿内の征戦に乗り出した。

崇神紀一〇年条
「七月、群卿に詔して曰く〔…〕今すでに神祇を礼し、災害は皆なくなった、然るに遠い荒人等はなお正朔を受けず、王化を未だ習っていない、其れ群卿を選び四方に遣わし朕の意を知ら令むべし〔…〕九月、大彦命《おおひこのみこと》を北陸に、武渟川別《たけぬなかわわけ》を東海へ、吉備津彦《きびつひこ》を西道へ、丹波道主命《たんばのみちぬしのみこと》を丹波へ遣わし〔…〕若し教えを受けざる者は兵を挙げてこれを伐て、ともに印綬を授け将軍と為す〔…〕十月〔…〕今そむく者を悉く誅した、畿内は平穏になった、ただ海外は荒れ、騒動は未だ止まず、四道将軍等は今すぐ発せよ〔…〕将軍等は共に路に発す」
崇神紀一一年条
「四月、四道将軍は戎夷を平らげ報告した」

畿外の征服譚の成果については二行の文で済ませている。十分な成果がなかったのだろう。成果が出るまでに数世代にもわたる時間と努力が必要だったから、と考えられる。それを以下に見る。

◉垂仁天皇

第一一代垂仁天皇（崩年三三一年頃[7]）は崇神と同様和名にイリがつく崇神系（夫余系）。神武系と融合合体したか、交代したと前述した。神武系を支配下に置いたと思われる記述もある。垂仁天皇は神武系の開化天皇の孫娘を后としたが、この后は兄とともに皇位を取り戻そうと叛乱して殺されている（狭穂姫命と狭穂彦王、古事記に詳記されている）。垂仁天皇の二番目の皇后日葉酢《ひばす》媛命《ひめのみこと》も開化天皇の血筋という。前述のように年代的には整合しないが、神武系の一族であろう。垂仁天皇は神武系の支配権を奪い、支配の証として神武系を后として血統を取り込んだ、との解釈もありうる（どちらの后にも皇子がいる）。

◉景行天皇——混沌の時代

次の景行天皇は垂仁の子とされているが疑わしい。その根拠は、推定崩年三三二年（前注［6］）から、垂仁（イリ系）とは同世代と思われる。和名にタラシがつく渡来系で南朝鮮多羅、その先は中国東北部鮮卑系ともいわれている。次の四代の天皇、景行・成務・仲哀・神功は同系だろう。

この四代は九州熊襲征伐などに関わり長年大和を留守にしているから、大和を支配した天皇ではなく崇神朝の将軍達だったのではないか。崇神天皇が越に派遣した四道将軍大彦命の同族か子孫の可能性がある。たとえばこの四代の周辺には宿禰など宿禰系が多く、その代表的存在の武内《たけのうち》宿禰は大彦の一族とされる。

では、なぜ将軍達が天皇とされているのだろうか。それは後年神功皇后の皇子が東征帰還後、大和で崇神朝に代わって王権を確立したから、さかのぼって景行～仲哀は天皇とされた、と考える（第四章で詳述）。これと関連する記述がある。景行天皇には三人の太子がいたという（古事記）。三人の太子とは、成務（景行の実子か同族でタラシを名に持つ）、倭建命《やまとたけるのみこと》（吉備系？）、それにイリがつく崇神系太子である。崇神系の太子がいたのにタラシ系の成務が次代天皇とされているが、これは後年の記述で、崇神系天皇が続いていたのが史実だろう。

四世紀の渡来系諸集団は複雑で不詳の点も多い（景行・仲哀・神功・武内宿禰など諸王・将軍達）。その理由は恐らく、移動性で周囲と同化せず（仲哀など）、独立的でありながらかなり遠方の同系と交流するなど（大彦系七族）、民族独特の行動パターンが理解し難い、などがあったのだろう。日本書紀ですら、読者を納得させるすっきりした構成に再現できないでいる。「混沌の時代」というのが史実なのだろう。

◉景行天皇の熊襲征伐

景行紀には熊襲征伐譚がある。

景行紀一二年

「熊襲反きて朝貢せず［…］筑紫へ幸す［…］周芳娑麼《すおうさば》に到る［…］（大分の土蜘蛛を征伐した後）十一月日向国に到る、行宮を起こし之に居す、是高屋宮と謂う。十二月五日熊襲を討つことを議する」

日向国とあるから、神武東征の出立地の日向（宮崎）だろう。日向に居して熊襲征伐を議している から、日向の中心には熊襲はいなかったと解釈される。神武東征から約五〇年、支配していたのは依然として倭国だろう。この頃の三国史記に「三百年、新羅が倭国と使者を交換」とあり、倭国が健在だからだ。景行天皇は日向に入るのに倭国と争っていない。倭国と友好関係があったと考えられる。また、景行軍単独で熊襲征伐をした、とは書かれていないから、熊襲征伐でも倭国軍が主体で、景行軍が協力した、と解釈するのが自然だろう。

◉倭国と崇神朝の連携

崇神朝は、近畿内外へ領土を急速に拡大している（四道将軍の派遣、四世紀前半）。いっぽう倭国も四世紀前半に列島の東国まで征戦している（第五章「倭王武上表文」参照）。両雄並び立たず、といわれるが、両者は東国で激突したとはされていない。なぜだろうか？　また、なぜ景行天皇ははるばる九州に来て倭国の熊襲征伐に協力するのか？　いくつも理由が考えられる。

一、同じアマテラスを祀る両者は協力した可能性がある。倭国は天孫ホアカリ（兄）系、神武・崇神は天孫ニニギ（弟）系を神武系から継承した可能性がある、と前述した。両者は同系の同盟関係にあった可能性がある。

二、さらに倭国は大国主神を合祀する崇神系に敵対しない理由があった。国譲りでアマテラス系は出雲系の祭事権を不可侵とする約束をしている。

三、当時の征戦には祭事が深く関わっている（卑弥呼の例など）。地方各地には地神系・出雲系の祭事権が強かったと思われる（記紀、出雲系の国造り）。倭国は祭事王崇神と連携することで征戦を順調に進めたと考えられる。

四、渡来系の崇神朝は疫病で人口が半減し、倭国の政事・軍事力と対立する余裕はなく、逆に提携が必要だったはずだ。鉄の武器・各地の倭人との仲介役も必要としただろう。

五、その連携は東国征戦だけでなく、九州征戦（狗奴国・熊襲征伐。三一〇年頃～三六〇年頃か）でもあったと考えられる。記紀は「倭国不記載」を原則としているから記さないが、倭国の主導する連携以外に崇神朝（景行～仲哀）の九州征戦はありえない。崇神の四道将軍の四道（北陸・東海・西海・丹波）には九州は入っていない。遠いからではない。九州には同盟国の倭国があるから、征服の対象ではなかったとする解釈もある。

以上に加え、第四章で論証するように、半島征戦では倭国主導のもとに大和が協力している。この関係を傍証として遡及推論すれば、景行紀の九州征戦も倭国主導で大和はそれに協力したと解釈することができる。さらに遡及して、倭国の東国征戦でも崇神朝は四道将軍遠征～ヤマトタケル遠征で協力したと解釈することは不当ではない。この倭国（政事権）と大和（祭事権）の連携は、倭国（外交宗主権・半島交易権）と大和（軍事力・兵員供給）の連携などと内容をさまざまに変えながら、倭国滅亡まで同盟関係として続いたと考える。

◉仲哀天皇、神功皇后の熊襲征伐

仲哀天皇（記崩年三六二年）も熊襲征伐をしている。「橿日宮《かしひのみや》（香椎宮）に居す［…］熊襲を討つことを議す」（仲哀紀）とある。やはり熊襲のいない倭国の橿日宮に居し、作戦を議している。この「議す」とは「命令一下の内部作戦会議」の意味ではなく倭国軍と仲哀軍が「作戦協議」した、と解すべきだろう。対等に近い関係だから「議して」いる。また、景行天皇の時は「行宮《かりみや》を起こし之に居す」とあるが、仲哀天皇の場合は筑紫の一等地の「橿日宮」（倭国中心地の一つ）が提供されたようだ。熊襲征伐そのものが倭国の要請によることを示唆している。

神功皇后も熊襲征伐をしているが、さらに新羅征伐に参加している。いずれも倭国王の要請と考えられる（第四章参照）。他方、大和側（神功皇后の側）には朝鮮征戦参加の狙い（鉄入手ルート確保など）があったと考えられる。

以上、崇神天皇から神功皇后へ、倭国に協力しながら「大和祭事王」から「畿内政事王」へ変化する過程がうかがえる。成果が上がるのは数世代先だが、次章でそれを述べる。

◉熊襲とは？

「筑紫を支配する倭国」がありながら、なぜ「筑紫の熊襲征伐」に大和の景行軍・仲哀軍の協力が必要だったのか？

仲哀天皇は熊襲征伐中に熊襲の矢に当たって崩じた、と一書（天書紀）にあるという。熊襲は弓矢に長けた狩猟民族だったのではないかと思われる。山野を駆け巡り、山や森に潜んで神出鬼没なので半農半漁の海原系倭国軍にとっては苦手で、征伐するのに手を焼いたのではないか。福岡県に多く遺存する「くま、隈・熊」の地名は山間・山裾に多いという（「山隈」など）。列島で狩猟民族というと、先住の縄文系・蝦夷系、渡来系では濊《わい》・鮮卑《せんぴ》など、タラシ系もそれにあたる。熊襲を征伐するには「毒を以て毒を制す」のたとえのごとく、タラシ系の景行軍・仲哀軍が有効だったのではないかと考えられる。

◉「やまと」の表記[8]

この問題は複雑で多くの研究があるが、筆者の理解と立場を明らかにしておくことは必要と考え、一節を設けた。

「やまと」の地名そのものは、大和地方に古くからあったようだ。

古事記上大国主

「大国主神愁いて告《の》らさく［…］孰《いず》れの神吾と能く此国を相作《つく》らむか［…］神有り［…］答えて言はく吾を倭《やまと》の青垣の東山の上にいつき奉れ。此れは御諸山の上に座す神也」

日本書紀神代

「大己貴神［…］遂に出雲国に到る［…］時に神の光海を照らす。忽然浮び来る者有り［…］吾日本国《やまと》の三諸山に住まわんと欲す［…］是大三輪の神也」

神代から大和地方は「やまと」だったのだろう。ただ、古事記では「倭《やまと》」、日本書紀では「日本《やまと》」が当て字されている。表意当て字は訓読の普及した推古時代以降とされる。古事記でも歌では「夜麻登」と記され（表音当て字）、作歌当時の古形を尊重したようだ。「倭《やまと》（和語）」は「倭（わ、ゐ、漢語）」との混同を考えると、倭国消滅後の天武時代の当て字のようだ。日本書紀では国内地名・人名に古事記の「倭《やまと》」を残しながら、海外読者に影響する国名・天皇名では「日本《やまと》」を当て字している。記紀にはこのような何種類もの「やまと」表記が混在している。個々に検討しないと一概に云々はできない。これら「やまと」の当て字については第十章で再度触れる。

論者によっては、誤解される用字を避けてすべて「やまと」「ヤマト」と表記するが、本書では通例に従って「大和《やまと》」（最新の当て字、七五七年～）で通す。特に注意を要する場合は付記する。文中、「大和」をより広い意味の「近畿」や「東国」の意味で使うことが多い。また、「倭《やまと》（和語）」と「倭《わ》（漢語）」も混乱を招くので、必要に応じて読みを付記する。

第三章注

［1］「王権誕生」……寺沢薫（二〇〇〇年、講談社）。「大和の古墳の多くは各地の首長の墓である。王達の奥津城（墓）は本拠地（地方）に造られるという常識は、こと初期の王権中枢に関しては考え直さなければな

らない」と述べている。定説の「大和（天皇）の諸豪族支配」はまだなかった。

［2］「先代旧事本紀」……天地開闢から推古天皇までを記述。九世紀の成立。記紀や古語拾遺を切り張りした偽書ともいわれるが、古い独自資料を多く含み、物部氏の家伝的史書を基にしているとみなされている。

［3］「ホアカリ」……天照国照彦火明命（アマテルクニテルヒコホアカリノミコト）のこと。アマテラスの孫でニニギの兄（天孫）　先代旧事本紀はニギハヤヒを天照国照彦天火明櫛玉饒速日尊（アマテルクニテルヒコアメノホアカリクシタマニギハヤヒノミコト）としている。ホアカリとニギハヤヒの二人の名をつなげて同一人だとしている。形式的には「ニギハヤヒの名はこれこれだ」という内容で、「天孫ホアカリの子孫だ」と言っているわけではない。そうすることで、禁書を免れたのだろう（第十章参照）。

［4］「大和の諸王権」……佃收「神武・崇神と初期やまと王権」（星雲社、一九九九年）

［5］「記崩年」……古事記の天皇崩年は記されていないものと、干支で記されたものがある。記されたものは崇神天皇から推古天皇まで断続的にあり、主なところでは崇神（三一八年）、仲哀（三六二年）、応神（三九四年）、仁徳（四二七年）、雄略（四八九年）、継体（五二七年）、敏達（五八四年）、推古（六二八年）などがある。記崩年と呼ばれ、海外史書との整合性が高く、信頼できるとされている。

［6］「神武と崇神の在位」……まず、神武紀に「東征開始は四八歳、崩年年齢は一二七歳」とあるのを「①二倍年暦説」で二四歳、六四歳と修正する。東征の開始を「台与の共立で再度平和となり、神武一族の領土獲得の機会が遠ざかった頃（二六〇年頃）」とする（私見）。東征の期間が「紀では六年、記では一六年強」とあるのを中を採って一〇年とする。その結果、東征の完了と即位が三四歳、崩年六四歳と合わせて在位は三四歳～六四歳、二七〇～三〇〇年となる。崇神天皇は、崇神紀の即位年齢六〇歳、崩年年齢一二〇歳を「①二倍年暦説」で三〇歳、六〇歳と修正し、「②紀崩年より信頼性高いとされる記崩年を採用する」。崇神の記崩年は三一八年で、在位は二八八～三一八年となる。両天皇の即位元年干支を採って近い年代と組み合わせると、神武辛酉（二四一～二七一年）、崇神申甲（二六四～二九四年）となるが、崇神の記崩年が

合わない。記崩年を優先し、神武の辛酉も辛酉革命論の影響があるとみて、両者とも干支を採用しない、とすると前述のようになる。いい加減な根拠と思われようが、今のところこれ以外の根拠はない。

［7］「垂仁崩年・景行崩年」……垂仁天皇の記崩年は残っていないので、一世代二三年として前後世代の記崩年から三三一年頃と計算した。景行天皇の崩年も次代成務天皇の記崩年三五五年の二三年前とすると三三二年頃と推定される。これら推定はともに実子継承か同族継承で誤差が生ずるが、同世代である確率は高い。

［8］「やまと」……坂田隆「日本の国号」（青弓社、一九九三年）

第四章　仲哀皇子／応神、仲哀皇子／仁徳を同一人視

◉倭国の半島征戦

倭国女王台与（二六六年頃）の後については、朝鮮の歴史書である三国史記[1]に「倭国／倭人」記事があり、第五章で述べる宋書「倭の五王」の記事につながるから、倭国が継続していることがわかる。

三国史記
「三〇〇年、新羅が倭国と使者を交換した。

三四四年、倭国が使者をつかわして、婚姻を請うたが、すでに以前に女子を嫁がせたことがあるので断った。

三四五年、二月に倭王が、書を送って国交を断ってきた。

三六四年、倭兵が大挙して新羅を襲ってきたが、伏兵で皆殺しにした。

三六六年、百済が初めて倭国・新羅に使者。

三九七年、百済王子腆支《てんし》が倭に入質して友好関係をもった。

四〇二年、新羅が倭国と通好し、王の子未斯欣《みしきん》を人質に出す。
四〇五年、百済の人質腆支が、父王の死去で倭兵一〇〇人に伴われて帰国し王になる。
四一八年、新羅の人質未斯欣が倭国から逃亡し帰国に成功
四三一年〜五〇〇年、新羅に繰り返し倭人が襲ってきた」

ここには、四世紀にようやく周辺諸国を統一しつつあった百済や新羅が、北上する倭国に攻められ翻弄される様が記されている。倭国は新羅や百済からも人質を取った強国であった。

◉五世紀の倭国——広開土王碑

高句麗と戦う倭の様子を伝える貴重な金石文が、中国吉林省集安に現存する。高さが六メートル強もある巨大な「広開土王碑[2]」だ。

広開土王碑文
「百残（百済の蔑称）と新羅はもともと高句麗の属国だったが、倭が三九一年海を渡って百残や新羅を破って臣民としたため、新羅や百済は高句麗に対して朝貢しなくなった。四〇〇年、広開土王は歩兵と騎兵五万を遣わして新羅を救った［…］四〇四年倭は高句麗の領土である帯方地方まで侵入してきた［…］倭軍は潰敗し、王の軍は無数の敵を斬り殺した」（抜粋）

広開土王碑は勝者側の記録だから、その表現に相当な誇張があるにしても、記事の信憑性は極めて高く、第一級の史料といわれる。

◉日本側資料——神功紀の新羅征戦

海外史料では、本格的な倭国の半島征戦は三国史記三六四年に初出する。

三国史記三六四年
「倭兵が大挙して新羅を襲ってきたが、伏兵で皆殺しにした」

これに近い日本側の史料として挙げられるのが神功紀、よく知られた神功皇后の新羅征伐譚だ。

神功紀三六二年
「仲哀天皇が崩じた［…］皇后［…］和珥津《わにつ》より発す［…］新羅に至る［…］新羅王是に戦戦栗栗す」

神功紀以前の記載年次（皇紀）には誇張や操作があり、その修正法については第三章で述べた。右の「皇紀二〇〇年」には信頼性が高いとされる仲哀天皇の記崩年三六二年を採用した。この年の神功紀にはあまりに多くの劇的な事績が詰め込まれている。すなわち「熊襲征伐の完了」「自ら西征することを欲して神田をつくる」「神功皇后自身が新羅征伐（親征）」「新羅から人質」「以後朝貢を得る」、さらにその年の一二月に「皇子出産」、翌年「大和東征」などだ。これらを同一年の史実とするとさまざまな不整合が生じる。日本書紀は仲哀天皇に始まる新羅征戦関係の多年の重要事績を、まとめて崩年の三六二年条に編入した、と考えられる。実際には三六二年の史実は「熊襲征伐の完成」と「皇子出産」だけで、「神田」「新羅親征」「人質・朝貢」「東征」は後年の事績と考える（後述）。

◉新羅征戦の動機――倭国の要請

倭国は長年列島（国内）の征戦を続けてきた（第五章参照）。第三章で述べたように、東国や九州で崇神朝と協力している（景行紀〜仲哀紀）。熊襲征伐の完了が近づいた仲哀軍に、倭国は半島征戦に向けての事前工作を始めた。その記述が神功紀にある（前述もその一部）。

日本書紀には「一書に曰く」「一に云う」という記述が多い。「建前」や「都合の良い解釈」を本文に記すとともに、公平を期するという形でさりげなく「事実」を並記する常套手段だ。特に、倭国側の史料を引用する時にしばしば用いられるという（風土記など）。「神功紀」にある次の記述はその一つだ。内容は示唆に富むので少し長いが引用する（括弧内は示唆に基づく筆者の解釈である）。

神功紀仲哀九年条三六二年

「一に云う、仲哀天皇が筑紫香椎宮に居る時、神（倭国王）が沙波（山口）の県主祖に神がかり（倭国王の言葉を伝達）して［…］曰く、若し宝の国（新羅）を尋ね欲するなら、これを授けてもよい［…］是に於いて皇后神がかり（倭国王の言葉を伝達）して諭して曰く［…］今天皇（仲哀）が乗る船を私（倭国王）に奉れば［…］美女の如き［…］金・銀の多い国（新羅）を授けよう［…］天皇が神（倭国王）に対えて曰く、ただ神（倭国王）の戯れ語だろう、どこにそんな国が有ろうか、神（倭国王）に船を奉っては私の乗る船がなくなる。まだどんな神（倭国王）とも知らないのに［…］ここで神（倭国王）は天皇に曰く『汝王信じざれば、汝その国を得ざる。ただ、皇后の懐妊する子がそれを得るだろう』。是の夜、天皇忽かに病を発し崩御す［…］皇后神（倭国王）の教えに従い、男装して新羅を討つ。この時神（倭国王）是を導く。ここに従う船は新羅の国中に及び［…］新羅王、ひざまずき頭を地につけ、臣、今後は神（倭国王）の御子の居ます日本国の内官家《うちつみやけ》となり、朝貢を絶やすことがありません、といった」

日本書紀は「倭国不記載」の原則を貫いているから、右の括弧のように「倭国王」と書かずに「神」に仮託して、しかも「一に云う」としてさりげなく真実を記している、と解釈できる。その解釈で内容をまとめる。

一、この時期に九州において朝鮮半島への軍船を必要とし、半島で大和軍を導くことができた他勢力は倭国王とその軍しかいない。神功紀の「神」とは倭国王のことと解釈できる。この仮説のうえで検討する。

二、仲哀天皇が、倭国側から半島利権を餌に半島征戦の誘いを受けた。大和軍にとっての半島初進出の理由として納得できる。当時の半島の鉄は重要資源であった。数年後に百済肖古王が神功皇后に練鉄を贈る記事がある（神功紀、後述）。

三、次いで、身内（神功皇后）からも水軍の提供でそれ（半島での権益）を受けるべきとの意見が出た。皇后が倭国側に立った。恐らく武内宿禰ら参謀・武将クラスの建策であろう。

四、しかし大和軍の仲哀天皇は反対した。仲哀天皇は倭国王の要請に応じていないから倭国王の臣下ではない。いっぽう、七年にわたる征戦の間大和を不在にしたとされるから、大和の天皇であったことも疑わしい。実は崇神朝の一将軍であって「天皇」は追諡号と考えられる（第三章で述べた）。この場合は、朝鮮出兵は大和の天皇（垂仁）の命令を待たねばならない。自由な傭兵軍団ならば喜んで行ったであろう。なぜなら、仲哀天皇自身タラシ系だから軍団は半島での土地鑑があったはずだ。倭国王にとって仲哀天皇は部下ではなく同盟者（崇神天皇）の部下、倭国王が命令で動かせない意味では同盟者（の一部）だ。利で動かそうとしていることがそれを示唆している。

五、倭国王は「王（仲哀）が信じないのならば、半島の権益は皇后が懐妊している子のものにする」とした。そして仲哀は突然死んだ。それが不審な死であることを、日本書紀は隠そうとしていない。さらには神功皇后の懐妊の子が「倭国王の御子」である、とも受け取られかねない示唆をしている。

六、「皇后、神（倭国王）の教えに従い、男装して新羅を討つ（親征）」「新羅王の降伏、神の御子へ朝貢する」は両方共仲哀天皇の崩年記事であるが、後述するように年次が離れた事績である。仲哀天皇の事績とする為にまとめて同年に記載したものと考えられる。
七、神功紀では神（倭国王）の言葉「皇后懐妊の子」と新羅王の言葉「神（倭国王）の御子」が同一年次に記されている。通説では「同一年次だから同一人を指す」と解釈されている。筆者もそう解釈していた。以下ではこの解釈を「同一人視」と呼ぶことにする。しかし、後述するように、両記述の年次が違うから「同一人視」は唯一の正しい解釈とはいえない。「同一人」といえないので別の年次の別人の記述を一緒に記述して「同一人視」の誤解を誘導しているという解釈もありうる。

この問題は大和王権と倭国王家の血脈に関わる重要な、しかし不詳不明な問題である。次節以下に説明する。その前に数節の状況説明が要る。

◉日本貴国について

三六四年頃、神功皇后が肥前に日本貴国《にっぽんきこく》という国を建国する。その解釈の根拠を、佃收の解釈[3]に私見を加えて述べる。

神功紀四六年条三六六年（推定、後述）

「斯摩宿禰《しまのすくね》［注　姓を知らず］を卓淳国《とくじゅんこく》（任那付近の国だが不詳）に遣わす［…］卓淳王曰く［…］『甲子年（三六四年）［…］百済王が東方に日本貴国有りと聞き［…］百済人久氐《くてい》を貴国に

遣わしむ［…］故に（久氐は自分［卓淳王］に）道路を求め（行き方を聞いた）［…］（自分は）本より東に貴国有りと聞く［…］（しかし自分も）未だ通じず、其の道を知らず』［…］斯摩宿禰（は使者を）百済国に遣わす。百済肖古王深く之を歓喜厚遇す［…］使者に付けて五色綵絹《しみ》各一疋・角弓箭・練鉄四十枚を貢献す［…］志摩宿禰は卓淳より（貴国に）還る」

要約すると、三六四年に百済王が貴国に使者を遣ったが、使者が途中で道を聞いた卓淳王（任那近辺の王）も「貴国は有ると知っているがまだ道は知らない」という。これを伝え聞いた斯摩宿禰は百済肖古王に使者を送り、肖古王は喜んで使者に宝物を託した、という。

この記事から貴国はできたばかりと考えられる。従って、貴国の建国は三六四年頃と推定される。斯摩宿禰（志摩宿禰）の姓はわからないという。志摩の将軍、という意味だろう。貴国は志摩を含んでいる、と推定される。この頃、伊都志摩を支配していたのは熊襲征伐を完了させた倭国／神功軍だ。神功軍は熊襲征伐に続いて倭国の新羅征戦に協力しようとしている。

神功紀仲哀九年条三六二年

「火前国松浦県（佐賀県唐津市か）に到る［…］躬《みずから》西征することを欲し、神田を定め、儺河（福岡県那珂川）の水を引き、神田を潤さんと欲して溝を掘る」

神功軍は西征する為に肥前で食料を自給しようとしている。遠方から来ている大和軍の兵站基地と思われる。倭国は神功皇后に倭国内分国「貴国」を認めたのだろう。「貴国」は神功皇后の熊襲征伐の後、その領域（肥前松浦～志摩～筑紫那珂川）のどこかに建てられたと推定される。

貴国の記事はほとんど百済と関係する場面でのみ出てくる。百済三書に依拠しているようだ。神功皇后が建てたことも神功紀の記事からの推定に過ぎないが、しかし否定する根拠も少ない。有力な仮説として進める。

貴国は「日本の貴国」「海東の貴国」と呼ばれている。

神功紀四六年条三六六年（推定）

「百済王、東方に日本貴国有りと聞く」（上掲）

神功紀五二年条

「（肖古王が）孫の枕流王《ちんりゅうおう》に謂いて曰く、今我が通う所の海東の貴国は」

九州肥前あたりにありながら近畿・大和を意味する「日本の貴国」と呼ばれている。大和軍・東国軍の基地だからだ。

「貴国」はその後強力な国となった。百済が自国の王を殺して貴国に謝罪している。

応神紀二年条三九二年

「百済辰斯王《しんしおう》立ち、貴国天皇に礼を失す。故に紀角宿禰《きのつ》、羽田矢代宿禰《はたのやしろ》、石川宿禰《いしかわ》、木菟宿禰《きつ》を遣わし、其の礼なき状を嘖譲す（せめる）。是により、百済国は辰斯王を殺し以って之を謝す。紀角宿禰等、阿花《あくえ》を王と為して帰る」

「自国の王を殺して失礼を詫びる」とは、何か深いわけがありそうだ。貴国が強力なのは百済に対する軍事力があったからだろう。貴国が強いのではなく、貴国を後方基地とする半島駐留の大和軍（神功軍・大和軍・東国軍）が強かったのか、後ろ盾の倭国が強かったのか。

前述のように貴国の将軍に宿禰が多い。宿禰は中国系の将軍職名といわれ、中国動乱（五胡十六国時代、三〇四年〜四三九年）の時代に列島各地に移り住んでいた、と考えられている。神功皇后の父の名にも宿禰がつく。ここでは武内宿禰に代表される神功軍の将軍達だ。大和・北陸から同行したかあるいは北九州で熊襲征伐に加わったか、恐らくその両方だろう。各地の宿禰系集団を貴国に糾合したのではないだろうか。

◉神功皇后の新羅親征

本題に戻る。三六二年に神功皇后は征戦準備に入り、兵站基地を構築する。三六四年には三国史記に「倭兵大挙来襲」とある。倭国・貴国の連携の新羅征戦の初戦だろう。この時は日本書紀に特段の記載がないから、皇后は親征していないだろう。そして神功紀三六九年に第二回の新羅征戦記事がある（年数根拠は、神功紀の干支二巡操作の修正から）。時期的にみて親征があったとすればこの第二回の可能性が最も高い。「新羅を撃ち破る」「七国を平定す」とあるから、それなりの成果と見なせるからだ。後述する七支刀《しちしとう》との関係もある。しかし、この時も「新羅の平定」「新羅から人質・朝貢」（神功紀三六二年）などはなかったと考えられる。それらはさらに後年と考えられる。後述するようにそれは四〇二年で、神功皇后が九州を去った後だ。だから神功皇后の親征は三六九年の一回のみと考えられる。

結論として、三国史記三六四年の新羅征戦は倭国・貴国の初戦。皇后の「新羅親征」は三六九年。「人質や朝貢」はさらに後年と考えられる。

◉七支刀について

神功紀に「百済が七枝刀を献じる」とある。

神功紀三七二年
「百済肖古王が七枝刀を献上した」

これに対応すると思われる七つの分岐がある特異な形状の刀「七支刀」が、天理市の石上神社《いそのかみじんじゃ》に伝えられている。その銘文は判読不能な文字があり、諸説を生んでいる。

七支刀銘文
「泰□四年〔…〕百錬の鋼の七支刀造る〔…〕倭王□の為に造る」

「泰□四年」には諸説あるが、「東晋太和（泰和、借字）四年＝三六九年」が有力説という。従来、贈られた「倭王」は神功皇后とするのが定説だが、九州王朝説をはじめ異論もあり、またこの宝刀がなぜ物部氏氏神の石上神社に奉納されているか不明、として年次も含め諸説ある。

しかし前節の解釈を採れば、献上の目的は「新羅征伐（三六九年）が一定の成果を上げたことを祝い、倭王に百済王（肖古王＝近肖古王）が宝刀をつくり献上して祝意を表した」と解釈できる。献上先が貴国王でなく倭王になっているのは、倭国・貴国連合軍の代表が倭国王だからだ。それでも神功紀がこれを我が事のように記載しているのは倭国・貴国連合軍の成果、特に神功親征の成果でもあるからだろう。

また、倭国王に贈られたこの宝刀がなぜ石上神社に奉納されているかについては、後年物部氏が倭国王家の外戚として強勢となった頃、物部系倭国王が物部氏氏神である石上神社に奉納したと考えられる（第六章参照）。

◉神功皇后と皇子の東征

「神功皇后は皇子とともに（貴国から）大和に帰還した」（神功紀三六三年）。この有名な東征記事の年次は正しくは新羅親征（三六九年）、七支刀（三七二年）の後であろう。神功皇后は十余年間九州にいたことになる。この間、豊前・筑後に活動を広げた可能性がある。各地に神功皇后・武内宿禰を祀った神社がある。宿禰系諸集団が貴国に参画した名残か、宿禰系が後に象徴として祀ったか。いずれにせよ、神功皇后と皇子は仲哀天皇の忍熊《おしくま》、香坂《かごさか》の二皇子との戦いに勝ち、故地（宇治川域）を得た。しかし、これは東征の第一段階に過ぎない。

三八九年、神功皇后が崩御した（年数根拠は紀崩年の干支二巡の修正）。御陵は大和北部山稜の狭城《さき》（佐紀）盾列《たたなみ》にある。佐紀古墳群の始まりで、以後何代もの陵がある。神功皇后と皇子の一族は大和北部に進出して栄えている。東征の第二段階とする。

◉皇子のその後

神功皇后御陵のそばに五世紀初め頃とされる前方後円墳が二つある。一つは佐紀石塚山古墳と呼ばれている。佃はこれらを「皇子とその后の陵」と推定している。[4] 興味深い推定なので紹介する。

一、佐紀石塚山古墳は成務天皇陵とされている。しかし景行天皇・成務天皇の本拠は志賀で、成務の崩年は三五五年（記崩年）で陵の築造年代（五世紀初め）と整合しない。神功陵に近いから、本来は神功皇后に近い他のタラシ系の王、年代からすると皇子の陵以外に考えられない（佃説）。筆者も、日本書紀が皇子＝応神天皇（陵は他に比定されている）としたのでこれを「皇子の陵」とすることができず、そこで同じタラシ系成務天皇の陵としたではないかと考える。

二、佐紀盾列古墳群（タラシ系）が栄え始めると、崇神（フヨ）系の柳本古墳群（天理市、大和盆地東部）はこの頃を境に造られなくなる。神功皇后の皇子（天皇）が崇神王権に代わって大和を支配していく、と解釈できる（佃説では「崇神王権を滅ぼして」とするが、王権交代の形態はさまざまな可能性がある)。

三、この石塚山古墳の隣の古墳は垂仁皇后「日葉酢媛」の御陵とされている。しかし、タラシ系の陵域に孤立して崇神系(フヨ系)垂仁皇后陵がある、とするのは無理がある。さらに垂仁天皇の崩年は三四一年で后もそれに近いだろう。陵の築造年代(五世紀初め)と整合しない。「日葉酢媛陵」の伝承は別人の日葉酢媛だろう。「垂仁の后と同名の二世代若い日葉酢媛の陵がタラシ系の皇子の陵の隣にある」とすれば、その意味は「神功の皇子(タラシ系)が崇神(フヨ)系の日葉酢媛を后とした」という解釈になる(佃説)。タラシ系がフヨ系を「征服した象徴」であろう、しかし二つの古墳は寄り添うように造られている、仲が良かったのだろうという。

神功皇后を継いだ皇子は貴国を追われた武内宿禰を加えて(応神紀三九八年)、崇神王権に代わって新大和王権を確立したようだ(四〇〇年頃)。東征の第三段階とする。

◉景行・成務・仲哀への天皇追諡号

これらタラシ系の天皇は、何年も九州熊襲征伐などの征戦に携わり大和を留守にしている。大和の天皇ではなかったのだろう。フヨ系崇神朝から各地征戦に派遣されたタラシ系将軍達だった、と考える(崇神の四道将軍派遣の延長線)。ではなぜ将軍たちが天皇とされたのか。前節のように「新王権が確立し、皇子は天皇に即位した。その父祖の景行・成務・仲哀はさかのぼって天皇位を追諡号された」と考える。ではなぜ皇子は天皇扱いされていないのか。記紀は「応神天皇が皇子だ」としているから、本当の皇子は記紀に登場してこない。

ここで天皇位追諡号としたが、当時は天皇称号ではなく、大王《おおきみ》称号であろう。大王を名乗るには何らかの社会的認知の条件を満たす必要があったと思われるが、詳細はわからない。ただ、臣下クラスが勝手に名乗ろうとすると、袋叩きにあうようで、物部守屋・蘇我入鹿らが討伐された例がある（第六章、第八章）。貴国王にもならなかった神功の皇子が崇神系の王権を倒しただけで、大王称号が認知されたとは思えない。なんらかの大王位継承、崇神系から大王位が譲られたとする形式、中国の禅譲のような儀式や、三種の神器の継承があったはずだ。崇神系前大王の女《むすめ》を后とすることも形式を整える一つだったと思われる。

崇神系から仁徳系に大和大王位やアマテラス祭事権が継承されているから（後述）、その間を継承した王権としては神功の皇子の王権以外に考えられない。仁徳～雄略もそれを継承したからこそ大和大王として倭国と同盟国の関係を維持したと考えられる。さかのぼって、貴国王（仲哀／神功・応神）も大王の扱いとされたのだろう。貴国王が最初から大王と呼ばれたとは思えないからだ。崇神大王の代理格の将軍だとしても、たかが兵站基地の支配者である。貴国王が限度であろう。ただ、海外の支配地、例えば百済・新羅に対しては大王を自称したり、大王・天皇と呼ばせたりしたことは考えられる。国内史料より早い時期に海外史料（百済三書）に「日本の天皇」と出てくる可能性はそのあたりにあるのだろう。

さらにさかのぼれば、神武系から崇神系へアマテラス祭事権の継承があったことから、それに先んじて王権の継承もあったと考えるのが妥当である。崇神朝が神武朝を滅亡させたとする説はあたらない。

◉応神紀――応神天皇は仲哀天皇の子ではない

第一五代応神天皇の応神紀は神功皇后崩年に始まり、四一年間を記録している。しかし、応神紀は疑問が多いといわれる。私見を含めて修正解釈を示す。第三章で述べたように、修正の根拠の一つは「古事記崩年」であり、これは信用できないとする根拠が少ない。もう一つは「二倍年暦修正法」で、こちらは根拠が弱いがこの頃の「天皇崩年年齢」に限って言えば参考になる。それに従って、例えば「一二〇歳で崩御」は「六〇歳で崩御」とする。

一、記紀によれば、応神天皇は仲哀天皇の記崩年三六二年に生まれた。いっぽう、応神天皇の記崩年を基にした生年は三三九年となる。[5] 同じ記崩年を基にしながら、これだけでも矛盾である。修正法に誤りがあるか、別人か。これだけではわからない。

二、同じく修正法に従えば、神功皇后の崩年年齢は五〇歳で、この時応神天皇は五〇〜六〇歳である。[6] 二人は親子でなく同世代である。従って応神天皇は神功皇后の皇子ではない。

三、神功紀によれば、神功皇后と皇子は大和へ帰還（三七二年〜三八二年）したという。その後の応神紀（〜三九四年）のほとんどは貴国記事など九州である。応神天皇は神功皇后とともに東征したのでなく、残って貴国天皇になっている。その解釈に従えば、応神天皇は神功皇后の皇子ではないという可能性がある。

記紀編者は神功皇后の皇子と応神天皇を同一人視している。その為か年次の不整合が多い。この同一人視がいつ、誰によって始められたかについて再度章末で検討する。

◉応神天皇は倭国王族か？

応神天皇は仲哀天皇の子でない可能性について述べた。「応神天皇は倭国王の皇子」とする見方があるのでそれを検討する。

一、神功皇后の新羅親征は正しくは三六九年、神功皇后と皇子の大和帰還は正しくは三七二年～三八九年とした。従って、次の重要事績があったのは応神天皇の時代だ。

広開土王碑文

「倭が三九一年、海を渡って百済や新羅を破って、臣民としたため、新羅や百済は高句麗に対して朝貢しなくなった」

倭国・貴国の連合軍が大戦果を上げている。それまでと何か違う要因、例えば貴国王の交代と関係があるのだろうか、貴国王が倭国系になったからではないだろうか。

二、「新羅が高句麗に朝貢しなくなった」とは、神功紀の「新羅王は日本国に居ます神の御子に朝貢すると言った」と関係あるだろうか。「日本国」とは「日本貴国」、「神」とは「倭国王」のことと前述した。三九一年には神功皇后と皇子はすでに近畿に去っているから、日本貴国王は応神天皇である。これら解釈を入れると、「三九一年、新羅王は日本貴国に居ます応神天皇、すなわち倭国王の御子に朝貢するといった」となる。「応神天皇は倭国王の皇子」が引き出される（但し、神＝倭国王の仮説を含む）。

三、新羅征戦が成果を上げると貴国王は武内宿禰を追い出している。

応神紀三九八年

「武内宿禰の弟［…］天皇に讒言す［…］天皇すなわち使いを遣わし武内宿禰を殺さしむ［…］武内宿禰［…］筑紫を避け海に浮かび［…］紀水門に泊まる」

神功皇后の皇子は宿禰系だから、武内宿禰を殺そうとはしないだろう。貴国天皇は非宿禰系、例えば倭国王族ではないだろうか。

以上、「応神天皇は倭国王系」の根拠を挙げたが、決め手はない。仮説として進み、以下及び章末で再度触れる。「御子は仁徳天皇のこと」とする解釈も可能で後述する。

◉応神天皇の難波大隅宮

応神天皇が九州に留まったと前述したが、では九州のどこにいたのか、それを示す記述がある。

応神紀二二年条
「天皇難波に御幸し、大隅宮《おおすみのみや》に居られた」

この「難波」は通説では「摂津難波」である。応神紀の他の地名、淡路島・小豆島・吉備（いずれも神功皇后と御子関連の記録と思われる）などとともに「神功皇后と応神天皇の東征の裏付け」と読ませている。しかし、この「難波」は「豊国の難波」の可能性が高く（論証は第六章「豊国の難波」）、応神天皇が崩御まで九州に留まったことの一つの傍証である。

応神紀四一年条
「天皇明宮《あきらのみや》に崩ず［…］〈一云、大隅宮に崩ず〉」

◉貴国王交代の謎

それなりの成果を上げた神功皇后がなぜ貴国を去ったのか、同年代で非宿禰系と思われる応神天皇になぜ代わったのか、なぜ宿禰系の代表格の武内宿禰が追われたのか、なぜ貴国は豊国に移ったのか、様々な謎がある。根拠に乏しいが次のように仮説してみた。

新羅征戦はそれなりに成果を出したが、新羅制圧には至らなかった。次の決戦に向けて兵力の調達が課題となった。貴国の基盤の大和崇神系や仲哀系は度重なる派兵に疲弊し、さらなる増派に抵抗した。これに対策したのが神功皇后の帰還と反対派討伐であり、成功した。兵力増派に対応するには北肥前の兵站基地貴国では狭く倭国に近過ぎたので、新たに筑後・豊国に移して拡充した。宿禰系の糾合には成功したが限界もあり、在来倭国軍との連携に支障があったか。また、宿禰系に偏る危険を倭国が感じたかもしれない。それが宿禰系の象徴である神功皇后の大和帰還と非宿禰系貴国王応神天皇への交代の理由の一つだ。これに不満と危機感を持った武内宿禰の策謀があったが抑え込んだ。これらの対策は成功し、次節以下に見るように、新羅制圧に果実した。以上の解釈の根拠は、新羅制圧後の貴国の難波移転に際して、倭国と貴国、貴国と大和が衝突していないことだ。むしろ、貴国は難波に大展開を果たし、さらにこれが倭国の発展（倭の五王）にもつながっている（後述）。これらの状況から、新貴国王（応神天皇）は大和（崇神系）・倭国の両王権が受け入れられる（あるいは融合した）血統（王統）として選ばれたのではないか。

◉仁徳天皇、新羅人質を得る

第一六代仁徳天皇が応神天皇を継いだとされる。継いだのは日本貴国の天皇位だ。在位は四〇〇〜四二七年（紀の在位年数と記崩年から）。仁徳天皇は九州で生まれ（登場人物が九州出身）、応神天皇の皇子とされているが、兄太子との間で複雑な譲り合いの末に即位している。皇子でなく王族の一員かもしれない。「難波高津宮で即位」（仁徳紀）とあるが、応神天皇の崩御の地が「豊国難波大隅宮」であるから、「豊国難波高津宮」と考えられる。仁徳の皇子は応神天皇の孫を后にしている（仁徳紀）。

この年「新羅を臣民とした倭」に対し、高句麗が巻き返してきた。

広開土王碑文
「四〇〇年、高句麗は歩兵と騎兵五万を遣わして新羅を救った。新羅城には倭が満ちていたが潰走し、これを追って任那加羅《から》の従抜城《じゅうばつじょう》を帰服させた」

これに対して倭国と貴国は再度新羅を制覇して、人質と朝貢を受けている。

三国史記四〇二年
「新羅が倭国と通好し、王の子未斯欣《みしきん》を人質に出す」

これは「新羅から倭国への初めてで唯一の人質」であり、以後倭国の新羅支配が長期に続く。[7] 倭国の実質的な新羅制圧はこの四〇二年からだ。貴国では仁徳天皇の在位期間である。

◉神功紀の新羅人質

この海外史料に対応すると思われる記事が神功紀にある。

神功紀三六二年

「新羅王は［…］白旗をあげて降伏し［…］微叱己知波珍干岐《みしこちはとりかんき》を質と為し［…］日本国に貢をなすのはこれが縁である。ここに於いて高麗、百済の二国王は則ち勝てざるを知り［…］今以後、朝貢を絶やさざる。故を以って内官家と定む。是がいわゆる三韓也。皇后は新羅より還る」

神功紀五年条

「新羅王（使いを遣わし）先の質微叱許智伐旱《みしこちほっかん》を返したいと［…］皇太后則ち之を聴く」

神功紀は「三六二年に新羅は日本国に人質を出した」とし、三国史記は「四〇二年に新羅は倭国に人質を出した。新羅が人質を倭国に出すのは初めてで最後だ」としている。どちらが正しいのか。

◉新羅人質は四〇二年

神功紀の新羅征戦の記述は捏造だろうか？　「神功皇后の新羅親征」はさまざまな伝承として残っており捏造ではない。神功紀の「質を為し」とは三国史記の「倭国への人質」と同一事績だろうか？三国史記によれば、新羅王から倭国への人質は初めてで二度とない大事件だ。別年に日本への人質事件があれば何らかの記述があるはずだが、それはない。従って二つの記述は同年の同一事績と見るべきだろう。

従来ここまでの議論はあったが、「倭国か大和か」の択一論だった。定説では「だからこの事績は大和の事績、倭国とは大和のこと」とし、九州王朝説では「だからこの事績は倭国の事績、神功紀は盗用か捏造」とする。しかし、これまで見てきたように「倭国と日本（貴国）の共同戦略、ないし倭国戦略に日本が参加」という考え方がある。二史書の人質事件は同一である。

結論として、新羅の人質は二人いた。三国史記は「新羅王の子未斯欣《みしきん》を人質として倭に送った」としているのに対し、日本書紀は「別名の新羅人質微叱己知《みしこち》」としている。これが「王の子」なら、日本書紀はそれを大書したはずだがその記述はない。別の人質だったようだ。その根拠は、三国史記が「倭国への人質である王の子未斯欣は一六年後(別史書では三〇年後)に倭国から逃亡」としているのに対し、神功紀には「人質微叱己知は五年後に一時帰国の了解を得て出国、対馬から偽計で逃げた」としている。すなわち新羅は倭国と日本(貴国)の連合軍に負け、倭国には王の子を、日本(貴国)には別の人質を出した。新羅にとって倭国と日本国はそのような関係、倭国は日本国の上位国であったと解される。

このように、三六二年に始まる新羅征戦は、倭国が主導する日本貴国との共同作戦で、数度、数代(神功・応神・仁徳)、四〇年にわたる大事業であった。四〇二年はその総仕上げで、倭国・日本はそれぞれ人質を得、その後長年にわたって新羅を支配下に置くことになる。それを神功紀は三六二年に凝縮して記述している。

◉新羅征戦完了——貴国解消、仁徳天皇の東征

四〇二年の新羅人質によって、新羅征戦は完了した。倭国の協力要請に応えた大和軍・東国軍も得るものを得て本国に戻ったようだ。兵站基地の貴国も役割を完了して解消され、貴国王仁徳は河内に移って王権を樹立した(東征の第四段階)。

一、貴国の天皇は「神功皇后→応神天皇→仁徳」で終結した。四〇五年頃、仁徳天皇は河内に遷る。その年次の根拠は仁徳の重臣たち（的戸田宿禰《いくはのとだのすくね》など）が九州貴国で活躍している記事が四〇五年頃まであるから、それ以後に河内に移ったのであろう。それまでの仁徳の貴国での事績は応神紀に編入されている。仁徳紀は近畿の記録だけを記している。

二、河内に移った理由のひとつは、帰国した近畿・大和軍を受け入れる土地の確保だろう。新羅から持ち帰った鉄と土木技術と兵力があれば、難波の開拓で九州貴国よりはるかに広大な水田が得られる（茨田の堤、仁徳紀）。

三、四〇五年の後、兵站基地である貴国も解消され倭国に返還された。貴国が百済から奪った地も百済に返還された（応神紀四一五年「東韓の地を（百済王に）賜り」とある、恐らく半島での兵站基地だろう）。百済の人質も返還されている（応神紀同年「阿花王薨じ、直支王《ときおう》（子で人質）を返す」）。貴国は滅亡したのでなく、倭国・日本の連携が新羅制圧で成功したので必要がなくなり廃止されたのだ。

四、神功系と応神系は同族ではないようだ。皇后と皇子の系統はタラシ系で渡来系の示唆が多い。大和に進出して大和北部を陵域にしている。いっぽう応神系はワケがつくが特定の渡来系の示唆がない。河内を本拠にしている。陵域も異なる。両王統は並存して代々陵を造っている。仁徳・履中《りちゅう》・反正《はんぜい》の陵はいずれも河内の百舌鳥耳原《もずのみみはら》。また、両王統のみならず、幾つもの王権が大和では並存している。反正・允恭《いんぎょう》・安康《あんこう》の各天皇の在位は重なり、都は異なり、陵も近くない。並立した別王権と見られる（佃説）。
六、それにもかかわらず、仁徳の在位中に倭王が初めて「倭国王」の称号を認められている（四二五年、宋書）。「倭王が初めて列島を統一した」と認められたのだ。何が変わったのだろうか。それまでも倭国と崇神朝とは同盟国だ。しかし同盟国では統一とはみなされなかったようだ。日本貴国の天皇だった神功皇后の御子が崇神朝を支配しても変わらなかった。仁徳が東遷して近畿諸王権の上に立ち、大和・近畿全体を統括する王、複数の王の上に位置する大王となったこと、その大王が倭国の同族王権と見なされた、その二つが「倭国の列島統一」の認定につながったのではないか。しかし、「応神・仁徳は倭国王家王族」は推測の域をなお出ない。

以上をまとめると、応神系には大和系と倭国系の二面性がある。応神系の陵墓は前方後円墳で大和系であり、九州系の方墳・円墳を踏襲していない（後述）。いっぽう前述したように、応神系は倭国系と見られるいくつもの状況がある。

◉同一人視――仲哀天皇皇子＝応神天皇＝東征実行者＝仁徳天皇

すでに述べたように、「貴国の新羅征戦から人質獲得まで」を実行したのは神功皇后、応神、仁徳である。いっぽう、貴国の東征第一段階（三六二年）から第三段階までを実行したのは神功皇后とその皇子、第四段階は仁徳である。日本書紀はそれら大半を三六二年に圧縮して記述している。多年の事績をまとめて記述する、という編集スタイルをとることによって「仲哀天皇皇子＝神の御子＝応神天皇」と「神功皇后と皇子＝東征の実行者＝仁徳天皇」という二つの「同一人視」を誘導している。

前者の同一人視（仲哀天皇皇子＝応神天皇）は大和王権の王統をつなぐ意図があった可能性がある。年次記録からは、応神天皇は仲哀天皇と同世代で父子ではないことが浮かび上がる。同一人視を強調しないと大和王統の継続性は根拠をうしなうのだ。後者の同一人視（仲哀天皇皇子＝仁徳天皇）は前者と重複するから大和王権の王統をつなぐ意図はないだろう。むしろ仁徳側に、大和王権の正当継承者たる根拠としてこの同一人視を利用する意図があったかもしれない。

◉同一人視の受益者

この同一人視はいつごろから、誰によって始められたのだろうか。それにはまず、その解釈による受益者は誰かを探すことだ。まず頭に浮かぶのが「記紀の編纂発令者天武天皇」とする解釈だ。天武天皇は「アマテラス系の神武天皇を始祖とする万世一系の大倭国」を構想していた（第九章）。この構想の難問は「大和系の仲哀天皇」と「倭国系の（と思われる）応神天皇」をどう継ぐかだ。記紀ではかなり強引に父子として継いでいる。

しかし、天武天皇と断定はするのは難しい。同様の受益者が他にもいるからだ。神功・応神・仁徳・継体《けいたい》・孝徳《こうとく》、そして倭国もこの解釈で得をする。以下にそれを検討する。

一、神功皇后と皇子は大和帰還に際して大義名分が欲しかった。皇子は仲哀天皇の継嗣ではない。忍熊・香坂の二皇子に戦いに勝ち、仲哀天皇継承者に押し上げるには「神功皇后の皇子＝神（倭国王）の御子という噂」があれば、相手側を怯ませる効果はあったろう。

二、応神天皇は貴国王を継承し、貴国王として「御子（皇子）に約束された新羅朝貢を受ける権利の継承」を主張し、倭国王もこれを認めたに違いない。「応神は（倭国王）皇子だ」には確証はないが、「応神は御子（約束された朝貢を受ける権利者）だ」と応神が主張した可能性はある。

三、仁徳天皇は新羅を征服して、御子に約束された朝貢を受ける権利を実現したのだから、「仁徳こそ御子（権利者）だ」と主張しただろう。事実、仁徳は新羅の人質（王子ともうひとり）を倭国と分け取りにしている。

四、仁徳は、東征と河内・大和支配の正当化に「同一人視（仲哀天皇の子孫）」を利用したかもしれない。

五、応神・仁徳・雄略の血統が絶えた時、応神五世の継体天皇が立てられた。以来倭国と大和は急接近する（第六章）。当時も「応神は倭国と大和を繋ぐ鍵」と認識されていたようだ。双方が「仲哀天皇の皇子＝神の御子＝応神天皇」説の曖昧性を利用したかもしれない。

このように、「同一人視」には新羅の権益権がからみ、倭国と大和の同盟関係がからんでかなり古くから倭国・大和双方で支持されたと思われる。それだけの複雑さと曖昧さが支持を可能にしたのだろう。少なくとも記紀の創作ではないと思われる。

血脈はさておき、政事的にはこれら「同一人視」によって仲哀天皇皇子の「新羅の内官家の貢を受ける権利」は貴国の権利として貴国王を継いだ応神へ、さらに仁徳、雄略へと継承された。また、倭国もこれを認める代わりとして、日本（近畿・大和）の半島出兵・軍事的負担を当然視して利用したようだ。

◉履中天皇

仁徳天皇の次、第一七代履中天皇（大兄去来穂別尊《おおえのいざほわけのみこと》）の在位は四二七年〜四三二年（仁徳の記崩年と履中の記崩年から）。応神天皇（去来紗別尊《いざさわけのみこと》、初名）と同じイザを名前に持ち、崩年の差が三八年だから、応神の子と推定される。応神天皇・仁徳天皇・履中天皇は同系王族と思われる。河内に来ていない応神天皇陵が河内にあるのは履中天皇が父の陵を河内に盛大に造って移したのだろう。

こうして確立した大和（近畿の意）の政事権は、倭国の政事覇権の一翼を担うことになり、ここに倭国の政事覇権は全列島に及び、統一が完成した。同時に、九州を中継点とした大陸系の文化が、大量に大和に流入した（「騎馬民族征服説」で注目された）。九州倭国は大和を分国として組み入れ、倭国統一（拡大倭国）を成し遂げた。それを反映したのが、九州倭王珍の「倭国王」昇格（四二五年）と考えられる。倭国王帥升《すいしょう》も倭国女王卑弥呼も得られなかった「倭国王」叙位を倭国王珍が受けたことは、「大和も含めた倭人諸国の統一王」と初めて認められた、と解釈すべきだろう（第四章）。

大和には政事王権とは別の無形の祭事権威が継承されていたと考える。高天原系、出雲系、国神系、地神系との融合を特徴としていたが、最大の特徴は前方後円墳の祭事だ。倭国政事権と大和の祭事権威とそれに中国伝来の土木技術・建築技術・征戦で経験した万単位の動員力が相まって巨大古墳が可能となった。その結果、河内・大和を中心とした前方後円墳は最盛期を迎えた。

しかし、統一の完成とともにその意味（列島内に対する国力誇示）を失い、巨大墳墓の歴史は縮小過程に入った。九州も大和も興味は海外経略に向かっていった。

◉履中から雄略まで

第一六代仁徳、第一七代履中、第一八代反正の御陵は大阪百舌鳥《もず》にあるという。第一九代允恭《いんぎょう》は宿禰系、第二〇代安康は仁徳の皇子を殺し、その妻（履中の娘）をわがものにして天皇になったが、殺された仁徳の皇子の子（眉輪王《まゆわのおおきみ》）に殺されている。第二一代雄略天皇は安康天皇暗殺の混乱に乗じて眉輪王や有力後継皇子らを殺して即位している。

雄略天皇は応神朝の集大成で最盛期である。それは第四章で検討する。

◉神功皇后の新羅征伐から東征の完了まで

日本書紀は「崇神から仲哀天皇へ、仲哀から応神への王統・王権の継続性」を親子関係で簡単につないでいるが矛盾が多い。そこで「否定できない可能な解釈」を求めたわけだが、現段階の結論は、王統（血脈）と王権の連続（合体・融合）・追謚号・同一人視など、あらゆる可能な推測を総動員すれば、大和王権／王統の連続性は苦しいながら説明がつくといえる。

◉「二つの高麗」「二つの百済」

この章の最後として以下の数節で首題の説を紹介したい。「二つの倭国」と「倭国不記載」の間に揺れた日本書紀編集方針の検証（第十章）に不可欠だからである。
まず「高麗《こうらい》」は神功紀の「三韓征伐」に初出する。ちなみに日本書紀に「高句麗」は使われていない。

神功紀三六二年
「是に於いて高麗、百済二国王は新羅が図籍を収め日本国に降ったと知り、密かに其の軍勢を窺わせ、則ち勝つことの不可を知り、自ら営外に来りて叩頭して曰く、今より以後永く西蕃と称し、朝貢すること絶えず、故に因りて内官家《うちつみやけ》を定める、是れ所謂三韓也」

ここで、高麗と百済が自ら降伏してきたとあるが、従来は「高麗は高句麗の別名。倭国に戦勝した強国高句麗が自ら降服するはずはない。ここは神功紀の虚勢的表現」と解釈されてきた。しかし、「高麗＝高句麗」はそう単純ではない。ここに坂田隆の「二つの高麗」説を紹介する。[8]
高麗と称し、あるいはそう呼ばれた国は三つある。

一、後世、新羅を滅ぼして半島を制した高麗国（九一八年〜一三九二年、首都は開城）。ここでは時代的に対象外。
二、高句麗（紀元前三七年〜六六八年）の別名。略称として初出は二七〇年頃（魏略）、国号として併用は四七二年以降（魏書）。

雄略紀四七六年

「高麗王大いに軍兵を発し百済を伐尽す［…］［百済記云う、蓋鹵王《がいろおう》乙卯年冬、狛の大軍来り大城を七日七夜攻む、王城降陥、遂に尉礼《いれい》国（漢城）を失う、王及び大后・王子等、皆敵手に没す」」

ここでは、高麗の記事の中に狛が引用されて、ここの高麗が高句麗であることがわかる。高麗（高句麗）は百済を滅亡させた強国であることを伝えている。

三、高句麗の別種。高句麗（別名「貊」）の別種の例とし「小水貊」が知られている（三国志高句麗伝）。他にも別種国が複数あった可能性は否定できない。百済も高句麗から出たとする文献も多い。

神功紀の「高麗」は時代的には二の高句麗の略称「高麗」が使用されていた時代だが、前述のように高句麗でありえないから、三の高句麗の別種と考えられる。通常別種は同名ではなく、例えば前述の貊と小水貊のように分けるが、遠距離で大小に明らかな差がある場合は混同が起きないから小さい方が同名を自称する場合がある（例えば、九州に倭国があるのにやまとが倭国を自称した例、新唐書日本伝）。高麗と自称した高句麗の別種の存在の可能性はある。この高麗の場所は南韓、特に伽耶諸国と考える。その根拠は神功紀の「三韓」にある。三韓は元は馬韓・弁韓・辰韓に由来し、後に統一が進んで百済・新羅・伽耶諸国となった後も「三韓」と呼ばれることはあった。いずれも韓人が多い地域だからだ。しかし「新羅・百済・高句麗」が「三韓」と呼ばれたことはない。高句麗は韓人系ではないからだ。従って、神功紀が「新羅・百済・高麗」を「三韓」と称した理由はこの高麗が伽耶諸国にあったからではないか。伽耶にあって高麗を名乗るとしたら高句麗の別種と考えられる。応神紀に傍証がある。

応神紀七年条

「高麗人・百済人・任那人・新羅人、並びに来朝す、時に武内宿禰が命じ、諸韓人らに池をつくらせる、因りて以って池の名を韓人池と号す」

ここで、高麗人を百済人・新羅人とともに韓人としている。高句麗系流民が百済・新羅以外の韓人域に小国を作り、高麗と称していた可能性を示唆している。

このように、神功紀・応神紀の「高麗」は南韓の高句麗系小国と考えられる。その高麗が倭国と日本貴国の連合軍に降伏した。そして倭国から朝貢を受ける権利を譲られた日本に高麗が朝貢した可能性がある。すなわち、神功紀の三韓征伐は史実の可能性がある。

日本書紀は二つの高麗を断りなしに並記している。嘘を言っているわけではないが「強国高句麗が日本に降伏・朝貢した」という誤読を誘導している。

◉「二つの百済」説

百済も二つあった。百済を記録する史書は二系統ある。中国史書と百済三書[9]（日本書紀引用逸文）／三国史記である。内容が全く異なる。建国譚、王名、即位年などが一致しない。同一の記録をしているのは二五代武寧王《ぶねいおう》（四六二年～五二三年）以降である。これについて、少数派の異説として同じ坂田の「武寧王以前には同名の別の国があった。中国史書は一方を記し、日本書紀／三国史記は他方を主に記している。武寧王の時二つは合体した」という解釈がある（前注［8］）。筆者はこれを支持して、次節で検証し補強する。その目的は、百済三書が「もう一つの百済」を不記載としたらしいこと、それが日本書紀の「倭国不記載」のお手本になった可能性を検証することにある（第十章）。

◉「二つの百済」の検証

百済の建国譚は三国史記と中国史書で異なっている。

三国史記
「紀元前一八年、高句麗の始祖朱蒙《しゅもう》の庶子温祚《おんそ》が南韓の馬韓の地に百済を建国した」

この百済を仮に「南百済」と呼ぶことにする。馬韓五十余国（後漢書）の一つであろう（一説では伯済）。以後次第に馬韓を統一し、二五代武寧王までで五〇〇年近くを記している。

いっぽう中国史書では、

隋書百済伝

「東明《とうめい》（扶余の始祖、一説では高句麗の祖朱蒙《しゅもう》と同一視）の後、仇台なる者あり、始めて国を帯方の故地に立つ、漢の遼東太守公孫度《こうそんど》（二〇〇年頃、半独立帯方郡太守）、女《むすめ》をこれの妻とさせた」

こちらの百済を仮に「北百済」と呼ぶことにする。単に建国譚の異伝ではなく、後述するように別の国であることがわかる。北百済と南百済がどのような関係だったたか、隋書と同時代編纂の周書がそれを示唆している。

周書百済伝

「百済は、その先は蓋し馬韓の属国、扶余の別種なり、仇台なる者、国を帯方に始める」

中国史書の百済（北百済）は、前述の「南百済」から出ている、とある。この頃の馬韓には「五代目肖古王の百済（南百済）」がある（三国史記）。この南百済の王族の一人が独立して同名の小分国を帯方に建てたのだろう。北百済はその後北方へ発展し、楽浪を領し、南朝に朝貢した。

晋書百済伝三七二年
「百済王余句《よく》を拝して鎮東将軍と為し楽浪太守を領せしむ」

楽浪太守に叙位されている。南朝の懐に飛び込んで南朝の藩屏としての道を選んだと思われる。しかし、四二七年に高句麗が楽浪近くの平壌に都を移したから、北百済は楽浪太守を守れず帯方に南下し、さらに高句麗に圧迫された（南斉書）。北百済はついに、高句麗を背後から牽制してもらうべく北魏に泣きついた。

北魏書百済伝四七二年
「王余慶《おうよけい》始めて遣使上表して曰く、高句麗が道を阻んで臣としての意を伝えられない」

これまで北百済は南朝に朝貢してきが、北朝の北魏に初めて朝貢している。しかし、北魏は動かず高句麗は南下を続けた。北百済はさらに追われてついに海を北上して遼西（渤海に注ぐ遼河の西）に遷都した。この地は遼西にあった北百済の飛び地である。

宋書百済伝
「百済国、本《もと》（宋以前には）高麗とともに遼東の東千里にあり。（宋時代、四二〇年～四七九年には）高麗は遼東を略有し、百済は遼西を略有す。百済の治する（都する）所はこれを晋平郡晋平県と謂う」

遼西に遷った北百済は、今度は北魏と攻防することになる（南斉書、四八八年）。強かった北百済も、西の北魏と東の高句麗に挟撃され、海を渡って再び南韓に逃げた。

梁書百済伝五〇二年

「号を征東将軍に進めたが、高句麗の破る所、衰弱は累年、南韓地に遷居す」

これが北百済に関する中国史書の最後の記述である。

いっぽうこの間、「南百済」は倭国に恫喝されて王を交代させられたり（三九〇年頃、応神紀）、倭国と高句麗に属民にされたりした（四〇〇年頃、広開土王碑）。四七五年には高句麗に漢城を落とされ二一代蓋鹵王は殺された。子の文周王《ぶんしゅうおう》（二二代）は南に逃れて久麻那利（熊津）を都とした（三国史記）。

◉南北百済の合体

北百済が南韓地に遷居した五〇二年には、南韓百済には武寧王（二五代）がいる。またしても二つの百済は南韓で並存したのだろうか。この疑問は以下の解釈で解決される。前述したように、武寧王以降中国史書・日本書記・三国史記の記録は概ね一致する。すなわち各書の記載する王名は、

中国史書（余隆・余明［隆の子とも］・余昌・余宣・余璋・義慈）
日本書紀（斯麻［武寧とも］・聖明［明王とも］・昌［威徳とも］・義慈）
三国史記（武寧・聖・威徳・恵・法・武・義慈）

ここで、余隆、斯麻、武寧は武寧陵発見（一九七一年）の発掘墓誌から同一人物であることが証明されている（生年・没年・軍号の一致など）。武寧王は南百済の王統である（日本書紀・三国史記に詳記）。しかし、北百済の冊封体制を引き継いで中国に朝貢している。

梁書百済伝五二一年
「王の余隆（武寧王）が再び遣使を以て奉表し、『度々高句麗に破られたが今通好を始める』と称した。而して百済は改めて強国となる。その年、高祖は詔に曰く［…］百済王の余隆を［…］宜しく旧の章程に従い［…］都督百済諸軍事、寧東大将軍、百済王とすべし」

ここで、五〇二年に北百済が高句麗に破られ南韓に遷居して以来、一九年間途絶えていた百済（北百済）の朝貢を百済（南百済）の武寧王が再開したので、再び「旧の章程に従い」と言っている。この時、武寧王は北百済の王の姓（余、例えば北百済の王は余暉・余映・余毗・余慶など）を名乗って余隆として朝貢している。以上から、北百済は南百済と合体したと考えられる。

◉「二つの百済」の実態

合体前の両者の関係はよくわからない。以下は筆者解釈の試案である。

遼西に流れて来た呉王族（呉太伯の後）が、その地の扶余族の一部を引き連れて馬韓に百済を建国した（第一章「倭人は呉の太伯の後裔か？」参照）。南進して次第に馬韓を統一していった。

いっぽう、王族の一人は北を指向して帯方に分国を建てた（二〇〇年頃）。義父の縁でいち早く中国に朝貢して「百済王」に叙せられた。一時遼西に遷都して呉を自称するなど、呉の末裔の意識があったようだ（第五章「遼西呉国と雄略紀の呉」参照）。

以後国際的には北百済は百済の宗国で、元の百済（南百済）はその一部だが百済王族の宗家として独立的に新羅・倭国と交流したようだ。それぞれに盛衰があり、両百済が衝突することはなかった。むしろ、交易などで交流が深かったようだ（第五章参照）。倭国／日本が交流した百済は弱い南百済（神功紀）と合体後の強い百済（南百済系）である（継体紀以降）。合体後の百済（南百済系）の歴史書（百済三書）には合体前について南百済の王統と事績しか載せていない（北百済不記載）。ただ中国への朝貢記事は説明なしで記載している（北百済不説明）。その結果、朝貢は南百済の事績と誤読されている。

第四章注

［1］「三国史記」……朝鮮に残る歴史書には、一二世紀にできた「三国史記」と一三世紀にできた「三国遺事」、さらに「三国史記」の基になった「旧三国史」の逸文がある。これより古い史書は遺されていないが、百済の武寧王陵が発掘され、そこから出土した墓誌とこれら史書の内容が一致したことから、これらの史書の正しさが見直された。

［2］「広開土王碑」……高句麗の第十九代の国王・広開土王の功績を編年体に叙述した石碑で、広開土王の息子の長寿王《ちょうじゅおう》が、四一四年に建てたもの。この親子二代が高句麗を極盛期に導いた。

［3］「貴国について」……佃收「四世紀の北部九州と近畿」（星雲社、二〇〇〇年）

［4］「日葉酢媛陵古墳」……佃收「四世紀の北部九州と近畿」（星雲社、二〇〇〇年）

［5］「応神天皇の生年」……応神天皇の記崩年三九四年、その時の記崩年年齢一三〇歳を「二倍年暦」で修正すると、六五歳である。従って、生年は三二九年となる。紀が生年とする三六二年には三三歳である。

［6］「神功皇后の崩年年齢」……神功皇后の崩年二六九年を「干支二巡修正」で修正すると三八九年だ。この時の紀崩年年齢一〇〇歳を「二倍年暦修正」で五〇歳崩御とする。その年の応神天皇の年齢は前注から五〇～六〇歳だ。

［7］「新羅支配」……三国史記四一八年に「人質未斯欣が倭国から逃亡」とあり、逃亡はあったが外交状況は変わっていない。また、宋書四三八年条に「倭王珍が倭・百濟・新羅など六国諸軍事の称号を求めた」、同じく宋書四五一年条の「倭国王済が倭、新羅など六国諸軍事に叙せられた」とあるから、中国は倭国に新羅の支配を認めている。

［8］「古代の韓と日本」……坂田隆（新泉社、一九九六年）

［9］「百済三書」……百済記・百済新撰・百済本記は日本書紀に引用されている以外は写本も含め現存しない。三国史記は一二世紀に二系統の史書を統合して編纂されている。建国譚・王名・即位年は百済三書に依拠、

これに中国朝貢記事だけ中国史書に依拠したと思われる。これが現存する唯一の百済史書なので、中国史書との不一致は不問に付されている。「建国譚の違いは古い伝承によくある話」、「王名は中国風の別名だ」などと。

第五章　日本書紀の証言、「倭国≠日本」と「倭国≧日本」

◉倭の五王

倭国は百済・新羅の実効支配に成功し、列島統一も完了させると、倭国はそれを国際社会に認めてもらおうと、中国に遣使して承認を求めた。中国正史である晋書〜宋書の中に「倭の五王」(讃《さん》・珍《ちん》・済《せい》・興《こう》・武《ぶ》)に関する記述がある。初出の倭王讃については、

晋書東夷伝四一三年
「晋安帝の時、倭王讃有り、遣使朝貢す[2]」
宋書夷蛮伝四二一年
「倭讃が宋の武帝に遣使修貢した。四二五年、讃が司馬曹達を遣使した」

とあり、前後数回遣使朝貢したが、後代のような「倭・百済・新羅の軍事権承認の要求」「倭国王叙位の要求」がない。承認の見込みがまだなかったのだろう。自称も「倭王」である。

倭王珍について。

宋書夷蛮伝四二五年

「倭讃が死に、弟珍が立ち、遣使貢献［…］倭、百済、新羅、任那、秦韓、慕韓六国諸軍事、安東大将軍、倭国王を自称し、除正を求めた。安東将軍、倭国王に叙す」

讃の弟珍の代で「倭国王」を自称し、初めて「倭国王」叙位を得た。百済・新羅を押さえ、初めて倭国を統一したと認められたのだ。以来、歴代の済・興も「倭国王」に叙された。軍事権については要求の一部だけが認められた。

宋書夷蛮伝四五一年

「倭国王済が遣使奉献。安東将軍・倭国王となす」

四五一年「加えて使持節［…］倭、新羅、任那、加羅、秦韓、慕韓六国諸軍事、安東将軍とす。

済死、世子興遣使貢献」

四六二年「倭王世子興を安東将軍・倭国王とすべし」

特に、倭王済は「倭国王」「倭・新羅その他の軍事権」を認められている。百済が除外されているのは、倭国に先んじて宋に朝貢していたためといわれる。済の次に興も「倭国王」を認められている。

興の次に倭王武が立ち、上表文（後述）を奉じたとある。

宋書夷蛮伝四六二年

「興死す（四七七年か？）。弟武が立ち、使持節、都督、倭、百済、新羅［…］七国諸軍事、安東大将軍、倭国王を自称」

四七八年「武が遣使上表して曰く［…］（上表文略　後掲）、武を使持節、都督、倭、新羅、任那、加羅、秦韓、慕韓六国諸軍事、安東大将軍、倭王に叙す」

◉「倭の五王」に関する日本書紀の記述――雄略紀五年条

「倭の五王」に関する日本書紀の記述はあるだろうか？　その一つとして雄略紀五年条（四六一年）が挙げられている。中国関係ではなく百済関係記事だが、ここには「日本」と「大倭」、「天皇」と「天王」が並記されている。

雄略紀五年条四六一年

「百済の加須利君《かすりのきし》［…］其の弟の軍君に告げて曰く、汝宜しく日本に往き、天皇に仕えよ［…］

百済新撰[3]に云う［…］蓋鹵王《がいろおう》、弟の昆支君を遣わし、大倭に向かわせ天王に侍らし、以って先王の好を脩《おさ》むる也」

ここでは「百済の君が弟を日本の天皇に仕えさせた。百済新撰には『百済王が弟を大倭の天王に仕えさせた』とある。」と二文が並記されている。その解釈からこの記述は定説「倭国＝大倭＝日本＝大和朝廷、従って倭の五王＝大和天皇」の論拠とされている。これを検討する前に、いくつか説明しておきたい。

◉雄略天皇とは

第二一代雄略天皇は、仁徳・履中・反正・允恭・安康・雄略と続く難波・河内地方を本拠とする王権に属する。仁徳・履中同様、応神天皇の同族と考えられる。在位は四五七年（允恭記崩年＋安康紀在位年数から）〜四八九年（記崩年から）。和名は大泊瀬幼《おおはつせわか》武尊《たけるのみこと》、古事記では大長谷若建命で日本書紀と同じ訓読みである。記崩年も記され、実在性の高い天皇といえる。

◉「大倭」「天王」「日本」「天皇」は雄略時代の呼称か？

ここで、あらかじめ主要語の時代用法について説明しておく必要がある。「『日本』の初出は七世紀後半」という誤解や、「倭《やまと》の当て字は相当古い」という誤解があり、それによって正しい理解が妨げられているからだ。

森博達は著書[4]の中で「日本書紀編者は引用する朝鮮史書の漢文について、原文尊重から（たとえ誤りがあっても敢えて）訂正・改変していない」と述べている。それに従って、まず「日本」について検討する。日本書紀の海外史料の引用文や海外王の云った言葉の「日本」は少なくない。

垂仁紀二年条
「意志富加羅国の王子、日本国に聖皇ありと聞きて帰化す」
神功紀四六年条
「百済王聞く、東方に日本貴国有り」
応神紀二八年条
「高麗王の表に曰く日本国に教う」
雄略紀五年条
「百済の加須利君［…］其の弟の軍君に告げて曰く、汝宜しく日本に往き、天皇に仕えよ」
継体紀三年条
「百済本記云う、久羅麻致支弥《くらまちきみ》が日本から来た、というが未詳」
継体紀六年条
「百済が遣使貢調す［…］国守穂積臣押山奏して曰く、此の四県は百済に近く連なり、日本に遠く隔たる［…］」

いずれも倭国や大和と交流する朝鮮の王が「やまと」を指す時に「日本」と使っている。これらの「日本」は日本書紀の改変「やまと、倭《やまと》→日本《やまと》」（当て字変更）と考えられてきた。しかし、これらは元が漢語のはずで、「日本《やまと》」の用法ではない。漢語「日本」は、倭国が漢語で大和・近畿を指す時、

「倭国からみて東方の国、日本（漢語）」を古くから使っていたことに由来するようだ。大和も朝鮮と付き合う時は、本来他称であるこの漢語「日本」を自称として使った。なぜなら、当時自称の「やまと」に対応する漢語は「日本」以外になく、「やまと」の当て字（表音漢字、万葉仮名）すら定まっていなかった。[5] これに対応して朝鮮諸国の「日本」呼称は古い。神功紀の「貴国」は肥前にあったが、大和・近畿軍の兵站基地的性格から「日本貴国」と呼ばれたようだ。「日本」は必ずしも統一王権とか国ではなく、「倭国の東方分国」として、もしくは「近畿・大和諸国連合」のような、特に対海外活動でまとまる時、あるいは「日本貴国」「任那日本府」に象徴される「非倭国の求心力」が必要な場面で自称・他称として使われたと考える。

また、「日本」「天皇」は継体紀の「百済本記」引用に出てくる。

> 継体紀五三一年
> 「百済本記に云う［…］『又聞く、日本天皇及太子・皇子、倶《とも》に崩薨す』と［…］後の勘校者が之を知る也（よく解らないが、後世の研究者が解明するだろう）」

日本書紀編者は「百済本記の不審な記述として『日本天皇の崩御』が出てくる。不審だが後の研究者が解明するだろうからこのままにしておく」としているのだから、日本書紀の改変ではない。また、百済本記の編纂時（新羅期か）に改変する動機も考えにくく、「日本」「天皇」は雄略時代に少なくとも海外に向けて使われた可能性がある。

また推古紀に隋煬帝の国書に「倭皇」とあり、それに対応した返書で「天皇」と自称した、とある。さすがにそれは書紀編者の改変でないと考えられ、推古天皇が隋に対して「天皇」を自称した可能性が高い。海外向けの例である。

ただ、「天皇」が雄略期に国内的に使われたかどうかは不明だ。なぜなら、雄略天皇が「大王《おおきみ》」と表記された金石文（江田船山古墳・稲荷山古墳の鉄刀銘、後述）があるからだ。

次に、「大倭」「天王」であるが、前出の百済新撰の例から外交用語として、特に百済に対する倭国／倭国王の自称として使われた可能性、また百済がそれに応える形で倭国／倭国王に対する呼称（他称）として使われた可能性は十分あり、百済新撰引用の蓋鹵王の言葉として改変なく伝わっている可能性が高い。ここの「大倭」は古事記の用法「大倭《やまと》」ではない。この用法は倭国消滅後、倭国との混同のなくなった時期に天武天皇が「やまと」に当て字させた用法である（第十章）。雄略紀は「大倭《たいわ》」であり、倭国の百済・新羅に対する自称名である。

結論として、以下の海外史料がからむ議論では、前記四つの呼称は雄略期に使われていた、とすることができる。

◉雄略紀五年条の解釈

さて、本題に戻って、雄略紀五年条の検討に入る。

雄略紀五年条四六一年

「百済の加須利君〔…〕其の弟の軍君に告げて曰く、汝宜しく日本に往き、天皇に仕えよ。軍君答えて曰く〔…〕願わくは君の婦を賜りしかる後に遣わしたまえ。加須利君は則ち孕《はら》める婦を軍君に与えて曰く、我が（之）孕める婦はすでに産み月に当たる〔…〕孕める婦は果たして加須利君の言う如く、筑紫各羅嶋に於いて児を産めり。仍ち児の名を嶋君と言う〔…〕是れ武寧王と為る〔…〕百済新撰に云う〔…〕蓋鹵王《がいろおう》、弟の昆支君を遣わし、大倭に向かわせ天王[6]に侍らし、以って先王の好を脩《おさ》むる也」

要約すると、「百済の君が弟を日本の天皇に仕えさせた。百済新撰には『百済王が弟を大倭の天王に仕えさせた』とある」と二文が並記されている。系図風には次のようにまとめられる。

雄略紀
┌兄　加須利君――嶋君（＝嶋王＝武寧王）
└弟　軍君　日本の天皇に仕える

百済新撰
┌兄　蓋鹵王
└弟　昆支君　大倭の天王に仕える

従来、後半の「百済新撰に云う」以下の文は「日本側の記録を外国資料で確認するという丁寧な記述」と考えられてきた。その結果「二国の記録が一致したことで事実が確認できた」と考えられた。以下ではこれを「二文同一」と称することにする。これにより、

「加須利君＝蓋鹵王」
「弟の軍君＝弟の昆支君」
「日本＝大倭」
「天皇＝天王」

と見事に対応する、と認められ、「大倭＝日本」「天王＝天皇」が定説化されてきた。日本書紀の写本の多くがここの「天王」を「天皇」と写し、「軍君〔崑攴君也〕」と注釈したり「軍君《こにきし》」と読ませるのは、この「二文同一」の解釈に由来するようだ。[7] この振り仮名は鎌倉時代の「釈日本紀」以来とされるから古い。以上から「天皇＝雄略天皇＝大倭の天王＝倭王＝倭王武、の比定が成立する」とされる。

◉「大倭＝日本」「天王＝天皇」定説の敷衍

前述の雄略紀五年条により「倭王＝天皇」が定説化されてきた。これに従い、倭の五王は同時代の天皇に比定、倭王武は雄略天皇に比定するのが定説となっている。それは、倭王武が流麗な上表文を宋に提出して列島の統一と半島での力を誇示し、倭国王の称号を得た、との解釈が前提となっている。

一方の雄略天皇も九州から関東まで金石文を残す隆々たる大王だ(後述)。両者の在位は年代的に若干の疑義はあるにしてもおおむね重なる。この隆々たる両者は列島で衝突した形跡がなく、同一人物と理解するのが自然だ。そこで「倭王武＝雄略天皇」の比定が定説化されている。さらに敷衍されて、

倭王武から数代さかのぼった「倭王珍の倭国王授位」
＝雄略天皇から数代さかのぼった「応神天皇による日本列島統一」
応神天皇が倭国王珍
→だから、さらにさかのぼって神武天皇は倭国王
→だから、神武東征とは倭国の東遷
倭国女王卑弥呼＝邪馬台国女王＝大和女王神功皇后（？）

とされてきた。

以上のように、雄略紀の一文（二文同一）が確固とした証拠とされたことで、これを原点とした前述の緒論は極めて論理的、反論の余地のない事実とされた。さらにこれが多くの「倭国＝大和論」の根拠となっていった。

定説派は「九州王朝説」について「九州王朝説の『倭国は九州を拠点に七世紀まで実在した』とする説には雄略紀五年条のような確固たる証拠が何もなく、思い込みの蜃気楼に過ぎない」と厳しく否定し、近年はそれも定説化した感がある。

◉定説の矛盾　「二文同一」否定の傍証

しかし、この二文同一に由来する解釈に、日本書紀の編者自身が疑問を提起している箇所がある。

武烈紀四年条五〇二年
「百済新撰に云う〔…〕武寧王立つ斯麻王と諱《い》う。是れ混支王子の子なり〔…〕今案ずるに、嶋王（斯麻王）は蓋鹵王の子也〔…〕未だ詳《くわし》からず」

要するに編者は「百済新撰は『斯麻王を混支王子の子』としているが、『嶋王（＝斯麻王）は蓋鹵王の子』のはずだが？」と言っている。しかし、ここは百済新撰の方が正しい。自国の王族についての断定文だから信頼できる。それに対して編者は「嶋王は加須利君の子」（雄略紀）と「加須利君＝蓋鹵王」（二文同一）から「嶋王（＝斯麻王）は蓋鹵王の子」という百済新撰と異なる解釈に至り不審を表している。日本書紀の編者でありながら「未だ詳しく解らない」と言わしめた矛盾だ。原因は「二文同一」にある。読み返すと判るが、「二文」は並記されているだけで「同一」は「推定」に過ぎない。

そこで、「二文同一」を検証する必要が出てくる。

◉「二文同一」の検証と「大倭≠日本」の証明

雄略紀五年条の「二文同一」を根拠として「大倭＝日本」が定説化されつつある。しかし、この条文それ自体が「二文は同一ではない」こと、従って定説とは逆の「大倭≠日本」を証明していると、坂田隆が『日本の国号』[8]の中で展開している。もっと広く認識されるべき、極めて重要な史料解釈なので紹介する。

結論を先に記すと、「蓋鹵王・昆支君（＝加須利君）・軍君は三兄弟」という、新たな発見とその展開だ。その根拠は、

武烈紀四年条
「百済新撰に云う［…］武寧王立つ斯麻王と諱《い》う。是れ混支王子の子なり」（前掲）

にある。すなわち、これと先の二文を合わせ読むと、

雄略紀
┌兄　加須利君――嶋君（＝嶋王＝武寧王）
└弟　軍君　日本の天皇に仕える

百済新撰（雄略紀＋武烈紀）
┌兄　蓋鹵王
└弟　昆支君（＝混支王子）――武寧王＝斯麻王（＝嶋王）

大倭の天王に仕える

から「加須利君＝昆支君（＝混支王子）」が読めてくる。これは次のようにまとめられる。

兄　蓋鹵王
弟（次兄）昆支君（＝加須利君）――斯麻王（＝嶋王）＝武寧王
　大倭の天王に仕える
末弟　軍君　日本の天皇に仕える

坂田の結論は「百済王は三兄弟だった。兄蓋鹵王は弟の昆支君を大倭の天王に仕えさせ、この昆支君（＝加須利君）は末弟の軍君を日本の天皇に仕えさせた」という極めて明快な記述とする。すなわち、「大倭≠日本」であり、「天王≠天皇」だ。これは、日本書紀（引用の百済新撰を含む）だけで読み取れる論理であって「推測」ではない。

これによって「大倭≠日本」と断定できる。「仮定」として検証を進めてきたが、ここで「史実」と確認できた。

◉「大倭≠日本」の波及

新たな雄略紀の解釈からは、「大倭」は日本とは別の国、宋書の言う「倭国」であることがわかる。

「大倭」は「魏（北魏）」の美称「大魏」を真似た「倭国」の百済に接する時の自称・美称だろう。そして、「天王」が日本の雄略天皇とは別の倭国の王だから、宋書の同年の記述から「倭国王興」にあたる。すなわち、雄略紀五年（四六一年）の時点では「蓋鹵王（兄）の弟（次兄）が大倭の倭国王興に仕え、弟（次兄）が派遣した末弟が日本の雄略天皇に仕える」というような関係、言い換えると「倭国王興（兄）＞雄略天皇（弟）」のような序列関係だった、と理解される。倭王興は先代王に続き「倭国王」に叙せられているから、宋から「日本を含め、列島統一を継続している」と認められた、と考えられる。その列島で「日本国は倭国の一員だが、主従ではない倭国王と兄弟関係に近い筆頭倭王」という位置付け「倭国王≧雄略天皇」だったと推定される（＝で同盟者、＞で格の上下を表した）。

従来、雄略紀の「二文同一」によって「大倭＝日本」が定説化された結果、その解釈が前後の歴史に敷衍されたことを述べた。ところがその前提が崩れ、雄略紀が「大倭≠日本」を証言していることによって、前後の解釈も根本的に変わってしまうことを意味している。

◉「二文同一」の意図

日本書紀は「二文同一」と明言も断定もしていない。「大倭＝日本」「天王＝天皇」とも断定していない。ただそう読めるように誘導する文章構成を意図したと考えられる。

「二文同一」を企図した編者は知っていてそうしたのだが、武烈紀でみたようにその編者自身が惑わされているのはなぜか？　国史編纂事業は天武天皇の古事記編纂勅令（六八一年）から舎人親王《とねりしんのう》（天武の皇子）による日本書紀完成（七二〇年）まで四〇年かかり、その間に天皇も編集方針もスタイルも変遷している、といわれる。誘導を企図した編者と最終編者[9]の間には、意識や知識の齟齬《そご》があったのではないかと考える。

◉「倭王武≠雄略天皇」であれば倭王武とは

「倭国王≠日本天皇」「倭王興／武≠雄略天皇」が証明されたいま、次の疑問は「では、隆々たる大王とされる両雄は列島内で並び立ったのだろうか？」である。両者は列島内で激突した様子はなく、「倭国王興≦雄略天皇」のような秩序と序列があった、と前述した。しかし、実はいっぽうで「倭王武は衰退の王である」と考えられる証拠がある。以下に示す。

宋書には倭王武も「倭国王」と記載されている。

宋書順帝紀[10]四七八年
「倭国王武が遣使献方物、安東大将軍となす」

ところが別の個所では「『倭国王』を自称し、『倭国王』の叙正を願ったが、意外にも『倭国王』ではなくただの『倭王』に叙せられた」とある（宋書夷蛮伝四七八年）。

宋書夷蛮伝
四六二年「興死す。弟の武が立ち、使持節、都督、倭、百済、新羅［…］六国諸軍事、安東大将軍、倭国王を自称」
四七八年「武が遣使上表して曰く［…］（上表文略）、武を使持節、都督、倭、新羅［…］六国諸軍事、安東大将軍、倭王に叙す」

同一文献内で表記が違うから、倭王武が叙せられたのは倭王なのか、倭国王なのかと疑問が生じる。従来の定説は、「『宋書順帝紀』には『倭国王武』とある。帝紀に記されている以上、正式には『倭国王』だ。『倭王』と『倭国王』は同等に使われてきた」とされる。例えば、三木太郎は「倭人伝の用語の研究[11]」の中で「宋書倭の五王の記載では、『倭王』と『倭国王』の違いはない」と述べている。

◉「倭王」と「倭国王」の使い分け

しかし「倭の五王」の要所でこの二つの表現は、公式史書としての一定のルールときちんとした配慮で使い分けられていると考える。このことは、歴史の解釈上重要なポイントなので、以下に詳説する。再掲になるが、宋書の次の部分を示す。

宋書夷蛮伝四六二年
「興死す。弟の武が立ち、［…］安東大将軍、倭国王を自称」
四七八年「武を安東大将軍、倭王に叙す」

「武が倭国王を自称した」とわざわざ「自称」と明記した上で、「皇帝は（自称を認めないで）倭王に叙した」とあり、緊迫感あふれる状況を感じさせる。同一文章内で、明らかに「倭国王」と「倭王」を使い分けている（順帝紀の解釈については後述）。

その直前の文章も同様の意識で書かれているはずなのでこれも再掲する。

宋書夷蛮伝四二五年
「讃が遣使司馬曹達。倭讃が死に、弟珍が立ち、遣使貢献［…］安東大将軍、倭国王を自称［…］安東将軍、倭国王に叙す」

ここでは、「珍が『安東大将軍・倭国王』と自称した。皇帝は『安東大将軍』の方は一階級落として『安東将軍』としたが、『倭国王に叙した』」という、緊迫感がありながら最後は中国の権威を示して容認した緩和形で締めくくっている。ここでも「倭国王」に「自称」と「叙位」の二つの使われ方がある例となっている。

では、従来は同一と考えられてきたが、次の文章にある二つの「倭国王」はどうだろうか？

宋書夷蛮伝四四三年
「倭国王済、遣使奉献。安東将軍、倭国王に叙す」

この文中の最初の「倭国王」には「自称」の文字がない。しかし、前述の例からこれは自称だ。そのわけは、中国外交史書の慣例的な書式にある。外国の使節が中国に来た時の史書の記述は、「何国」の「誰が」「誰を遣使」し「遣使の趣旨」が続く。朝貢ならば「貢」「朝貢」「貢献」、朝貢でなければ「献ずる」、「奉献」は朝貢を願う場合と、朝貢にすでに入っている場合の両方に使うようだ。ここまでが前半で、主語は遣使の主だ。国も名前も位も、基本的には自称と名乗り（過去に受けた叙位を名乗ることも含め）だ。一応、相手の言うまま記している。相手の上表文をそのまま引用する場合は、自然とそうなる。繰り返しの時は、省略形もある。

その後に「皇帝側が検討した結果」の記述が続き、主語は皇帝に代わる。朝貢でなく単なる挨拶であれば、自称を咎める根拠はなく、朝貢申請であれば審査・尋問があるだろう。謁見・詔書・周辺国とのバランスを考慮して、妥当な位を決定し、後日叙位・印綬と続く。前半（自称）と後半（叙）で位が違うことも当然ある。少なくとも宋書のこの部分はこのような形式で記述されている。「倭国王済」はこれが初出だから、過去に叙位があったわけではない。「倭国王済（と名乗る者）が遣使奉献をした。（皇帝は）安東将軍・倭国王に叙す」というのが本意で、括弧内の補足を省略した表現形だ。読者が誤解しない範囲で、段階的に省略を重ねている。

以上を中国史書一般の、あるいは厳密なルールと言うつもりはない。しかし、少なくも次の順帝紀の「倭国王武」を理解するのには役立つだろう。

順帝紀四七八年

「倭国王武、遣使献方物、安東大将軍となす」

前半は「倭国王武（と名乗る者）が遣使奉献をした」と括弧を補って読むべきだ。叙位があったからではなく、遣使の主の自称を記したものだ。事実「倭王武は倭国王を自称していた」と夷蛮伝にある。後半の「安東大将軍」が叙位にあたる。「倭国王」あるいは「倭王」の叙位があるとすればここに記すべきだが、省略されている。省略しなかったとすれば、何とあったか？　宋書夷蛮伝は、「倭国王」でなく「倭王」に叙せられたと明記している。こちらの夷蛮伝の「倭王」が正しい。その理由は、夷蛮伝の倭に関する記述が武の上表文を含め三〇〇字と詳記であるのに対して、順帝紀の倭に関する記述が二四字と簡単であることから、順帝紀は夷蛮伝（各論詳記）の要約と理解されるからだ。

以上、順帝紀の記述は「（自称）倭国王武が遣使献方物した。（皇帝は）安東大将軍（・倭王）となす」という意味だ。

◉倭王武は格下げされた衰退の王

これは「倭王武は倭国王に叙せられた隆々たる王」という定説に反する解釈である。前王である興が「倭国王」に叙せられたのに対し、武は意図的に「倭王」に叙せられたのだ。意図的である以上、その意味は格下げだ。半島での軍事面では「大将軍」へ格上げだが、その基盤となる列島での統治を疑われた形だ。

倭国では伝統的に「王」は多い。「［…］三〇程の国にして、国は皆王と称して世世伝統す。その大倭王は邪馬台国に居る」（後漢書列伝東夷倭条）とあるように、倭国内では王は一倭王に過ぎない。その中の抜きん出た王が大倭王だ。中国側にとっては、高句麗王百済王と同様に、倭王は高く評価したつもりの称号なのだろうが、倭王側が「それでは倭国内では抜きん出た称号と思われない、ぜひ『倭国王』にしてほしい」と自称し、叙正を求めたのだろう。珍・済などの要求を通じ、倭国特有の事情を知っていた中国側が「倭国王」と承認してきたのに、武に対しては倭王としたのは意図的な「格下げ」である可能性が高い。その後の倭王武に関して、中国史に「倭国王武」と出ることがあるが、宋書順帝紀を参考にしていると思われる。[12]

◉宋書「倭王武の上表文」は百済の模倣

倭王珍が列島を統一して、倭・百済・新羅の支配権承認を求めて倭国王に叙せられたが、この間の倭国側の生の声として、宋書の中に倭王武の上表文がある。宋最後の皇帝八代順帝に送ったみごとな駢儷体《べんれいたい》の格調高い漢文で、人の心を打つ堂々たる内容で書かれている上表文だ。宋書編者がながながと引用していることがそれを示している。

宋書倭国伝四七八年
「封国は偏遠にして、藩を外に作《な》す。昔より祖禰躬《みずから》甲冑を擐《つらぬ》き、山川を跋渉し、寧処《ねいしょ》に遑《いとま》あらず。東は毛人を征すること五五国、西は衆夷を服すること六六国、渡りて海北を平ぐること九五国。王道融泰にして、土を廓き畿を遐にす。

累葉朝宗（毎年朝貢して）して歳に葱《おこた》らず。臣、下愚なりと雖も、添《かたじけ》なくも先緒を胤ぎ、統ぶる所を駆率し、天極（宋皇帝）に帰崇し、道百済を遥て、船筋を装治す。しかるに句驪（高句麗）無道にして、図りて見呑を欲し、辺隷《へんれい》を掠抄《りゃくしょう》し、慶劉して已《や》まず。毎《つね》に稽滞《けいたい》を致し、以て良風を失い、路に進むと曰《いえ》ども、あるいは通じあるいは不らず。臣が亡考済、実に憲讐の天路を塞塞するを葱り、控弦百万、義声に感激し、方《まさ》に大挙せんと欲しせしも、奄《にわ》かに父兄を喪い、垂成の功をして一管（後ひと息）を獲ざらしむ。居《むな》しく諒闇（喪中）にあり、兵甲を動かさず。ここを以て僅息し（息をひそめ）て未だ捷《か》たざりき。今に至りて、甲を練り兵を治め、父兄の志を申べんと欲す。義士虎賁文武功を効し、自刃前に交わるともまた顧みざる所なり。もし帝徳の覆載を以て、この彊敵を擢《くじ》き克く方難を靖《やす》んぜば、前功を替えることなけん。窃《ひそ》かに自ら開府儀同三司を仮し、その余は仮授して、以て忠節を勧むと。（順帝）詔して武を使持節都督倭・新羅・任那・加羅・秦韓・慕韓六国諸軍事、安東大将軍、倭王に除す」

まず、両国の歴史的な背景から説き起こし、感謝の念を表明している。続いて現在、自らの置かれている困難な状況を説明した上で、それを克服する熱意を披瀝し、位をくれればより忠節に励む、という条件を明らかにして、叙称を丁寧にお願いしている。調和の取れた立派な国書である。また、これは倭国統一について倭国側から述べられた唯一の資料だ。その記述内容から、東に西に征戦を繰り返したがそれはすでに完了し、行政体制を整え（開府）、上下を整え（仮授）、列島を統一した過程が十分推測される。倭王武が「隆々たる大王」として雄略天皇[13]に比定される所以だ。

しかし、「統一を失った衰退の倭王」の上表文として読むと、これは「高句麗が侵略して困る。なんとかしてくれ」という泣き言にもみえる。実は、百済王も同様の堂々たる上表文（四〇〇字超）を先行して北朝の北魏に出していて（四七二年）、北魏書に引用されている。内容も「高句麗が道を阻んで臣としての意を伝えられない」というものだ。それに対して北魏献文帝《けんぶんてい》は「表を得て之を聞く［…］魏の門に誠を持って帰（順）する、欣嘉（朕の）意に至る」と詔している。

百済と北魏の間を高句麗が阻んでいるのは事実だ（百済上表文）。しかし、倭国と宋の間には百済・高句麗・北魏があり、高句麗だけが阻んでいるわけではない。高句麗だけを持ち出すのは百済上表文の模倣であるとみなされやすい。実際、遣宋使はより近い海路を取り、高句麗・北魏を通る陸路でなかったと考えられている。

武の上表の翌四七九年、南朝宋は滅亡した。いち早く北朝朝貢に転換した百済に比べると、倭王武の上表文は史料として貴重ながら、国際感覚が遅れている。倭王武と南朝の衰退の原因は同じだったかもしれない。

◉「倭王武≠雄略天皇」であれば雄略天皇とは

倭王武が衰退の王である可能性について前述した。それに対し雄略天皇は「大和朝廷が日本列島の統一を完成させた隆々たる大王」が定説だ。その最大の論拠は、九州熊本と関東埼玉の前方後円墳から「獲加多支鹵大王《わかたけるだいおう》」の文字が刻まれた鉄剣が出土し、その大王に仕えた将軍の墓であることが判っており、「わかたける」は雄略天皇の和名であることからだ。その結果、雄略天皇は九州から関東まで支配し日本列島を統一した大王とされてきた。

これに対して、九州王朝説は「この年代に大和朝廷が九州熊本を支配した証拠はなく、支配したのは倭国だ。従って『獲加多支鹵大王』とは倭王武のことだ。同じ大王名の銘文を持つ刀が埼玉の古墳からも出土しているから、倭王武は九州のみならず関東も支配している。これは倭王武の上表文の内容とも合致する」としている。

これらの説に対し筆者は、「獲加多支鹵は雄略天皇の和名。その一将軍の墓が、倭国の支配する九州熊本に存在する十分な理由がある。将軍の出身が筑紫君（肥後、日本貴国の将軍の後裔）の一族だったからだ」と解釈する。

◉「獲加多支鹵大王」の鉄剣銘

熊本県の江田船山古墳出土（明治期）の鉄刀銘には次のようにある。

船山古墳鉄剣銘

「治天下獲加多支鹵大王の世、典曹として奉事せし人、名はムリテ、八月中、大鉄釜を用い、四尺の廷刀を［…］此の刀を服する者は、長寿にして子孫洋々、□恩を得る也。其の統ぶる所を失わず。刀を作る者、名は伊太和、書するのは張安也」

また、埼玉県の稲荷山古墳出土（一九六八年）の鉄剣銘には次のようにある。

稲荷山古墳鉄剣銘

「辛亥の年七月中、ヲワケの臣記す、上祖名はオホヒコ、その児［…］（以下ヲワケまで七代の名）［…］世々、杖刀人の首と為り、奉事し来り今に至る。獲加多支鹵大王の寺、シキの宮に在る時、吾、治天下を左《たす》く、此の百練の利刀を作らしめ、吾が奉事の根原を記す也」

両鉄剣銘に「獲加多支鹵大王」とある。これを雄略天皇（和名おおはつせわかたけるのみこと）にあて、「辛亥」の年は、雄略天皇・倭王興・ヲワケの臣いずれも三〇歳位の四七一年とするのが定説だ。「わかたける」を倭王武の和名とする説もあるが、四七一年はまだ倭王興の時代と考えられ整合しない。

◉なぜ雄略天皇名刻印の鉄剣が熊本から？

埼玉県稲荷山古墳が雄略天皇とゆかりがあることは地理的な近さから納得できるが、熊本県の江田船山古墳は雄略天皇の支配圏か否かで種々論争がある。「両古墳とも倭王武の配下の墓」「両古墳とも雄略の配下の墓、大和が九州を支配していた証拠」「倭王武＝雄略天皇」などの説があり、白か黒か中間のない論争が続いている。

しかし、倭国王が支配する九州に雄略天皇ゆかりの古墳が存在してよい理由がいくつもある。

一、雄略天皇は応神天皇の子孫であり、応神天皇は筑紫の宇美（紀）または伊斗（記）で生まれている。応神天皇の一族である仁徳天皇は九州の将軍らを引き連れて河内に移っている。多くの将軍の本拠が九州にあり、将軍没後に父祖の地に墓が造られた可能性がある。江田船山の古墳は雄略天皇に仕えた将軍の故郷の墓と解釈することができる。江田船山古墳は九州に少ない大型前方後円墳であり、大和の伝統を被葬者・子孫が九州に持ち込んだ例である可能性がある。「近畿の将軍の墓が前方後円墳である他の例」として「大和の継体天皇から九州に派遣された物部麁鹿火《もののべのあらかい》の筑紫にある墓」がある（第六章参照）。

二、第六章で述べるように、江田船山古墳のあたりは筑紫君の支配域である。筑紫君の祖は大彦である。大彦は崇神朝の四道将軍の一人として越の国の祖となり、越を出発点とする日本貴国の神功皇后とその将軍達の祖でもある。その将軍らの一部が定着して筑紫君となったと考えられる。この筑紫君一族から出て仁徳天皇とともに河内に移った雄略朝の将軍という可能性がある。

三、雄略天皇にとって日本とは近畿・大和を指すが、父祖の国「日本貴国」の日本でもある。日本貴国の後裔である筑紫君の一族を、「父祖の代からの将軍」として重用した可能性がある。

四、雄略天皇と倭国王興は百済王の兄弟人質を分け合う仲で、敵対関係ではない。雄略天皇の将軍の本拠が倭国の筑紫君の領内にある可能性は十分ある。

以上、船山古墳の鉄剣銘に雄略天皇の和名「獲加多支鹵大王」があるのは不思議ではない。

◉稲荷山鉄剣の被葬者も筑紫君一族の雄略朝将軍

埼玉県稲荷山古墳が雄略天皇とゆかりがあることは地理的な近さから納得できる、と前節で述べた。しかし、この古墳の被葬者も九州出身の可能性がある。稲荷山古墳と熊本江田船山古墳と構造が酷似しており同系といわれるからだ。さらに、稲荷山古墳鉄剣銘に「上祖名はオホヒコ」とある。大彦は筑紫君の祖でもあり、被葬者は筑紫君の一族の可能性がある。

これらから両鉄剣とも筑紫君、そして神功〜雄略につながると考えられる。

◉複数王権が同一地方に混在する支配体系とは？

この状況を「南は熊本から東は埼玉まで雄略天皇の名が印された刀が出土するから、雄略天皇は列島を統一した証拠」とするのは過剰評価だ。そうではなく、倭国領と雄略朝将軍領が倭国支配の九州で平和裏に混在していた、というのが史実であろう。このことが「倭国と大和の関係」がどのようであったかを推測させる。

同時に「倭王武が全列島を直接支配した、大和には王権はなかった」という解釈も誤っている。倭国内には倭諸国があり、倭国の宗主国としての求心力は外交力にあったと思われる。倭国にとって雄略天皇は「ともにアマテラスを祖とする倭国の友邦国、海外征戦では強力な同盟軍、日本貴国の流れを汲む倭諸国の筆頭」と見るのが妥当だ。倭国は宗主国として列島に広く領土を持っていたが、日本も同様同盟国（あるいは一倭諸国）として列島各地に領土を持っていた、それら領地は隣り合っていた可能性もあるのではないか。具体的には、倭国王の要請で磐井の乱を制圧した継体／物部麁鹿火軍が九州の磐井領を自領（屯倉）に加えた例（安閑《あんかん》紀）がある。その秩序を保った原理は武力だけでなく、歴史的由来・貴賎・主従などが複雑に絡み合ってはいたが、彼らには整然とした「秩序としての支配構造」があったと解釈する。つまり複数の領域に複数の氏族の（飛び）領地が混在しながら、それぞれの氏族宗家は独自の支配網で周りと調整しながら、単一氏族領地として支配している状況だ。

これは、島国に海洋民族が造る国家の特異な支配形態かもしれない。独立性の高い島々、及び山々で囲まれた独立性の高い小河川沿いの小平野領地群を海路と水路網で結ぶ支配ネットワークは、隣国領が近くに混在しても相互に独立性を保てる。九州氏族の飛び地領が大和にあったり、大和王権の将軍領が九州にあったりする理由だろう。のちの七世紀の九州には三つの王権が領地を混在させながら並立していた。同じ理由だろう。

◉雄略紀「呉国遣使」は倭国遣宋使の随行使か？

倭国と雄略朝は友邦国だった例として、漢人技工の招聘事業に於ける両者の協力を挙げる。雄略紀には呉国との交流譚が多い。

雄略紀
四六二年「呉国が遣使貢献した」
四六四年「身狭《むさの》村主《すぐり》青《あお》、檜隈《ひのくまの》民使《たみのつかい》博徳《はかとこ》を呉国に遣わす」
四六六年「身狭村主青等、呉の献ずる二羽の鵝（が、がちょう）をもって筑紫に到る」

四六八年「身狭村主青と檜隈民使博徳を呉に使わす」
四七〇年「身狭村主青等、呉国使とともに呉の献ずる手末の才伎、漢織・呉織及び衣縫の兄媛・弟媛等をひきいて住吉津に泊まる」（漢人技工の大和招聘）

ここで呉国とは南朝宋とする。定説では「雄略紀四六二年条の虚勢的表現（宋が大和に朝貢）は別として、内容は宋への朝貢使記録であって、宋書倭の五王の記録とよく対応する。雄略天皇＝倭国王の証拠」としている。いっぽう九州王朝説では「呉に朝貢したのは倭国王。倭王興は四六二年に倭国王に叙せられている（前述）。その伝達使の記事（四六二年条）、それに続く答礼使（四六四年条）、答礼使の帰国記事（四六六年条）、これらすべてを雄略紀は盗用している」と解釈する。

しかし、「これらは倭国の遣宋使に随行した雄略朝の事績で、雄略紀は史実」という解釈もありうる。その根拠は、

一、雄略朝の漢人技工招聘譚は詳細にわたり、史実と考えられる（特に四七〇年）。
二、当時「漢人の招聘」で倭国と雄略朝は協力していた。

雄略紀四六三年
「百済の献上した手末才伎が大嶋に来た［…］倭国の吾礪《あと》（遠賀川阿斗？）に安置す［…］天皇、大伴大連室屋《おおとものおおむらじむろや》に詔して東漢直掬《つか》（阿知使主の子、都加《つか》使主）に命じて新漢（今来《いまき》の漢人）の

陶部［…］等を上桃原《かみつももはら》、下桃原《しもつももはら》、真神原《まかみのはら》の三所に遷し居らしむ」

上桃原、下桃原、真神原は肥前の倭国領である（九州倭国豪族領であることも含む）。すなわち、雄略朝は今来の漢人を東漢（肥前飛鳥の漢人居住地、倭国領）に住まわせている。その後、雄略紀四七〇年条のように漢人技工を難波住吉津に連れてきている。倭国の協力があったか、むしろ倭国主体の漢人招聘事業に雄略朝も便乗したと考えられる。

三、雄略朝が単独で遣呉使＝遣宋使を送ったとは考えられない（四六八年条）。宋に朝貢する宗主国倭国がありながら、単独で宋と交流することは通常ありえない。外交ではなく交易なら単独もあり得るが、倭国がしばしば遣宋使を送っている時期である。海難リスクが高いことを考えると、雄略朝の遣宋使とは倭国の遣宋使への随行使である可能性はある。

四、「随行使」の別の根拠は、倭国は外交を握り中国に遣使する時倭諸国の使を随行させた例が以下のように少なくないからだ（私見を含む）。

二六六年、倭国台与の遣晋使には「朝貢していない国の倭人」が随行したと思われる（第二章）。

四六四年、四六八年の倭国遣宋使に随行した雄略朝の使（前述）。

六〇七年、俀《たい》（＝倭）国遣隋使に随行した推古朝の小野妹子（第七章参照）。

六三一年、六五四年の倭国遣唐使に随行した孝徳朝の使（新唐書日本伝、第八章参照）

以上、少なくも倭国と雄略朝は漢人技工招聘事業で協力している。それを雄略朝は「倭国の遣宋使への随行使」という形で実現した可能性はある。

◉「呉＝百済」　坂田説

ところが「呉＝南朝宋」とする定説・九州王朝説に対して「呉国は中国でも南朝でもない、百済の別名だ」とする坂田隆説[14]がある。以下に紹介する。まず、「呉＝百済」を記述する史料がある。

梁書百済伝

「晋の世（二六五年〜四二〇年）に句驪（高句麗）はすでに遼東を略有し、百済はまた遼西・晋平二郡の地を拠有する、呉は自ら百済郡を置く」

ここで「呉」が出てくるのは梁書百衲本（宋代）であって、より後代の異本汲古閣本（明代）では「矣」とある。坂田は百衲本を古形として採る、としている。それによれば「百済が拠有する二郡に百済郡を置いたのは百済」と考えられ、それが「呉」と表現されているから「呉＝百済」とし、さらに次を含む複数の傍証を挙げている。

応神紀三七年条

「阿知使主《あちのおみ》、都加使主《つかのおみ》を呉に遣わし、縫工女を求めしむ、阿知使主等高麗国に渡り、呉に達せんと欲す［…］高麗王［…］（高麗人）二人を導者と為し、よって呉に通じるを得る、呉王、工女兄媛。弟媛。呉織。穴織。四婦女を与える」

ここに呉が出てくるが、呉＝南朝（東晋）ではないだろう。呉＝南朝とすると、高麗・動乱の五胡十六国を経由する陸路は良い選択ではないからだ。坂田は「この呉は北百済のこと」とする。別の傍証も挙げている。

雄略紀四六六年
「百済国より逃げ来る者あり、自称する名を貴信という、又貴信は呉国人也と称す」

百済と呉の関連を示す一例である。「呉は百済の別名」とする坂田の説は検討に値する。

◉遼西呉国と雄略紀の呉

筆者は坂田説を支持し、さらに補強してみる。まず「呉」の意味を整理する。

一、呉＝春秋時代の呉（～紀元前四七三年、「呉越同舟」）。第一章の「倭人は呉の太伯の後裔か？」で倭国との関係を検討した。後年遼西に呉国が存在し得ることと関係がある（後述）。

二、呉＝三国志の呉（二二二年～二八〇年）。転じて「呉＝南朝」とする定説の根拠だ。卑弥呼の倭国は魏と交流し、呉との直接交渉はない。

三、呉＝遼西呉国（四二〇年以前〜六〇〇年頃、前節参照）。坂田は「呉は百済の別名」とするが、筆者は「百済（北百済）が一時的に呉国を支配した」と考える。その理由は、遼西に百済が進出する前からそこに呉国が存在する理由があり、百済の遼西撤退後も呉国が存続したと考えるからだ。

第一章「『呉の倭人』の異動説」で検討した佃説では「呉越の戦いで敗れた呉の王族の一部は遼西に逃れた（第一章では佃説に倣って『遼東』とした。地理的に正しいのは「遼西、遼河の西」）。そこで扶余族（ツングース系）の一部を支配したようだ。以後扶余との関係が出てくる。その一部はさらに馬韓に移り百済を建国した」とする。それを受けて筆者は「遼西に残った呉の末裔が建てた国が遼西の呉国で、北魏と高句麗の攻防の狭間で生き残り、百済（北百済）が北進してくると、百済の一部となった。遼西呉国は百済の故地でもあり、百済王族と同族の可能性もある。その後、百済（北百済）は衰弱して南韓に去った（五〇二年）」とする。これは第四章「二つの百済」で検証した。この呉国は一〇〇年後にも存続している。

推古紀六〇九年

「（漂着した百済人が云うに）百済王が呉国遣使を命ず、其の国に乱あり入るを得ず」

六〇九年は隋の隆盛時代で、乱があった時期ではない。従って、「其の国」は中国（隋、北朝）

のことではない。まして呉＝南朝のことではない。かって北百済が支配し、隋の支配下となった遼西呉国のことと考えられる。呉国は存続していたと考えられる。独立国ではなく、隋の小属国だろう。

四、呉＝南朝文物の中継地。遼西呉国は倭国・日本にとって特別の意味があったと考えられる。遼西の呉国が北百済支配下になって以後、呉織（応神紀、高麗経由で呉王提供）・呉琴（雄略紀、百済経由の呉国人が伝承）・呉財（欽明《きんめい》紀、任那経由）など南朝の文物が百済経由で入ってきた。「呉国・百済の仲介貿易」特に南北百済の交流使に便乗すれば雄略朝も独自の遣呉使を出すことは十分考えられる。外交使でなく、通商使だ。宋との直接交流であれば倭国遣宋使・雄略朝随行使の形だろうが、それよりは容易である。雄略紀の遣呉使は紀の捏造・盗作ではなく史実の可能性が高い。

遼西呉・百済の仲介貿易は南朝文物に限らず、国交のない北魏の文物の輸入経路にもなっただろう。北朝指向の筑紫君磐井・蘇我氏・後の上宮王家もこのルートが使えたと推測する。

五、呉＝中国（呉＝南朝の解釈の延長線として定説となっている）。日本書紀ではこの用法の唯一の例と思われるのが次の記述である。

斉明《さいめい》紀六五九年

「伊吉連博徳《いきのむらじはかとく》書に曰く［…］等二船、呉唐の路につかわす［…］入京（長安）［…］東京（洛陽）に到る、天子は東京に在り［…］天子相見て問訊す、日本国天皇は平安なりや」

定説では呉唐の呉は中国を意味したと解釈されてきた。

しかし、次の理由からこの呉は一般的な「中国」の意味ではなく、やはり「遼西呉国」の意味の可能性がある。

一、まず、「呉＝南朝」の意味ではない。南朝が滅んで五〇年余経っている。

二、この頃、遼西呉国が存在した可能性は否定できない。これより五〇年前の推古紀六〇九年、隋の支配下に遼西呉国が存続していたと思われるから（前述）、唐の支配下にも呉国があった可能性がある。正式な行政区割りでなく、自称・通称かもしれないが。

三、斉明紀六五九年の遣唐使の目的地の一つが「呉」であった可能性がある。この遣唐使の主使は倭国である（第八章）。この時期、倭国はまだ南朝にこだわり、北朝唐に遣使はするが朝貢していない（同）。唐の支配下にあるかつての「遼西の呉」は南朝文化導入の窓口だった。そこで倭国は遣唐使を送るに際して呉の現状確認も遣唐使の目的に加えて、しかも呉を最初の目的地にした「遣呉唐使」だった可能性がある。ただしこの時は暴風雨で唐に直行することになったとある。

日本書紀の「呉」の記事ではこの斉明紀が最後であるから、これが「遼西の呉」であれば日本書紀では「呉」はすべて「遼西の呉」である。「呉＝南朝＝中国」の用法は一つもないことになる。この用法は日本書紀編纂時期よりももっと後世の「遼西の呉」が忘れ去られた時代のものかもしれない。

結論として、雄略紀の「遣呉使」は「遣宋使への随行使」である可能性は残るが、「遣遼西呉国使」の可能性がより高いと考える。

◉応神天皇から雄略天皇へ

大和の政事諸王権は並立したり交代してきたが、纒向以来の祭事王権の継承が権威の要件だった（アマテラスを含む融合的祭事権、第三章）。さらに仁徳～雄略からはそれまでの祭事王権に加え、倭国を後ろ盾とする畿内広域の政事覇権を合わせ持つ、大和初の本格的国王となった。事実、諸豪族を押さえつつ先進的な兵器・農具を活用して、難波をはじめ各地の未開墾地に九州から引き連れた兵力を入植させて領地を増やしていった（仁徳紀一一年条）。巨大前方後円墳がその象徴だ。

倭国の戦略は、大和の兵力を活用して新羅・百済支配を維持しようとするものだった。それはそれなりに奏功し、仁徳紀から雄略紀にかけて大和が新羅・蝦夷の反乱を押さえる場面（仁徳紀五三年、五五年条）、新羅との貢をめぐるトラブル、百済の文化流入など半島の記事が多い。このような大和の協力もあって、新羅・百済が力をつけてきたにもかかわらず、倭国は半島支配を維持できた（宋書四七八年）。しかし、それは反面大和の半島介入が強まることを意味した。次の記述が変化の兆候を示している。

雄略紀四六四年
「新羅王は高麗軍に囲まれた事を知り、任那王に使いを出し、日本府の将軍等に救いを請うて欲しいと頼んだ［…］任那王、勧膳臣斑鳩《かしわでのおみいかるが》、吉備臣小梨《きびのおみこなし》、難波吉士赤目子《なんばのきしあかめこ》らを往かせ新羅を救う」

これが任那日本府の初出だ。任那王と協力関係にあった大和の軍事拠点と解釈される。しかし、「日本府」の次出は八〇年後の欽明朝五四一年までない。任那日本府としての実態は、この時点ではまだ「任那倭国府（？）」の一部、あるいは常設でなかったかもしれない。なぜなら、この当時任那での開府権は倭国だけが有していたからだ（第六章「任那日本府」）。

それでも新羅・百済・高句麗までもが大和へ使節を送り、倭国の相対的な存在感が薄くなってきた。それが宋から倭国内の統治実績に疑問を持たれ、倭王武が先代までの「倭国王」の叙位を得られず「倭王」に格下げされた理由だろう。これは「大和の倭国からの自立傾向」と捉えられるが、「大和の独立」とか「大和の優越」とまでは至らなかったようだ。それは次章以下で明らかにする。ただ、雄略天皇が「治天下大王」を自称したことは、前述の出土鉄剣銘からうかがえる。

第五章注

［1］「宋書」……五〇三年沈約によって完成。宋は四七九年までだから、同時代的史書。

［2］「倭讃」……倭の五王の初出。倭は姓、讃は名といわれる。冊封体制を意味する「貢」の文字があるのに、見返りの叙位は未だない。「百済王」がすでに「鎮東大将軍」に任じられた時代（武帝紀）であるから、出

遅れの感が強い。

［3］「百済新撰」……日本書紀に引用されるのみで、原本・写本・他の引用などはないという。

［4］「大倭」「天王」「日本」「天皇」……森博達「日本書紀の謎を解く」（中公新書、一九九九年）で森は「雄略紀五年条（前掲）で『我が（之）孕める婦』の『之』は正格漢語の誤用で、編者（中国人続守言としている）であったら訂正したであろうが、引用扱いとしてあえて改変していない」として、日本書紀編者の改変が加えられていない「準引用文」の例としている。本文の例は朝鮮の王等の言葉の引用であるから、「大倭」「天王」は蓋鹵王の発言のまま、と考えられる。

［5］「やまと」……漢語に出てくる「邪馬台国」（魏志倭人伝）と「邪靡堆」（隋書）はいずれも「国都名」であって国名ではない。すなわち「邪馬台国に至る、（倭（国）の）女王の都する所」（魏志倭人伝）「俀《たい》国は［…］邪靡堆に都す」（隋書）とある。「倭《やまと》」は海外に通じない訓読であって、訓読の普及した推古時代以降と考えられている。まして、その由来は和語「やまと」に表意文字「倭」を当てた当て字である。訓読よりさらに時代が下がり、天武期と考える（第十章）。

［6］「天王」……雄略紀五年条のこの「天皇」について、卜部本は「天皇」とするが、それより古い前田本・宮内庁本は「天王」とし、特に前田本では「皇」と書いた上から「王」と訂正しているなどから、「天王」が原型とされる。前掲の引用文「日本書紀原文朝日新聞社版」では「天皇」となっているが、「天王＝天皇」が定説となった後の版と考えられるので、ここでは「天王」を採用した。「日本の国号」坂田隆　青弓社　一九九三年参照

［7］「こにきし」……「こんきし」とも言う。「こにき」とする史家もいる。「王」を「きし」、「国王」を「こにきし」と振り仮名するともいうが、「軍君」に「こにきし」と振り仮名する理由にはならない。「二文同一」から来る混乱、と考えられる。「釈日本紀」は鎌倉末期（一三世紀末）成立の「日本書紀」の注釈書。著者卜部兼方。

［8］「日本の国号」……坂田隆（青弓社、一九九三年）

［9］「最終編者」……「日本書紀の謎を解く」森博達　中公新書　一九九九年。森によれば、雄略紀巻一四、武烈紀巻一五から〜巻二一までは持統五年（六九一年）頃、倭化漢語の原稿を中国人続守言が正格漢語（唐代北方音）で書き直したという。その際、引用は原稿通り、地文は倭化漢語を修正し、編者が疑問とする所を注釈したという。この場合、最終編者は原稿の隠れた意図「二文同一」まではかかわらず、文章の推敲に留まったと考えられる。「今案ずるに」はその際生じた疑問であろう。別の解釈として「編者は二文同一を企図した天皇の指示に従ったが、武烈紀に正しい解釈のヒントを残した」も有り得る。

［10］「順帝紀」……宋書の倭国に関する記述は「夷蛮伝」のほかに「帝紀（文帝紀・孝武帝紀・順帝紀）」にあるが、ここでは論旨に関係する「順帝紀」のみ示した。他は数件で、ほとんど夷蛮伝と重複。

［11］「倭人伝の用語の研究」……三木太郎（多賀書房、一九八四年）。三木は「沈約『宋書』帝紀に、倭国・倭国王・倭王の記事が散見するが、倭国王・倭王の表記に区別は認められない。倭国王と倭王の無差別な用法は、同倭国伝でも同じである。一例をあげると、倭国伝に世祖大明六年の詔が記録されているが、それには『詔曰、倭王世子興、奕世載忠、作藩外海』と、興を倭王の世子と記しているが、孝武帝紀大明六年三月壬寅の記事では、『以倭国王世子興、為安東将軍』のように、倭国王の世子と記している。こうした例はほかにも散見する。姚思廉『梁書』では、宋書が倭国王としている個所を、倭王と記している、などである」としている。ただ、この例は死んだ倭国王をどう呼ぶか、という例外的文例だが。

［12］「梁書武帝紀」……五〇二年条に、「鎮東大将軍百済王余大を征東大将軍に進める。鎮東大将軍倭国王武を征東将軍に進める。（注に、「倭国王武を南史は征東大将軍と作る」）」とある。百済王の前称号と倭王武の前称号が重複していて変だ。注記も、南史には確かに「五〇二年［…］武を征東大将軍に進める」とあり、百済王の新称号と重複する。要は、梁書帝紀のこの部分は、混乱だらけで信用できない。新王朝梁が発足にあたって宋の称号の追認をしたのだろうが、宋書帝紀の「倭国王武（自称）」を採用したのだろう。

［13］「雄略天皇」……大王と称し（熊本江田船山古墳鉄剣銘・埼玉稲荷山古墳鉄剣銘）、暦を新たにし（中国元嘉歴）、万葉集の冒頭歌を恋歌で飾り、半島に派兵（日本書紀）を行う隆々たる英雄であった。

［14］「呉＝百済」……坂田隆「古代の韓と日本」（新泉社、一九九六年）

◉東アジアの混乱

倭国は長年宋（中国南朝）への朝貢によって後ろ盾を得て、それを背景に朝鮮半島での権益維持を図り、倭諸国統一の原動力としてきた。五世紀後半、その南朝は混乱して宋が滅び（四七九年）、斉《せい》、その後、梁《りょう》が建った。それら南朝に対する倭王武の朝貢外交は続いた。

南斉書四七九年
「宋滅びる。倭王武、斉に遣使」
梁書武帝紀五〇二年
「鎮東大将軍倭王武を使持節、都督倭・百済・新羅・任那・秦韓・慕韓六国諸軍事、征東大将軍に進める」

しかしこの頃には南朝の国際的影響力は落ちており、倭王武の称号がどれ程の威圧効果があったか疑問だ。百済は北朝の北魏へ朝貢を始めた。

魏書（北魏書）四七二年
「百済王余慶《よけい》、初めて遣使す」

さらに、倭国自身衰退して朝鮮半島での影響力を失いつつあった。梁書武帝紀五〇二年に「加羅」が抜けているが、その理由は加羅が直接南朝へ朝貢し始めたからだ。

南斉書四七九年
「加羅国王が斉（南朝）に入貢し、輔国将軍加羅国王の称号を得た」

倭国は内外で影響力を失いつつあった。

◉新羅の隆盛

加羅諸国の倭国からの離反に敏感に対応したのは百済だった。百済と倭国は朝鮮半島で同盟関係にあり、加羅の離反が百済に攻撃の大義名分を与えた。五世紀末、まず百済の勢力が加羅諸国に侵入した。これにより加羅諸国は、百済と新羅の争奪地、草刈場となってしまった。加羅諸国は連合体制を強めて倭国と日本に救援を頼みこれに対抗しようとしたが、諸国の支配者層に親百済派と親新羅派があって混乱した。

継体紀五一二年

「百済が任那国四県（の割譲）を請うてきた［…］任那四県を賜う」

百済が任那の一部を要求したのでこれを容れた。新羅の攻勢から守る負担に耐えられなかったと考えられている。倭国の「任那諸軍事権」（梁書五〇二年）の弱体化だ。これに大和が関与したようだ。「割譲は大和大伴金村《おおとものかねむら》の責任」（欽明紀）とされる。

さらに高句麗・新羅が勢力を伸ばし、百済・伽耶・倭国勢力が圧迫された。

三国史記新羅

五二一年「（新羅が南朝の）梁に朝貢する」

五二二年「伽耶王が（新羅王に）婚姻を要請」

新羅が倭の影響を排除し、伽耶を取り込んだと解釈できる。新羅が梁に朝貢し、倭王は「新羅諸軍事」の称号は失った、と思われる。

◉倭国の冊封体制離脱

南朝の衰退で朝貢の意味がなくなり、五〇二年の梁書記事を最後に、倭国は南朝冊封体制から離脱したと思われる。その根拠は独自年号の開始だ。

一、五二二年、いわゆる九州年号「善記」が創始された（襲国偽僭考）。創始者は倭国王（倭王武の次代）と考えられる。新羅も独自年号を始めた（五三六年、史記）。

二、冊封離脱により倭王は「六国諸軍事、征東大将軍」の称号を失い、半島での征戦の大義名分を失った。それを機に新羅が攻勢に出て任那を侵食した。

三、五二七年、新羅に対抗して倭諸国連合軍の任那救援派兵が行われた（継体紀）。号令者は「倭国諸軍事」だった倭国王だろう（梁書）。称号を失って号令者の権威は落ちていたかもしれないが、天子を自称し、倭諸国も権益確保に動いたようだ。六万の大軍という。倭国王自ら出陣するのが歴代倭王の伝統だ（倭王武の上表文）。その倭国王の留守を狙ったか、筑紫で磐井の乱（五二七年）が起こった。

磐井の乱を検討する前に、継体天皇について記しておく。

◉継体天皇

第二一代雄略天皇のあと、大和では清寧《せいねい》（子がいない）・顕宗《けんぞう》（遠縁）・仁賢《にんけん》（同）・武烈《ぶれつ》（子がいない）と続いて王統が絶え、そこで朝廷の大伴金村大連・物部麁鹿火大連の二人が議って応神天皇五世の継体天皇（第二六代）を越前から迎え入れたという（継体紀）。これについて検討する。

一、二人の大臣は大和を拠点とする在来大伴氏、物部氏（大和支族）ではないようだ。なぜなら、継体天皇は治世の大半を大和盆地に入れないで周囲に都している。大和の在来豪族は、応神〜仁徳天皇以来の難波王統が絶えたのを機会に、難波の支配を拒んだのかもしれない。

二、二人は仁徳とともに九州から難波に来た将軍達の子孫だろう。履中紀に複数の物部姓が登場する。また、雄略紀で大伴姓が活躍する（難波支族）。それまで大和を支配した佐紀古墳群は築造が継続しているから、難波王権は大和を直接支配したのでなく間接支配と思われる（第四章「仁徳天皇の東征」参照）。それが王統断絶で崩れたと考えられる。

三、二人は難波王権の主流の将軍・群臣ではない。武烈に提案して難波朝廷で専横していた主流大臣（平群《へぐりの》真鳥《まとり》大連）を滅ぼした。主流の大臣なら、仁徳一族の皇子や王族の外戚となっていて、その中から次の天皇を選び難波を都としただろう。しかしそうなっていない。

四、継嗣のいないまま没した武烈の跡に、難波・大和に基盤を持たない応神五世孫とされる継体を据えた。二人のその前後の行動からは倭国に近い関係が窺える。二人の後ろには九州の物部・大伴の宗家と、混乱する難波の跡目争いに介入した倭国がいた可能性がある。倭国の難波王権を通じての列島支配の原点が応神天皇であり、その再現が目的と思われるからだ。また、磐井の乱を機に二人は活動拠点を筑紫に移して、倭国の半島経略に協力していることも傍証となる。

五、難波の天皇を選ぶ権威が他にあるとすれば、筑紫君がそうかもしれない。筑紫君の祖は大彦という（後述）。日本貴国を建てた仲哀・神功・越国系の宿禰将軍達と同族・同列である。筑紫君は「貴国の後裔」として、倭国に対しても、近畿・大和に対しても影響力を保持していた可能性がある。雄略天皇の将軍の墓が筑紫君（倭国有力豪族）の支配域にある（第五章「熊本船山古墳」参照）という状況がそれを示唆している。しかし、後述する磐井の乱では継体天皇と戦うから、筑紫君は継体天皇推挙の主役ではないようだ。

以上から結論すると、継体天皇の後ろ盾は、倭国王の意向を受けた難波の傍流大伴金村と物部麁鹿火ではないか。倭国は「応神天皇以来の日本貴国の権威」を近畿・大和・東国を統率する倭国系の求心力として利用してきた、と考えられる。しかし、雄略の代で日本が倭国の脅威になるほど成長した。その後、王統が乱れて倭国の威令が大和に行き届かなくなった。そこで王統断絶を機に、倭国は大伴金村・物部麁鹿火を抱き込み、応神五世の継体を擁立させて倭国と難波の関係再構築、雄略以来の難波の独立志向の否定、倭国の東国軍指導力強化を図ったと思われる。

しかし、これらの推測と倭国権威回復を示す決め手となる史料は充分ではない。

◉磐井の乱――定説・大和天皇に対する反乱

継体天皇の五二七年に磐井の乱が起きた。日本書紀は「大和朝廷に対する筑紫国造《くにのみやつこ》磐井《いわい》の反乱」としている。それが定説とされている。概要と括弧内に「定説の解釈」を補足して示す。

継体紀五二七年

「(大和朝廷の号令で) 近江毛野臣が兵六万を率いて任那に行き、新羅に破られた南加羅を任那に取り戻そうとした。このとき筑紫国造磐井、ひそかに (天皇に対して) 反逆を企て [...] (不法にも) 火・豊二国を押さえて [...] (これに対して、大和朝廷は毛野臣を使者に立てたが、磐井は)『今は使者だがかつては友、肩や肘をすり合わせ、同じ釜の飯を食った仲だ。使者になったからとて、にわかにお前に俺を従わせることはできるものか』といって従わなかった [...] 事態は停滞してしまった。ここに天皇は『筑紫の磐井が反乱して、西の国を我が物としている [...]』として [...] 物部麁鹿火に『お前が行って討て [...] 長門以東は朕之を制す。筑紫以西 (は大和の分国として) 汝之制せよ [...]』と言った。激戦の後、磐井を切り、反乱を鎮圧した。筑紫君葛子《くずこ》は、父に連座することを恐れ [...] 糟屋屯倉を献上して死罪を免れることを請うた (こうして大和朝廷は再び筑紫以西を制した)」

ここで議論を呼ぶのは、この頃大和天皇は九州を支配していたか? ということだ。定説は、当然「支配していた」とする。これは天皇支配下の一国造の反乱であり、「長門以東は朕之を制す。筑紫以西汝之制せよ」も支配形態の変更指示であって、支配そのものは乱の前後で変わっていないとする考えだ。ただし、最近は「大和の九州支配が完成してはいなかった」とする認識が広がっている。

◉九州王朝説の逆説 「倭国王に対する継体天皇の反乱」

こうした定説に対し、「九州王朝説」は異なる解釈をしている。継体天皇が倭国王に反逆したのだというのだ。その説は、

一、日本書紀にあるように、磐井が筑紫・火国（肥前・肥後）・豊国を支配しているということは、すなわち九州倭国を支配しているということ。筑紫国造磐井＝筑紫君磐井＝倭国王磐井となる。日本書紀が「磐井は国造」としているのは、倭国王磐井を貶めて臣下とした造作だ。

二、倭国王磐井の号令で、倭諸国と大和朝廷は近江毛野君らを半島に出兵した。

三、継体天皇が出兵に乗じて反乱しようとした。近畿しか支配していない大和が、長門から筑紫以西を支配している倭国を乗っ取ろうとしたものだ。

四、別の史料である「筑後の国風土記」に、「筑紫君磐井」「にわかに官軍（継体軍）動発し〔…〕磐井を切った」とある。[2] 継体軍が最初は倭国王の官軍として朝鮮出兵の行動していたが、突然倭国王磐井への反乱行動に出た。すなわち、反乱したのは継体の側だ。

五、激戦の後、継体軍は倭国王磐井を切ったが、子の筑紫君（倭国王）葛子はわずかな「屯倉」を大和に与えて和解し、反乱は実質的には失敗した。倭国はその後も九州を支配した。

としている。

◉「磐井の乱」の再検討

「倭国王磐井説」には難がある。その根拠一～一一を示したうえで筆者の解釈を示す。

一、九州王朝説の「筑紫君＝倭国王」は正しくない。少し時代は下がるが（七〇年後）、「隋書俀国《たい》伝」の一節に「竹斯《ちくし》国[3]は俀国（倭国）に附庸す」とあるように、「筑紫国≠倭国」である。従って筑紫君磐井は倭国王でない。

二、倭国王家の祖は天孫系、その先はアマテラス、その先は海原倭人と考える。いっぽう、筑紫君の祖は大彦命、その先は半島系、その先は中国系と考える。すなわち、

孝元紀（欠史八代）

「大彦命《おおひこのみこと》［…］筑紫国造、越国造［…］凡そ七族の始祖なり」

崇神紀

「大彦命を北陸へ、武渟川別《たけぬなかわわけ》を東海へ、吉備津彦《きびつひこ》を西道へ、丹波道主命《たんばのみちぬしのみこと》を丹波へ遣わす、将軍の為に印綬を授く（四道将軍）」

大彦は神武系に仕えた後、崇神天皇の四道将軍の一人として北陸越の国を平定した。ここには宿禰系（漢人系新羅人多羅人）が多い。大彦自身が宿禰系かタラシ系、少なくも渡来系だろう。その一族武内宿禰らは神功皇后（宿禰系）・仲哀天皇（タラシ系）の下で筑紫で熊襲征伐・日本貴国の建国に携わった。そして、神功皇后が近畿に帰還した後も一部は残って筑紫（筑後）の豪族

となったようだ。それが筑紫君（筑紫国造）だろう。「七族」とあるように、官位ではなく氏族名だ。大彦を祖としている。むろん「倭国王≠筑紫君」だ。

三、「筑紫君」は行政職ではなく、世襲的権威の名であろう。筑紫君といっても筑紫全土を支配していたのではなく、豊前・肥前・肥後・筑後に点在する領地を持って倭国王家に仕えていた豪族だろう（特徴的な石像の分布などから、五項参照）。後世の区画に従えば「筑後君」であって倭国王が拠点とした「筑前」ではない。磐井についての詳記が「筑後国風土記」にあるからだ。倭国に協力した日本貴国（神功・応神・仁徳）を支えた氏族として、倭国内で相応の権威を維持していたと考える。公式には当然「倭国王＞筑紫君」が正しい。

四、筑紫君磐井と倭国王を比較してみる。倭国王家の力は南朝の冊封体制で叙位された国際的な外交力と権威だった。その南朝が衰退し、衰退する南朝からすら「衰退の倭王」の烙印を押され（第五章）、その権威は冊封体制離脱で完全に失われた。では、実力ではどうか。倭国王家は筑前を中心にしながら各地に多くの領地を持っていたと想像されるが、実力では各地に同族（七族）を持つ筑紫君の方が豊かだったかもしれない。その根拠は筑紫君磐井の寿墓（生前築造）とされる岩戸山古墳が九州最大で豊富な宝物を副葬しているからだ。この繁栄は律令制と関係があるかもしれない。ただし、この解釈には未調査・未詳の「沖ノ島」との比較が含まれていない。発見宝物一〇万点すべてが国宝とされ、海の正倉院とも呼ばれている。倭国王家歴代の墓の可能性が指摘されている。

五、岩戸山古墳（筑後）にある衛頭《がとう》（政所）という別区《べっく》にさまざまな石像物が立てられて「裁判の様子を模している」という。磐井は律令・司法に関心を持っていることを示している。

九州王朝説ではこれを根拠に「磐井は政所で律令・司法を発令した当人。律令を発令できるのは宋から叙位された倭国王だ。従って筑紫君磐井は倭国王。磐井はそれを誇りとして自ら寿墓に残した」としている。しかし、国王が最も先進的である保証はない。宿禰系（漢人系）の磐井が中国の律令をいちはやく取り入れようとし、倭国王の下で導入を推し進めた立役者だった。だから自領でそれを率先垂範して試行、領民に模型で裁判を教示した。その誇りと記念が寿墓であるという可能性もある。或いは、導入を提案したが受け入れられず、自ら実行して成果を上げて倭国王を凌ぐほど強大になった可能性もある。
六、磐井は中国東北部出身の宿禰系と近い大彦の子孫であるから、北朝に親近感をもつはずだ。当時北魏の一部になっていた遼西呉国とも交流があったと思われる。その根拠は筑紫君と雄略朝とは近い関係があり、その雄略朝は百済を通じ、あるいは直接遼西の呉国に遣使していた（第五章「遼西呉国と雄略紀の呉」）。筑紫君磐井も同様に遼西呉国を通じて北朝の情報を得ていた可能性がある。北魏は均田制などで先行しており、磐井は律令制の情報を北魏から相当得ていたのではないだろうか。衛頭の律令は南朝系でなく、北朝系をとりいれた可能性もあるだろう。
七、磐井は倭国王に「滅亡した宋の代わりに北魏へ朝貢すべき。律令を導入するなら南朝よりは北魏から」と強く進言したのではないか。しかし、倭国王は頑なにそれを拒んだ。権威が失われ、実力も豪族頼み、改革も仏教も先進的となった北魏にそっぽを向く、そんな倭国を見限り「今立てば倭国王家に代わって列島主導権を握れる」と見て反乱となったのではないだろうか。

八、筑紫君磐井は「日本貴国将軍の後裔」、継体天皇も「日本貴国王後裔」（応神天皇五世）だから、手を組む素地があったとも考えられる。磐井は継体が同盟すると期待したかもしれない。しかし「継体軍は当初様子見だったが、ある時点で突然（予定通り）倭国王家側に立った」それが筑後国風土記逸文の表現「俄かにして官軍（継体軍と倭諸国の連合軍）動発おこりて襲わんとする」という表現になった、とも考えられる（前注［2］）。五世前の応神天皇は武内宿禰（大彦の一族とされる）を貴国から追い出した（第四章）。継体天皇はその故事に倣《なら》って大彦の末裔である磐井を討ったのかもしれない。

九、継体天皇の言葉は「列島東西分割支配」ではなく「奪った磐井領の東西分割支配」と考える。「長門以東（の磐井領［と同族の大彦七族の領］）は朕之を制す。筑紫以西（の磐井領）は汝之制せよ」と括弧を補って解釈すべきだ。その根拠は、これ以後の大和王権の屯倉設置が九州のみならず、短期に播磨〜尾張、駿河にまで拡大されているから、長門以東とはそれら磐井領／大彦七族領を指したと考えられるからだ。そして、東西の分け方は、継体の祖応神天皇の『西の日本貴国』と仁徳天皇の支配した『東の日本』（近畿東国）を踏まえた表現であろう。

一〇、ただ、継体天皇は大彦七族を滅ぼしたのではなく、屯倉を差し出させたというあたりが妥当な推測だろう。その理由は、孝元紀に「七族の祖なり」とあり、日本書紀編纂時に七族が存続していることが示唆されているからだ。確かに、筑紫君すら完全に滅ぼされたのでなく天智《てんじ》紀に「筑紫君薩野間《さちやま》」が出てくる。倭国不記載の原則の中で、倭国臣下の筑紫君を記すのは、日本貴国の末裔として特別扱いだからだろう。筑紫君磐井を記しているのも同じ理由が考えられる。

一一、もし、九州王朝説「筑紫君磐井＝倭国王磐井」が正しいとしたら、日本書紀は「倭国不記載」の原則をここだけは明白に例外としていることになる。ここで倭国王をこれだけ明白に記述するなら、なぜ他を不記載とするのか。九州王朝説「筑紫君磐井＝倭国王」説の消えぬ矛盾だ。

◉磐井の乱の新解釈

以上の認識を盛り込んで、第三の解釈（括弧内）を加えた新解釈を提案する。

継体紀五二七年

「近江毛野（近江・毛野連合軍の毛野の君）が兵を率いて任那に行き、新羅に破られた南加羅を任那に取り戻そうとした。このとき筑紫の国造（倭国の豪族筑紫君）磐井、ひそかに（倭国王に対して）反逆を企て［…］火・豊二国を（朝鮮出兵中の留守を狙って）押さえて［…］（これに対して、倭国朝廷は近くにいた連合軍の）近江毛野の臣を使者に立てたが［…］事態は停滞してしまった。ここに（倭国王の要請で、大和の継体）天皇は『筑紫の磐井が反乱して、西の国を我がものとしている［…］』として［…］物部麁鹿火に『お前が行って討て［…］（と反乱鎮圧応援を命じたが、同時に鎮圧後に磐井領を大和王権の領地とすべく）、長門以東（の磐井領）は朕之を制す。筑紫以西（の磐井領は）汝之を制せよ［…］』と言った。激戦の後、磐井を切り（五二八年）、反乱を鎮圧した。筑紫の君葛子は、父に連座することを恐れ［…］屯倉を（継体に）献上して死罪を贖うことを求めた」

継体軍は磐井の反乱鎮圧に成功して屯倉を一つ得たが、これを拠点として、九州内や長門以東の磐井領を次々と収奪してゆくことになる（後述）。また、継体天皇は大和の豪族の反抗で大和に入れないでいたが、大義名分を得て磐井の同族（四道将軍大彦の七族、越など）から屯倉を差し出させた。これが「継体朝の大和制圧と繁栄」につながったと考えられる（安閑紀）。

◉「日本天皇及太子・皇子、倶に崩薨す」とは

この事件に関連するのか、奇妙な記述がある。

継体紀五三一年
「百済本記に云う〔…〕『又聞く、日本天皇及太子・皇子、倶《とも》に崩薨す』と〔…〕後の勘校者が之を知る也（よく解らないが、後世の研究者が解明するだろう）」

磐井の乱から四年後の継体天皇の崩年に関する記事だ。この記事は不可解で、種々論争がある。「継体天皇一族は別の事件で殺された」「いや、継体軍に殺された倭国王磐井一族のことだ」「いや、これは磐井に殺された倭国王一族のことだ」などだ。しかし、いずれにも難がある。

百済は「倭国王」と「日本天皇」を区別している。前章で述べたように百済新撰は「天王（倭国王興）」と「天皇（雄略紀、国内では大王）」を書き分け、「大倭」と「日本」を書き分けている。これを

日本書紀も改変していない（雄略五年条、第四章）。この記事は百済本記だが、前例に従えば「天王（倭国王）一族の死亡記事」ではなく「日本天皇（大王）一族の死亡」だ。

さらに「日本天皇継体」の周辺にはこの頃該当するような大事件の記載や情報が日本書紀その他に一切なく、編者自身も不審がっている。「日本天皇」は継体天皇のことではない。

要するに、納得できる説がない。

◉試案「西の日本天皇」

そこで「磐井は倭国内豪族筑紫君」としたうえで整合する仮説を立ててみる。まず、「五三一年」の意味について検討する。ヒントは次の記述である。

> 元興寺《がんごうじ》伽藍《がらん》縁起《えんぎ》並びに流記資材帳
> 「大倭国の仏法は［…］（欽明）天皇の御世（五四〇年～五七一年）、蘇我《そが》大臣《のおおおみ》稲目《いなめ》宿禰《すくね》仕《つか》え奉りし時より創《はじ》まる、治天下七年、歳次戊午《つちのえうま》（五三八年）十二月に度り来たる」

「治天下」は記紀で天皇の治世を示す言葉として広く使われているが、雄略時代の出土鉄剣銘に見えるから、当時から使われた表現だ。「治天下～年」の表現は少ないが、年号を使わない大和特有の表現だろう。

治天下七年が五三八年であるから、治天下元年は五三二年である。その前年になにか大きな政治的成果があったから、翌年を「治天下元年」としたと考えられる。五三一年に起きた大和王権の大きな成果とは何であろうか。「継体天皇崩御」（継体紀五三一年、記崩年五二七年）は「大和王権の成果」ではない。「次の安閑天皇即位五三四年」（安閑紀）でもない。「磐井の死」は年次がちがう（五二八年、紀、または五二四年、継体記崩年の四年前から）。可能性があるのは百済本紀の「五三一年日本天皇及太子・皇子、倶に崩薨す」である。これを大和王権が「治天下」と誇る状況であるとすれば、どんな状況だろうか。

百済にとって「日本」とは「日本貴国＝大和・近畿軍の九州兵站基地」（神功紀）か、または「日本＝大和・近畿そのもの（諸国連合）」（雄略紀）である。大和天皇が誇示しているのだから「崩薨した日本天皇」は大和天皇の崩薨ではない。残るは前者の九州兵站基地日本の天皇となる。神功紀では日本貴国の王は天皇と表現されている。従って「大和軍の九州兵站基地の王、すなわち日本の天皇が殺された。殺したのは大和の天皇である。そのことを『治天下』として誇示した」と解釈できる。

そこで筆者は次のような試案を提案する。

「麁鹿火は磐井を切った（五二八年）。子の葛子は糟屋屯倉を献上して和を請うた。麁鹿火は『磐井の乱を鎮圧した見返り』としてこの屯倉を『日本軍（近畿・大和軍）の兵站基地』とすることを倭国に認めさせた。これは神功皇后・応神天皇の『日本貴国（＝近畿・大和軍の九州兵站基地）』に倣《なら》ったものだ（第四章）。倭国も「応神五世である継体天皇の要請であり、物部麁鹿火の軍事力は任那奪回に必要だ」からこれを認めた。しかし、麁鹿火にとってはもう一つ隠した狙いがあった。継体天皇の『東の日本と西の日本（分国）、という構想』（継体紀、前出）に向けた第一歩、列島各地に散在する筑紫君領を収奪する構想である。

継体／麁鹿火はこの九州拠点を日本貴国に倣って『日本□□国』とし、葛子をその傀儡天皇に据えた。その理由は、物部氏自身は大和でも九州でも代々臣下クラスだから天皇になれないが、筑紫君磐井・葛子の祖は崇神朝の将軍仲哀の同族同列と考えられるからだ（大彦の子孫）。その仲哀が（御子の活躍で）天皇（大王）位を得たことによって、筑紫君も天皇（大王）有資格者となった可能性がある（第四章）。継体／麁鹿火は葛子に『日本□□国天皇』『西の日本天皇』を自称させた。傀儡王だ。筑紫君の権威を利用して大和の九州拠点を確立した。それに成功すると、筑紫君所領をさらに収奪する為か、あるいは対立があったのか、『自称日本天皇』の葛子一族を殺して『日本□□国』を大和日本に併合した（五三一年）」。この事件が前節冒頭の文（百済本記）となり、『治天下』となった。「治天下七年」には継体・安閑・宣化《せんか》・麁鹿火のいずれもが没しているから、特定の治世の表現でなく、歴代大和天皇に「記念すべき年」として使われた表現のようだ。

◉倭国滅亡説

しかし、「継体紀五三一年の『崩薨』す」を倭国王統の断絶とする説は九州王朝説などに根強い。「筑紫君＝倭国王」を前提とするから、「磐井の死＝倭国滅亡」、さらにその先の連想が諸説を生んでいる。佃収も「倭国王磐井は斬られたがその子葛子は助命された。その後、葛子は倭国王を継いだが結局一族は麁鹿火に殺された（五三一年）。それが百済本紀の一文となった。倭国王統は滅亡した」としている。[4]

しかし、佃自身が認めているように、磐井の死によって倭国年号が改元されていないし、五三一年の後も九州年号が続いているから、倭国王一家が全滅したり倭国が滅んだということはない。「日本の天皇云々」の噂記事から「葛子の倭国王即位と死、倭国の滅亡」を推定するのは仮説の域を出ない。

◉倭国の半島撤退

滅亡はしなかったが、倭国にとって「磐井の乱」は衝撃だったに違いない。これを境に倭国は半島征戦を麁鹿火に委ね、足元の内政重視へ転換したようだ（隋書に「兵有りと雖《いえど》も征戦なし」とある（第七章）。

倭国／日本（大和）の連携が崩れたことで加羅《から》諸国は連合体制を強めて新羅に対抗しようとしたが、この混乱を巧みに利用して新羅は勢力を広げ、五三二年、（金）海加羅を併合し、五六二年には残りの加羅諸国を併合した。

三国史記新羅

五三二年「金官国王が財宝と家族と共に来降し国王の末子が新羅に仕える（金官は伽耶連盟の盟主との説も）」

五三六年「初めて年号を用いる（建元元年、南朝年号からの離脱）」

物部麁鹿火は磐井の乱の後、半島戦略の倭諸国軍司令将軍となったと思われる。まず毛野臣《けなのおみ》を朝鮮半島南部に遣わし、朝鮮半島の支配者が倭国から物部麁鹿火に代わったことを告げさせようとした。しかし倭国王が派遣していた任那日本府（倭国府？）の官吏は毛野臣が任那日本府に入ることを拒否した。毛野臣は役目を果たすことができずに帰国する途中で死去する。物部麁鹿火の朝鮮半島戦略は早々に失敗に終わる。その後欽明朝は百済の力を借りて朝鮮半島を支配しようとする。「任那復興」である（後述）。

◉大和王権の九州遷都

二七代安閑天皇（五二八年〜五三五記崩年）は、磐井の乱の後に継体天皇が崩じたので継体の長子として即位した（継体の記崩年五二七年）。前述のように麁鹿火は任那奪回に失敗したが、九州の筑紫君磐井の所領を着々収奪して大和王権の屯倉とした。

安閑紀五三五年

「筑紫の穂波屯倉・鎌屯倉、豊国の膜碕屯倉・桑原屯倉・肝等屯倉・大抜屯倉・我鹿屯倉、火国の春日部屯倉［…］（以下播磨・備後・阿波・紀・丹波・近江・尾張・上毛野・駿河の各国内に一〜二の屯倉列記）を設けた」

九州では豊国が主である。豊国は応神天皇の本拠だったから（後述）こだわりがあったかもしれない。磐井の本拠地と思われる肥前・筑後は主として倭国王家自身、あるいは九州物部氏・蘇我氏が収奪を進めたのだろう。いっぽう、安閑紀の新設屯倉が九州のみならず列島各地に及んでいることは、筑紫君所領が列島各地にあった可能性を示すが、筑紫君の同族（大彦を祖とする越国造など七族、孝元紀）に屯倉を差し出させたのかもしれない。

さらに、安閑天皇は九州年号とは別の年号を建てたようだ[5]。この年、前述した「日本天皇一族崩薨」の事件があり、翌年を「治天下元年」とした。いずれも物部麁鹿火が「大和王権」を押し立てて倭国に並ぼうと剛腕を奮ったようだ。

安閑天皇はこのころ遷都している。

安閑紀五三四年
「大倭国の勾金橋《まがりのかなはし》に遷都す、因りて宮号と為す」

「大倭国」は雄略紀にあるように九州倭国の自称国名である。勾金橋は豊前勾金（現福岡県田川郡香春町勾金）か。その根拠は安閑紀に「豊国に最多の屯倉を得た」とある（安閑紀）。勾金のある香春町には「河内王の墓」があり、宮内庁管理、安閑天皇陵との伝承もあるというが、円墳だからこれは誤伝だろう。

「大和王権が九州倭国に遷都」と記している。事実なら重大事績だが、従来説でも九州王朝説でも体系的に検証されてこなかった。ここを見過ごすと、その後の状況がまるでわからなくなる。そこでまず、この遷都が少なくも九州である根拠を次節以下で検証する。

◉安閑天皇の二妃の屯倉は後に蘇我氏の本拠

安閑天皇は遷都すると大和の皇后（仁賢天皇の女《むすめ》）とは別に三妃を立てたという。三妃とは許勢男《こせのお》人《ひと》大臣（肥前の豪族か[6]）の女紗手媛《さてひめ》、その妹香香有媛《かかりひめ》、物部木蓮子《いたび》（河内物部氏系か）大連の女宅媛《やかひめ》らで、それぞれに屯倉を与えた、という。

安閑紀五三四年
「大伴大連金村、奏して［…］小墾田《おはりだ》屯倉と国毎の田部とを以て紗手媛に、桜井屯倉と国毎の山部とを以て香香有媛に、難波屯倉と郡毎のくわよぼろ（田部？）を宅媛に給う」

ここで、二妃の小墾田・桜井の比定地を検討する（難波屯倉については後述）。紗手媛に与えられた小墾田は次の史料から「向原《むくはら》」に近い。

欽明紀五五二年
「百済聖明王［…］釈迦仏金銅像一軀を献ず［…］（天皇）（蘇我）稲目宿禰に試みに礼拝せしむ。大臣跪いて受け、悦んで小墾田家に安置す［…］向原の家を寺と為す」

五五二年頃、小墾田・向原・向原寺は近くにありともに蘇我稲目の本拠地になっている。

いっぽう、以下の史料から、香香有媛に与えられた桜井は後の崇峻《すしゅん》紀にある桜井寺の地と考えられ、桜井寺は別名向原寺・豊浦寺といわれ、向原にあった蘇我馬子の本拠に近いとわかる。

崇峻紀五九〇年
「(蘇我馬子が遣わした)学問尼善信等、百済より還る、桜井寺に住む」

元興寺縁起
「牟久原《むくはら》殿を[…]桜井道場に作る」

大和志(江戸時代)
「桜井寺は別名向原寺・豊浦寺である」

桜井・向原・豊浦は同じ地域内と考えられる。「蘇我蝦夷《そがのえみし》が豊浦大臣《とゆらのおおおみ》と呼ばれた」(斉明紀)と合わせ考えると、これらの地名は蘇我氏の本拠となっている。

◉蘇我氏本拠は肥前

では、蘇我氏の本拠はどこにあったか。以下の文献からそれがわかる。

崇峻紀五九一年

「紀の男麻呂宿禰、巨勢の巨比良夫［…］葛城烏奈良臣《かつらぎのおならのおみ》を大将軍とし、二万余の軍を領《ひき》いて筑紫に出て居す」

崇峻紀五九二年

「（蘇我）馬子［…］天皇（崇峻）を弑《しい》す［…］駅馬《はゆま》を筑紫の将軍に遣わし内乱により外事を怠るなかれ、という」

後述するように、これらの事件は上宮王（倭国王家中枢の王族）の独立を支援する蘇我馬子の軍事行動である。まず五九二年条から、「蘇我馬子の本拠は筑紫以外の九州」と考えられる。その根拠は「馬子が崇峻天皇を殺し（後述）、筑紫に居す将軍に陸路駅馬を派遣できる地域は筑紫以外の九州内」だからである（五九二年条）。五九一年条から、その地域とは「紀」「巨勢」「葛城」の地名のあるところだろう。九州でこれらの地名を持つ候補は肥前基肄郡基肄《きい》・肥前佐嘉郡巨勢・肥前三根郡葛木である（いずれも明治期肥前地名）。

以上から、崇峻天皇と蘇我馬子の本拠が肥前とわかる。

◉安閑天皇の勾金橋宮は九州

引き続き、二妃の屯倉を比定する。

馬子の本拠が肥前だから、桜井寺も肥前であろう（五九〇年条）。また、馬子の本拠が肥前なら、父蘇我稲目の本拠地、小墾田・向原・向原寺も肥前であろう（五五二年条）。また、馬子の子蘇我蝦夷は豊浦大臣とも呼ばれ(斉明紀)、豊浦を本拠にしている。蘇我蝦夷の本拠も肥前であろう。これらの解釈は「桜井寺は向原寺、豊浦寺とよばれた」(大和志)の記述と整合する。

向原が肥前であるから、向原の比定地候補は肥前養父郡山浦村向原(明治時代地名)、現在の佐賀県鳥栖市向原川《むこうばるがわ》近くであろう。それに近い小墾田・桜井も肥前養父郡である(五五二年条)。

以上検証したように、小墾田・桜井・向原・豊浦は肥前である。これらの地は筑紫君磐井の領地だったが安閑/物部麁鹿火が収奪したのであろう。物部麁鹿火の没後は物部守屋領、守屋滅亡後は蘇我氏の本拠となったと思われる。蘇我氏宗家の滅亡(「乙巳の変」第八章)後、蘇我系の大和天皇孝徳が桜井寺・元興寺を大和に移したのであろう、大和の寺として栄えている。

以上、安閑天皇の二妃に与えられた屯倉の地名は、後世蘇我氏の本拠となった九州肥前の地名に一致する。

◉豊国の難波

安閑天皇のもう一人の妃宅媛の難波屯倉はどこであろうか。「筑紫の難波(博多湾近く)」は倭国の中心であるから、安閑/麁鹿火の収奪の対象とは考えにくい。安閑領となった別の難波の記述がある。

安閑紀二年条五三五年
「大連に勅して云う、難波の大隅嶋と媛嶋《ひめしま》の松原に牛を放ち、名を後に残す」

媛嶋を安閑天皇の屯倉の最も多い豊国に探すと大分県に姫島があり、比売語曾社《ひめごそ》で有名である。媛嶋は「豊国の媛嶋」の可能性がある。いっぽう、難波の大隅を探すと、次の史料がある。

応神紀二二年条
「天皇難波に御幸し、大隅宮に居られた」

従来、大和説ではこの難波を摂津難波、九州王朝説では筑紫難波としてきた。しかし、応神天皇は日本貴国王として新羅征戦に注力し、大和には行っていない、と前述した（第四章）。また、日本貴国が倭国の中心地である筑紫難波に遷居することは考えられない。さらに応神記によれば、

応神記
「天之日矛《あめのひぼこ》［…］妻のがれて［…］難波に留まりぬ、こは難波の比売碁曾社《ひめごそ》にいます阿加流比売《あかるひめ》神なり」

「難波の比売碁曾社」とあり、前述の「豊国の媛嶋の比売語曾社」と併せ読むと、「豊国の難波の媛嶋の比売碁曾社」となる。この難波を前述の応神紀まで適用すると、「難波の大隅」は「豊国の難波の大隅」となる。

ここまでの論証だけでは十分でないが、勾金橋宮が豊国である可能性、安閑妃の他の妃の屯倉が肥

前である可能性から、同一記事の中の難波は、「豊国の難波」の可能性が高い（第七章「三つの難波」参照）。すなわち安閑紀二年条は「豊国の難波の大隅と、同じ難波の比売語曾社のある媛嶋」である。宅媛に与えられた難波屯倉も豊国にあったと考えられる。[7]「安閑天皇の勾金橋宮は少なくとも九州」が再度確認できた。

応神天皇は肥前にあった日本貴国の本拠地を豊国の大隅に移していることになる。応神天皇は貴国から武内宿禰を追い出している（応神紀九年）。豊国の難波は武内宿禰（大彦の一族）の領地だったのかもしれない。その地は後に日本貴国と関係ある筑紫君磐井（大彦の末裔）のものとなり、それを応神五世継体天皇の子、安閑天皇が手に入れた。そこで安閑天皇はかっての祖先の地を再び手に入れた記念に、「名を残そう」と思って前掲の安閑紀になったと考える。安閑天皇は豊国が気に入っている。それが遷都の一因となったと思われる。

◉遷都の実態

前節でみたように、安閑天皇の妃の屯倉小墾田・桜井は九州肥前、難波屯倉は豊国である。従って、安閑天皇の遷都の地は九州である。これらの地は筑紫君磐井の所領だったものを、物部麁鹿火・大伴金村が奪って安閑天皇の屯倉とし、そこに居住する筑紫君系豪族許勢《こせ》を大臣に取り立てるいっぽう、女《むすめ》を差し出させたのであろう。難波屯倉も同じく安閑天皇の豊国屯倉群の一つと考えられる。その後、大伴金村の失脚・物部麁鹿火の死後、それらの地は恐らく物部守屋領を経て蘇我氏の本拠地になってゆく。いずれも倭国の体制内の変化であろう。

遷都といっても、大和天皇が常時九州にいたかどうか疑わしい。初期は任那回復軍指令本部としての「仮宮」が次第に「宮」となり「遷都」となったのであろう。後年の欽明天皇はしばしば、また敏達天皇は後半はほとんど九州にいたようだ。通期では大和の都に対して九州の宗主国内に置いた別宮、すなわち江戸時代の大名が江戸に置いた上屋敷のような「副都」とする解釈が妥当であろう。この頃の大和王権の屯倉設置の広がりが、豊国を中心とした九州地域集中だけでなく、大和を中心とした列島広域にも見られるからである（安閑紀五三五年条など）。

九州では麁鹿火が筑紫君磐井の所領の収奪をさらに進めたようだ。

宣化紀五三六年

「天皇は那津に官家を修造した」

二八代宣化天皇（五三六年～五三九年）は継体天皇の第二子とされ、河内・大和を出ることのない天皇だったようだ。天皇の代理として麁鹿火は、継体天皇から「いちいち報告しなくともよい、西の日本を制せよ」と言われた通り、大和王権に繰り入れた磐井領を専らにし、麁鹿火自身も九州で相当の筑紫君所領を得たことは想像に難くない。後の物部尾輿《もののべのおこし》（物部氏一三世当主）から、土地や女を安閑天皇に差し出させている（安閑紀元年条）。河内支族と思われる麁鹿火が九州物部氏の中で主流に近い力を蓄えていたことがわかる。麁鹿火は九州で那津の官家（博多）を整備している。これはほとんど倭国大臣としての仕事ではないか。これを最後にまもなく没している（五三六年）。

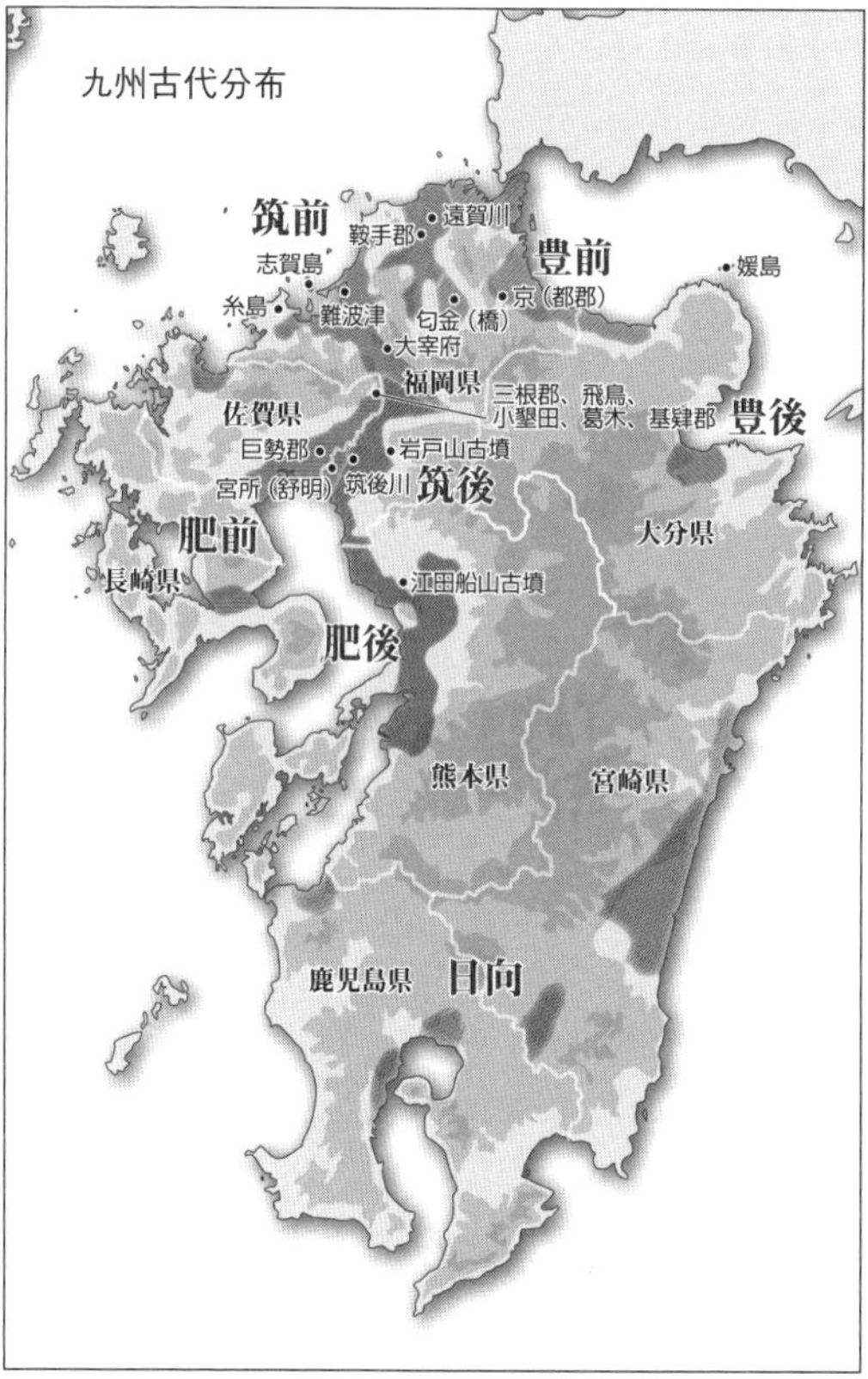

佃収によれば、物部麁鹿火（〜五三六年）の墓は福岡県嘉穂郡桂川（遠賀川支流）の桂川王塚古墳が有力で、九州では少ない前方後円墳が「六世紀中頃に［…］突如として出現した」という。大和王権の屯倉の多い豊国でなく、倭国中枢の筑前に墓があることから、晩年は大和王権の大臣としてよりも、倭国大臣としての活動が主だったようだ。しかし、熊本江田船山古墳（雄略天皇の将軍墓）、筑紫君磐井（その祖は越前大彦）の墓も前方後円墳だったことを合わせ考えると、大和・近畿と何らかの繋がりを持っている被葬者の墓は前方後円墳とする伝統があったのかもしれない。そうであれば、物部麁鹿火の心情は、あくまで大和王権の大臣だったことを物語っている。

◉欽明天皇

二九代欽明天皇（五三九年〜五七一年）は継体天皇の嫡子、大臣は大伴金村大連・物部尾輿大連・蘇我稲

目宿禰大臣とされる（欽明紀任命記事）。欽明紀は複雑である。

一、欽明天皇は大和の継体天皇の嫡子として大和磯城島金刺宮《しきしまのかなさしのみや》で即位したという。その後、難波《なにわの》祝津宮《はふりつのみや》（九州）に御幸している。九州所領が着々と増え、活動の比重が高まったから仮宮をつくり御幸したのだろう。この大和と九州の二面性が史家を惑わせてきた。

二、倭国は半島経略を放棄した（「兵有りと雖も征戦なし」隋書）、というより歴史の流れを見て役割を大和に押し付けた。倭国に代わって半島経略に注力したのは大和王権、すなわち継体、物部麁鹿火～欽明天皇である。欽明天皇の登場する舞台は九州が多い。

三、欽明朝の主要大臣は大伴金村大連（河内、後に博多）・物部尾輿大連（没した麁鹿火の代わり、筑紫鞍手郡）・蘇我稲目宿禰大臣（本拠は肥前小墾田）とされる。大伴金村は欽明が筑紫に遷った直後に任那問題で失脚している。欽明紀の大半は任那復興活動であるが、効果はなかったようだ。後半の記述は「排仏派と崇仏派の論争」が主であり、後述するように倭国朝廷内の論争である。

四、「物部尾輿は倭国朝廷の大連」を示唆する記述がある。安閑紀のある盗難事件譚に、大臣任命記事がないのに物部尾輿が大連として登場する（安閑紀元年五三四年、尾輿の初出）。すなわち物部尾輿は、大和朝廷大連として登場する前に別の朝廷の大連、すなわち倭国朝廷の大連であったと解される。

五、倭国朝廷の大臣尾輿が宣化・欽明朝廷の大臣に任命では格下げを意味する。尾輿の活躍からは考えにくく、兼務ではないか。それよりは別の解釈「欽明天皇は尾輿大臣のいる倭国朝廷に参画した」とする方が整合性が高い。すなわち「宗主国である倭国朝廷には必要に応じて倭諸国の王または将軍が参画した」という常識的な理解である。欽明天皇（大王）の九州滞在を考慮すると、欽明天皇は自分の九州仮宮で自分（大王）の朝廷（遠征軍の政事体制）を持ついっぽう、必要に応じて倭国（天王）朝廷に参画した可能性が高い。「倭国は宗主国、大和は倭諸国の筆頭、欽明天皇は百済任那問題を任された倭諸国軍の代表、という立場」と解される。

欽明朝は磐井の乱後、大和が九州に拠点と所領を得て拡大する好機を持ったが、大和以来の大臣がいなくなり、「九州に比重を高めた結果、倭国に取り込まれてしまう危うさ」を持っていた（第七章参照）。

◉仏教伝来――三種類の伝来

欽明紀〜敏達紀には仏教論争譚が多い。これを正しく理解することは、倭国と大和の関係を理解するうえで極めて重要である。従来、仏教伝来の年次については三候補あり、どれが真かで議論されてきた。

一、定説では欽明紀五五二年に「百済王からの仏像・経典などの贈り物に欽明天皇が『これほどの妙法は聞いたことがない』と歓喜踊躍した」とあるのが仏教公伝とされている。「公伝」とするのは「それ以前にも私的な導入はあったかもしれない」と、別説に対抗する予防線を張っている。

二、別説とは「元興寺縁起五三八年条に『仏法創めて渡る』とある」とするものだが、後世の加筆などあるようで、信頼性で疑問があるとされている。

三、さらに、「九州年号に『僧聴』（五三六年〜）があるから五三六年以前だ」とする説があるが、九州年号それ自身の後世偽作説があるなど議論が多い。

これら議論に対し、筆者は、三候補ともある意味で正しいが、内容と当事者が異なると解釈する。

一、仏教初伝は九州年号「僧聴」（五三六年〜五四九年）以前と考えられる。九州年号は倭国の年号で、倭国は南朝に朝貢してきた。従って、この仏教は南朝仏教であろう。

二、倭国に北朝仏教が初伝したのは五三八年である。

元興寺伽藍縁起並びに流記資材帳
「大倭国仏法、創《はじ》めて［…］（宣化）天皇の御世、蘇我大臣稲目宿禰仕え奉るとき、治天下七年歳次干戊午（五三八年）十二月より度《わた》り来る、百済国聖明王の時、太子像並びに灌仏の器一具及び説仏起書一巻篋《はこ》を渡し」

百済は四七二年以来北魏に朝貢しているから、その仏教は北朝仏教と考えられる。百済王が献上した仏像の贈り先「大倭国」は倭国自称名である。倭国にはすでに仏法が伝わっているから、正しくは「北朝仏法初伝」であるが、創めて本当の仏法（北朝仏教）が渡ったという元興寺の立場の表現であろう。「（宣化）天皇の御世」とあるのは年次を表すだけで、内容は倭国朝廷の話である。蘇我稲目は倭国朝廷の大臣である。その根拠は、次項で解るように、この時点では大和朝廷は仏法に関心を持ってはいない。宣化天皇はほとんど九州には来ず、物部麁鹿火後継者が代理として百済と交渉にあたり、百済王の贈り物を倭国王に仲介したのだろう。

倭国王は南朝仏教は知っていたが、新興北朝仏教には慎重だったようだ。続く記述を要約すると、

元興寺伽藍縁起並びに流記資材帳
「天皇が群臣に諮ったところ余臣等神道派が反対し、独り蘇我稲目が勧めたので、天皇は試みとして稲目にだけ崇仏を許した。その後、排仏派物部氏らと崇仏派蘇我氏の論争が続く。稲目大臣が死去（五七〇年）すると余臣等は天皇の許しを得て堂舎を焼き、仏像・経教を難波江（筑前）に流した」

と続く。それを再興したのが元興寺だという。倭国内には南朝仏教派（衰退）・神道派（物部氏ら、勢力挽回）・蘇我稲目ら北朝仏教導入派（新興）があったと考えられる。

五三八年の時点で物部麁鹿火が百済仏教の仲介はしても、大和はまだ仏教に無関心だったよう

だ。いっぽう五七〇年（仏像を難波江に流す）時点では、次項のように大和は北朝仏教伝来・受入れ後だから、排仏派ではない。排仏を許したのは南朝仏教の倭国王である。従って、ここの「天皇」は倭国王のことである。資材帳の「天皇」は日本書紀に整合するよう書き換えたものだろう。

三、大和朝廷に仏教（北朝仏教）が公伝したのは五五二年である。

欽明紀五五二年

「百済聖明王［…］釈迦仏金銅像一軀、幡蓋若干・経論若干巻を献ずる［…］天皇聞きおわり、歓喜踊躍す、使者に詔して云う、朕は昔より、未だ曾って是の如き微妙の法を聞くを得ず［…］然れども朕自ら決めず、すなわち群臣に歴問して曰く［…］蘇我大臣稲目宿禰奏して曰く、（以下崇仏論）［…］物部大連尾輿、中臣連鎌子、同じく奏して曰く、（以下排仏論）［…］天皇曰く、宜しく情願人稲目宿禰に付けて試しに礼拝せしむ」

敏達紀五八五年

「［…］この後国に疫気流行し［…］物部大連尾輿・中臣連鎌子、奏して曰く［…］天皇曰く、奏する通りにせよと［…］仏像を難波の堀江に流棄し、伽藍に火をかけた」

欽明天皇は任那再興を指揮するためしばしば九州に来た（例えば「難波祝津宮［九州筑前］に幸す」欽明紀五四〇年）。百済王の献上品（五五二年）は五三八年と違って欽明天皇宛であろう。

欽明天皇は「歓喜踊躍」した。欽明天皇は仏教を大和に持ち帰っている。それが大和の仏教初伝と伝えられている。前掲文の前半「大和への仏教公伝は五五二年」は史実と考えられる。

四、欽明紀五五二年の後半「天皇が蘇我稲目に限って崇仏を許す」(伽藍縁起では五三八年頃)、敏達紀五八五年の「天皇は物部尾輿等の排仏上奏を許す」(伽藍縁起では五七〇年頃)は前々項の伽藍縁起と同じで、倭国朝廷の事件である。「倭国朝廷内の蘇我氏(北朝仏教)・物部氏(神道)の主導権争いとその上にたつ倭国王(南朝仏教)の三つ巴の論争」と理解すると納得がいく。倭国王は南朝仏教派であって北朝仏教に「歓喜踊躍」するはずがない。後年(五九〇年頃)の多利思《たりし》北孤《ほこ》や上宮王《じょうぐうおう》ですら、南朝仏教を支持し続けている(上宮王は後に北朝仏教に転向、第八章)。倭国は結局北朝仏教を受け入れなかったようだ。敏達紀の「天皇が蘇我稲目に限って崇仏を許す」「天皇は物部尾輿等の排仏上奏を許す」の「天皇」は「倭国王」と考えられる。このことが「蘇我稲目大臣、物部尾輿もまた倭国朝廷大臣」の傍証ともなっている。

五、では、なぜ日本書紀は「倭国朝廷の仏教論争」を大和朝廷の論争のごとく記述しているのか。それは記述の目的が仏教論争ではなく、物部氏・蘇我氏の争いだからだ。この観点では倭国王と大和天皇は共通の立場だ。「物部氏の専横を阻止すべく蘇我氏を引き立てる倭国王」と、「倭国朝廷に参画した結果、河内物部氏(麁鹿火系)を九州物部氏(本流)に取り込まれて、対抗上蘇我氏に近づく大和天皇」の立場が近いため、倭国王と大和天皇が共闘している。「倭国朝廷群臣の物部守屋討伐に敏達の皇子達が参加」が具体例だ。さらにこれを伏線として「敏達・推古・孝徳王権を担ぐ蘇我氏の隆盛」(第七章)へと続く。そこで倭国史料を一部流用して日本書紀に載せているようだ。捏造でも盗作でもない。ただ、「天王（倭国王）」と「天皇（または大王、大和）」を両方「天皇」と表記している。

日本書紀は「倭国不記載」を原則としている、と述べた。それにもかかわらずここだけ「天王（倭国王）」の言動が「天皇」として描かれている、とするのはご都合主義の解釈、と非難されそうだ。しかし、遠かった倭国朝廷と大和朝廷がこの時代にあまりに接近したため同一立場の問題に限って「倭国王」を「天皇」と表記して「倭国不記載」に目をつぶった日本書紀の苦肉の編集と思われ、これは安閑紀〜敏達紀で特に頻出する。これについては次章で詳述する。「倭国不記載」は必然的に「九州物部氏不記載」を伴う。なぜ例外的に物部尾輿〜物部守屋が記載されているか、は同じ理由と考えられる。

◉任那倭国府

欽明紀（五三六年〜五七一年）は継体紀に続いて「任那関連記事」で埋め尽くされている。日本書紀には「任那」が一七一回現れるが、その内欽明紀は一三二回に及び、「日本府」三五回のうち三四回が欽明紀だ。欽明紀というよりは「任那日本府交渉史」だ。この「任那」「日本府」の二語は明治政府の朝鮮併合政略に利用された。朝鮮史書にほとんど現れず、「日本書紀の捏造」説が朝鮮側に根強くある。外交問題もからんで現在でも言及することすらタブー視されている。

以下では新しい歴史解釈に従ってこの問題をまとめた。まず、「任那」についての歴史的背景を整理し、任那日本府に先立って存在したはずの「任那倭国府（?）」について推測し、次節で「任那日本府」について述べる。

一、四〇〇年。広開土王碑文四〇〇年条に「任那加羅」とある（第四章「広開土王碑」参照）。「任那」の現存史料での初出だ。「任那」は半島でも古く使われた地名だ。どちらかというと古名、他称（当地では早くに使われなくなった）、縮小（該当域が限定されてきた）の傾向があるという[8]。

二、四〇二年、倭国と大和が新羅を降し、新羅に倭国官家が置かれてその貢物を大和が得た（神功紀）。これを管理する何らかの拠点「倭国府（?）」が半島にあった可能性は高い。

三、四五一年、宋書で倭王濟は「新羅・任那・加羅を含む六国諸軍事」の称号を得ている。「任那」の地名は中国も認めた地名で倭国／日本の造作ではない。

四、四六四年、任那に日本府があったことが次の記述にある。「任那日本府」の初出だ。

雄略紀四六四年

「新羅王は高麗軍に囲まれた事を知り、任那王に使いを出し、日本府の将軍等に救いを請うて欲しいと頼んだ［…］任那王、勧膳臣《かしわでのおみ》斑鳩《いかるが》、吉備臣《きびのおみ》小梨《こなし》、難波吉士《なんばのきし》赤目子《あかめこ》らを往かせ新羅を救う」

五、任那日本府がある、ということから「任那倭国府」があった可能性が高い。その根拠は倭国王は「任那諸軍事」「開府権」を中国に認められていたからだ。また「日本府」が再出するのは八〇年後の欽明紀五四一年だから、日本府は倭国府の一部でしかも常設ではなかった可能性もある。日本に「開府権」はない。日本書紀は「倭国不記載」の原則から「日本府」としているが、そのことが逆に「倭国府」の存在を証明している、と解釈すべきである。さらに倭国府を前提に日本府を位置づけすれば、倭国と日本の関係が対立的でなく、倭国主体に日本が協力する関係だったことがわかる。

六、雄略紀四六四年では「任那王」が別にいるから倭国府／日本府は任那を支配したのでない。軍事顧問団ないし倭国領地／日本領地の守備駐留軍程度だったようだ。「諸軍事」とは「軍事権」であって「倭国が実質的にこれらの地域（新羅・任那・加羅）を支配」したことを意味しない。

七、この「任那王」は倭人ではないと思われる。韓人の任那王がいたことを示す金石文がある。「鳳林寺真鏡大師宝月凌空塔碑文」（九二四年）に「大師は俗姓新金氏、その先（先祖）は任那王族」と記されている。

八、この頃（雄略紀四六四年）が倭国の半島経略の最盛期だ。その根拠は以下に示すように新羅が強勢となって倭国は権益を失ってゆくからだ。その最盛期に於いてすら、倭国は韓人の王が支配する任那に限定的な軍隊を駐留させていた程度、と解釈される。まして「任那日本府」はその傘下でしかない。

九、五一二年、新羅が梁に朝貢して、倭国の形式的な新羅支配も終わった。新羅の「倭国官家領」はなくなり、倭国の軍事拠点は任那に限定された可能性がある。

五二七年、新羅に奪われた南加羅を奪回する目的で倭国／倭諸国連合軍が任那に派遣された（継体紀）その最中に前述の「磐井の乱」が起きた。

継体紀五二九年「加羅王が新羅王の女を娶った」

要するに伽耶・加羅ともに新羅に降り、「任那」は実質的に消滅した。

◉任那日本府

「任那日本府」が日本書紀に再出するのは雄略紀から八〇年後の欽明紀五四一年だ。実はこの時には前述のように「任那」はすでに消滅している。しかし欽明紀には次のようにある。

欽明紀五四一年

「（安羅・加羅・多羅の役人九名列記）［…］等、任那日本府の吉備臣［名字を欠く］と百済に赴き往き、倶《とも》に（日本天皇の）詔書を聴く。百済聖明王は任那の旱岐《かんき》（役職）等に謂う、日本天皇の詔す所は全《もっぱら》任那を復建せよと」

欽明紀五六二年

「新羅が任那官家を打ち滅ぼす［…］忽じて任那と言うが、別けると加羅国・安羅国［…］合わせて十国を言う」

この後、欽明朝は引き続き「任那復興」を継続的に努力するがほとんど効果がなかった。激動する時代の中では時代錯誤で実体のない「任那復興交渉事務所」程度で終わったようだ。その失敗譚に近い任那復興交渉の過程を欽明紀は詳細に記述している。欽明紀は天武紀に次いで最大の頁数を誇るが、この「実績は乏しいが膨大な任那復興努力譚」が大半である。

記述の背景を推測してみると、

一、列島の外交権は卑弥呼以来倭国が握っていた。しかし「磐井の乱」以後、内政多忙で外交から手を引いていた。その後内政を一段落させて再び倭国が外交を代表した。多利思北孤の遣隋使がそれである。その間七〇年間程、代わりに大和が倭諸国の代表として百済・新羅に対応した。任那復興活動である。大和にとってほとんど唯一の自主外交実績で、喧伝したい事績であった。欽明紀で「任那日本府」を大書した理由は、倭国が滅亡して日本建国後の遣唐使（七〇二年）が国家としての資格を問われた時、日本は外交を主導した実績があり、倭国に代わって外交の主役となる資格があると主張したであろう。それを裏付けるためと考えられる。

二、日本書紀編者が使える「正格漢文の大和側資料」は限られていた。その一つが「任那倭国府／日本府から大和・近畿王権にも毎年送られた詳細な漢文報告書」だったのではないだろうか。日本書紀編者にとっては体裁を整えるのに使い易かった資料だった可能性がある。

三、日本国は七〇一年建国だが、「日本国は神武天皇が創始した」とする日本書紀編者にとって

「七〇一年以前に国際的に登場する任那日本府」はこれも喧伝したい事績だった。四、白村江《はくすきのえ》の敗戦後、倭国も日本も半島権益を完全に失ったが、将来の権益外交の布石として「日本の半島権益の実績とその潜在的継続」を確認しておく必要があった。

こうして「任那日本府」は過去の「任那倭国府」の歴史を受け継いで、失敗譚ではあるが日本国として対唐・対新羅外交上特筆大書する必要があった、と考える。

第六章注

［1］「国造」……全国に痕跡が見られる古代の制度。律令制が導入される以前の大和王権の職種と言われるが、大和以前に出雲に国造制度があったとされ（出雲風土記）、よくわかっていない。次章で述べるように、倭国には大和に先立って年号・冠位制度・評制度（郡県制）があり、倭諸国が採用した。倭諸国を統括する支配組織だけがなかったとは考え難い。国造も倭国の制度の可能性もあると言われる。隋書俀国伝に「軍尼一百二十人あり。なお、中国の牧宰（地方長官）のごとし」とある。「軍尼はクニ＝国で、国造のことだろう。（石原道博『中国正史日本伝（一）』）ただし、中央からの派遣長官ではなく、地方豪族への叙位に近いのではないか。世襲が普通ともいう。

［2］「官軍」……筑後国風土記　逸文（釈日本紀）に「［…］筑紫君磐井、豪強暴虐にして［…］俄かにして官軍動発おこりて襲わんとするの間に、勢の勝つまじきを知りて［…］終はてぬ」とある

［3］「竹斯」……隋書俀国伝に「大業四年（六〇八年）、文林郎裴清を遣わして俀国に使いす［…］竹斯《ちくし》国に至

り、又東して秦王国に至る［…］又十余国を経て海岸に達す。竹斯国より以東は、皆俀国に附庸す」

［4］「欽明紀」……佃收「物部氏と蘇我氏と上宮王家」（星雲社、二〇〇四年）

［5］「九州年号とは別の年号」……九州年号の「殷到（五三一年～五三五年）・僧聴（五三六年～五四〇年）・明要（五四一年～五五一年）」とは別の「定和（五三一年～五三七年）・常色（五三八年～五四三年）・教知（五四四年～五四八年）」で、一書「和漢年契」のみにある。この時期、倭国の九州年号以外に年号を立てられるのは「治天下」（五三二年～、五三八年～）を唱えた大和王権しかない。ただし、大和天皇の即位年と連動していない。さりとて、麁鹿火の没年（三五六年）とも連動していない。

［6］「巨勢男人」……正しくは「雀部男人大臣」だと子孫が主張している。続日本紀七五一年「雀部《さざきべ》朝臣真人等言う、磐余玉穂宮（継体天皇）・勾金椅宮（安閑天皇）御宇大皇の御世、雀部朝臣男人は大臣となり、供え奉《たてまつ》る、而るに誤りて巨勢男人臣と記す［…］望み請う、巨勢大臣を改めて雀部大臣と為し、名を長き代に流《つた》え、栄えを後胤に示すことを、という、大納言従二位巨勢朝臣［…］その事を証明す」。また、継体紀五二九年に「巨勢男人大臣薨ず」とあり、安閑天皇（五三四年～）に仕えた雀部男人は別人であろう。雀部は肥前の豪族と見られる。

［7］「豊国難波」……「豊前王朝」大芝英雄　二〇〇四年　同時代社。大芝は「筑紫難波も摂津難波も誤認であって、難波はすべて豊前難波」としている。参考になるが無理が多い。「豊国難波」の存在の「可能性が高い」とするのが限度であろう。「豊国難波」から「豊前難波」へのさらなる絞り込みは、妥当な推測ではあるが推測の域を出ない。筆者は「安閑紀二年条」を「安閑天皇の九州遷都」と併せ読むことで「三つの難波が並存した可能性が高い」とする。

［8］「任那」……坂元義種「任那と日本」（上田正昭他『謎の五世紀』所収）を参考にした。

第七章　俀国王多利思北孤と上宮王と大和推古天皇

◉敏達天皇と倭国

欽明天皇を継いだ第三〇代敏達天皇（五七二年〜五八四記崩年）は欽明天皇の第二子、母は宣化天皇の女《むすめ》とされている。皇后の豊御食炊屋媛尊《とよみけかしきひめのみこと》（後の推古天皇）は蘇我稲目の孫である。大臣は物部守屋大連と蘇我馬子大臣である。[1] 継体／𧶛鹿火・欽明天皇に引き続いて百済外交に注力している。その結果、在位のほとんどを九州で過ごし、倭国朝廷と海外問題で連携したようだ。具体的には、海外担当として倭国朝廷に参画したが、その実態は倭国朝廷に取り込まれて大和王権の天皇としての影が薄い。例を示す。

一、物部守屋は敏達朝の大連になったとして敏達紀冒頭に初出する。

敏達紀元年条五七二年

「物部守屋大連を以って大連と為す、故《もと》の如し、蘇我馬子宿禰を以って大臣と為す」

「故《もと》の如し」とは「先帝の任用と同じ」の意味だが、守屋は先の欽明天皇の大臣ではない。日本書紀初出なのに、なぜ「故の如し」とするのであろうか。これは「物部守屋は大和王権の大連になる前から別の王権（倭国）の大連であった」という示唆ではないか。

二、物部守屋大連を討伐する謀議譚がある。

崇峻紀五八七年
「蘇我馬子宿禰大臣、諸皇子と群臣に勧め、物部守屋大連を滅ぼすことを謀る、泊瀬部皇子《はつせべのみこ》、竹田《たけだ》皇子、厩戸《うまやと》皇子、難波《なにわ》皇子、春日《かすが》皇子、蘇我馬子宿禰大臣、（他一一群臣名列挙）〔…〕とともに軍兵を率い」

ここで「物部守屋」は大和王権大連であろうか、倭国大連であろうか。それは登場人物から推測できる。竹田皇子とは敏達・推古の子、すなわち大和王権の皇子である。厩戸皇子は後に倭国から独立する上宮王（倭国王族、後述）の皇子、すなわちこの時点では倭国の皇子である。倭国の皇子を含む諸王権の皇子が加わる朝廷は倭国朝廷と考えられる。「諸皇子と群臣」は「倭国朝廷の諸皇子と群臣」であろう。

大和王権敏達天皇の皇子が倭国朝廷の諸皇子として扱われる状況とは何か？　敏達自身が倭国朝廷

で王族扱いされている可能性を示唆している。倭諸国筆頭の大和大王、麁鹿火以来の倭諸国軍総指令将軍として倭国朝廷に参画し、王族の扱いをうけたという可能性だ。

◉敏達天皇は「倭国王の格下同盟者」

倭国と大和の関係は長年、倭国王の臣下ではなく、格下ではあるが同盟者という序列であるとこれまでの章で述べた。第五章ではそれを「倭国王≧雄略天皇」と表現した。さかのぼってその表現を援用すれば、倭国王≧仲哀天皇、倭国王≧貴国王、倭国王≧仁徳、倭国王≧雄略、倭国王≧継体、のすべてが同様の関係と序列だ（第四～六章）。本章では大和王権の九州遷都後の「倭国王≧敏達」を検討する。

敏達天皇が倭国朝廷に参画すると、「倭国王≧敏達天皇＞倭国大臣」の序列になる。三者の関係のうち、「倭国王＞物部守屋・蘇我馬子」の関係は主従関係だが「敏達天皇＞蘇我馬子」の関係は主従関係ではない。守屋・馬子にとっては倭国王の同盟王に対する敬意と協力で、敏達にとって守屋と馬子は自分の参画する朝廷の大臣である。この解釈は敏達紀と整合する。九州王朝説は「九州倭国の守屋・馬子を大和の敏達天皇の大臣とする敏達紀は捏造だ」とするが、このような複雑な史実を想定せず「大和王権（のみ）の記録」とする誤解から来ている。

◉天王を天皇と表記

さらに混乱する一因は、敏達紀が「倭国王（天王）も大和天皇（大王）も同じ『天皇』と記している」にあると考える（第六章）。記紀は「倭国不記載」を原則としているから、本来は倭国王を記述しない。しかし、物部麁鹿火以降の大和天皇が九州で活躍し、倭国朝廷と近づいた結果、倭国王の記載を避けることができない場面が増した。そこで日本書紀編者は「倭国王（天王）と大和天皇（大王）を同じ『天皇』と表記することによって、記載しながら記載していない形」を狙ったようだ。天王・天皇・大王など王権クラスが複数並存したので「天皇」表記に統一した、と言い訳できる。これによって、倭国王＝大和天皇、という誤読が生じるかもしれないが、そのような虚偽記載はしていないと主張することもできる。雄略紀の「二文同一」も「並記はしたが、同一とは言っていない」と言い訳できる。誤読されるのは承知の上、「敏達紀だから『天皇』とあれば敏達天皇のこと」と思うのは読者の勝手、という立場だ。

このような編集が欽明紀（倭国大臣が登場）・敏達紀（守屋・馬子論争譚）・用明紀《ようめい》（同）・崇峻紀（倭国朝廷群臣による守屋征伐）と続く。建前上の主役は敏達・用明・崇峻だが、舞台は倭国朝廷である。この時期の記紀には大和天皇と倭国王（天皇）の両方の記事が混在している。例えば、立太子記事は欽明紀一五年条（五五四年）と敏達前記五六八年（欽明紀二九年条）に二回記されている。敏達と倭国王の立太子記事の両方が混在しているようだ。

このような表記が無差別に、また日本書紀全般に現れるわけではない。上記のような必要最小限であって、言い訳が用意出来る時に使われるようだ。

敏達紀を総括すると、大和大王《おおきみ》として即位した後、倭国朝廷の大臣物部守屋大連と蘇我馬子大臣が後見役となり「倭諸国筆頭の大和大王」として倭国朝廷に参画したが、大和以来の大臣はいなくなり、大和王権は倭国朝廷に半ば取り込まれたのだと解釈する。

◉倭国と物部氏

物部氏は三〇〇～四〇〇年間、倭国王権に、支族は大和王権に臣従したと考えられる。第三章では「物部氏は高天原でニギハヤヒ・ホアカリ・ニニギなどアマテラス一族に臣従した氏族。何波かの天降りに従って各地に分かれたが、葦原中国の中心筑紫を継いだ九州倭国（ホアカリ系）の外戚となった九州物部氏が物部氏宗家となった」と推測した。主従の関係は力関係ではなく、歴史的に由来する決まり事と考えられていたようだ。九州物部氏から仁徳とともに河内に分かれた物部麁鹿火は、九州に戻って宗家の中でのし上がったが死没。物部麁鹿火の隆盛を引き継いだ物部尾輿が物部氏宗家当主になった。その後、倭国の本拠が遠賀川中流の鞍手に移動したのは、物部氏が外戚として倭国皇子を后妃の里に囲い込み、宮まで提供したからと解釈することができる。「百済肖古王から倭王に贈られた七支刀が物部氏神である石上神社に奉納されている」という史実は、物部系倭国王が王家と物部氏を同一視（公私混同）していたという可能性すら示唆している。但し、これを「物部王権」とすることができないのは、物部守屋討伐譚が示している。臣下が一線を越えると王家・豪族が一致してこれを阻止している。

◉物部守屋討伐事件――倭国王権の復活

物部守屋（筑紫難波）は物部麁鹿火の成果を引き継いで勢力を拡大し、次第に倭国朝廷内で専横したが、倭国王家がこれに反発する。崇峻紀に物部守屋討伐譚がある。

崇峻紀五八七年

「蘇我馬子宿禰大臣、諸皇子と群臣に勧め、物部守屋大連を滅ぼすことを謀る、泊瀬部皇子、竹田皇子、廐戸皇子、難波皇子、春日皇子、蘇我馬子宿禰大臣、(他一一群臣名列挙)[…]ともに軍兵を率い」

この事件によって物部守屋とその子らは殺された。従来、この事件は「物部氏と蘇我氏が大臣として張り合って、蘇我氏が競り勝った」と解釈されている。しかし、物部氏はその後も倭国王家大臣としての地位を保ち、蘇我系大臣が主流となることはなかった。物部氏に代わって実権を持ったのは蘇我氏ではなく、倭国王自身だった。このことは多利思北孤(六〇〇年〜六〇八年)の例からわかる(第八章で詳述)。

倭国は大和の力を借りて磐井の乱を克服し、蘇我氏の力を借りて物部の力を減殺した。倭国王権は復活したようだ。

◉大和王権(九州)のその後——用明・崇峻・推古

敏達天皇の次、用明・崇峻・推古の各天皇は大和王権(九州)とはいえ、倭国大臣の物部氏・蘇我氏の争いに翻弄され、傀儡化され九州化されて、次のように影が薄い。

一、物部氏と蘇我氏は用明天皇即位にも介入して争っている。例えば「蘇我系用明天皇即位後、穴穂部皇子が即位に異を唱え、物部守屋がこれを支持した」（用明紀）。さらに、「物部守屋との対立で蘇我馬子が穴穂部皇子を殺した」（崇峻紀）などがある。すなわち、大和王権（九州）の継承問題に物部麁鹿火（大和王権の大臣）の成果を引き継いだ物部氏が介入している。それでも蘇我氏が用明即位を主導できたのは、敏達の皇后が蘇我系の推古だから、と考えられる。

二、大和王権を傀儡化した蘇我氏は、大和王統との関係が希薄な崇峻天皇を即位させ、その崇峻天皇を弑《しい》して代わりに蘇我系の推古を立てている。敏達天皇の継嗣の押坂彦人大兄皇子を差し置いてである。

三、大和王権（九州）は相当九州化され、蘇我化されて大和の伝統が失われたことは否めない。例えば、用明〜孝徳の御陵は九州風の円墳・方墳で、敏達の前方後円墳と一線を画する（後述）。

四、後述するように、大和王権は推古天皇の時に大和へ帰還遷都するが、それが可能だったことは大和王権（九州）が九州化され蘇我化されたとはいえ、大和の豪族たちが受け入れることができる王権、すなわち大和王権であったことを示している。

◉「法隆寺光背銘の上宮法皇＝多利思北孤」説

ここから九州に創建された新しい王権「上宮王家」について論じる。

法隆寺の釈迦三尊像は、聖徳太子を祀ったものといわれているが、その由来を記録した光背銘には、聖徳太子の事蹟と矛盾する内容があることが論議を呼んでいる。[2]

法隆寺釈迦三尊像光背銘

「法興三一年（六二一年）、鬼前太后《きぜんたいこう》崩ず［…］明年［…］上宮法皇枕病余《よ》からず［…］干食王《かんじき》后仍《より》て以って労疾並床に著く［…］仰いで三宝《さんぼう》に依り、当《まさ》に釈像を造るべし［…］二月二一日［…］王后即世す［…］翌日法皇登遐（二月二二日）す［…］（六二三年）釈迦尊像［…］敬造し竟《おわ》る［…］使司馬鞍首止利仏師造」

この著名な像は、法隆寺の移築再建時（七〇八年移築か）に移入安置されたと考えられるが（第十章参照）、聖徳太子のために作られたものでないことは、以下の違いから確かめられる。

一、没年の違い。光背銘の対象は、法興三二年（六二二年）二月二二日没。聖徳太子は、推古二九年（六二一年）二月五日没（推古紀）。

二、登場人物の位の違い。上宮法皇[3]・鬼前太后（太后＝皇帝の母）・干食王后（王后＝皇帝・天皇・大王の正妻）など。聖徳太子の位は太子で、天皇・大王・法王ではない。第一夫人は橘大郎女《たちばなのおおいらつめ》妃（后でない）。

三、后の没年。上宮法皇没の前日に没した后に対し、聖徳太子の第一夫人の妃橘大郎女は、太子没後に長生きして天寿国繡帳《てんじゅこくしゅうちょう》を作らせた（六二八年）。

四、上宮法皇は登場人物らの位から、天子を自称し「法興」年号の建てたと考えられる。

以上から、光背銘の人物上宮法皇は聖徳太子ではない。（上宮法皇≠聖徳太子）

そこで新たな解釈として「上宮法皇＝多利思北孤」説が出てきた。三二年間にわたって法興元号（九州年号）を維持させた天子が、法興一七年に遣隋使を送った「日出ずる国の天子、多利思北孤」と考えられた。すなわち「上宮法皇＝多利思北孤」説だ（前注［2］）。筆者も長年その解釈を信じてきた。

◉上宮王の独立「上宮法皇≠多利思北孤」

しかし、この期間の九州年号は別にあり（端政・告貴・願転・光元・定居・倭京、五八九年〜六二二年）、上宮法皇は法興年号を別に建てた別の王権、という説が浮上する。そこで佃收の「上宮法皇≠多利思北孤」[4]説を検討する。佃説は「上宮法皇は五九一年に九州年号とは別の法興年号を創始した別王権だ。『上宮王家』とする。肥前飛鳥岡本宮を本拠にして北九州の倭国を割って独立した」とし、その根拠を「法隆寺釈迦三尊像光背銘」（前出）及び次の記録、としている。

崇峻紀五九一年

「紀某・巨勢某・葛城某［…］をして大将軍とし、二万余の軍を領《ひき》いて筑紫に出て居す」

崇峻紀五九二年

「（蘇我）馬子［…］天皇（崇峻）を弑す［…］駅馬《はゆま》を筑紫の将軍に遣わし内乱により外事を怠

るなかれ、という」

推古紀五九五年

「将軍ら筑紫より至る（帰る）」

文中「紀某」は肥前基肄郡基肄《きい》の将軍、「巨勢某」は肥前佐嘉郡巨勢の将軍、「葛城某」は肥前三根郡葛木の将軍と思われ、いずれも肥前である。「筑紫に出て」とあるから肥前から筑紫に出てきている。崇峻紀だから崇峻天皇が軍の支配者と考えられてきたが、崇峻が殺されても二万の軍隊は動いていないから崇峻軍ではない。軍に命令しているのは肥前を本拠とする蘇我馬子だ。「外事」とあるから「任那復興軍」と解釈されてきたが、二万の軍は四年も筑紫に駐留（居す）しているだけで任那に渡っていない。二万の軍を筑紫に送った五九一年は、上宮法皇が九州年号とは別の法興年号を建てた年だ（法隆寺釈迦三尊像光背銘文）。これらから五九一年に上宮王（後の上宮法皇、後述）は蘇我馬子の支援で肥前に新王権を立て、天子を自称し、年号を建て（天子の専権）、二万の軍を動かして筑紫の倭国（福岡県鞍手郡が本拠）に示威をして独立を承認させた、と解釈される。これを「上宮王権・上宮王家」とする。上宮王家は後に肥前小墾田宮大極殿で蘇我入鹿（馬子の子）、蝦夷を討っている（皇極《こう ぎょく》紀六四五年、乙巳の変）。「大極殿」は天子の政庁を意味する。

日本書紀の記録を整理すると、蘇我馬子はいっぽうで肥前の大和王権を支配して崇峻天皇を殺し、蘇我系の血脈の濃い推古を天皇にしている。他方で新王権（上宮王家）を担いで大臣となり、二万の軍を筑紫に差し向けて倭国を牽制した。四年間の駐留で独立を認めさせ、戦うことなく国境を確定した、と解釈できる。以上が佃説だ。
「上宮王家」説は、倭国が中国南朝の冊封体制から離脱して天子の専権である年号（九州年号）を建てたことを契機として、物部氏や蘇我氏が王族達に独立王権を立てさせ、自分たちは外戚として王権を専横した流れをよく捉えている。

◉「委」について——「上宮法皇＝倭国中枢王族」

正倉院御物に「法華義疏《ほっけぎしょ》」の写本があり、聖徳太子筆といわれている。この冒頭に書き込みがある。

法華義疏
「此是大委国上宮王私集非海彼本（これは大委国の上宮王の私集なり、海の彼方の本に非ず）」

これについて、古田武彦は「この書物の内容は南朝系の仏法を記しているから、北朝系の法師に学んだ聖徳太子の筆ではない。『上宮王』は法隆寺釈迦三尊像の光背銘にある『上宮法皇』だろう。上宮法皇は天子を自称している（光背銘）。多利思北孤も天子を自称している（隋書）。上宮法皇は多利思北孤だろう。「委」の字は漢委奴国王印に彫られた国名の字で、江戸時代までその印は土中に埋もれ、それまで倭国王家以外は知らなかった用字、いわば秘字と考えられる。その字を使った『大委の上宮王』は倭国王多利思北孤に違いない（上宮法皇＝多利思北孤）」としている。[5]これを検討する。

一、上宮法皇は九州年号とは違う年号を使っていることから、上宮法皇は倭国王多利思北孤ではないだろう。（上宮法皇≠多利思北孤）
二、法華義疏の「上宮王」は例が少なく普通名詞とは言えないから、古田の指摘通り光背銘にある「上宮法皇」だろう。上宮法皇の年号「法興」は三一年続いている。上宮法皇の若い時が上宮王だろう。（上宮法皇＝上宮王）
三、上宮王は「大委国上宮王」と自認している（法華義疏）。「大委国王」とせずに「大委国上宮王」としているから「大委国王」ではないが、この秘字「委」を知っている大委国中枢の王族だろう（私見）。（上宮王≠倭国王、上宮王＝倭国王族）
四、多利思北孤は国号を「俀」に改号している。「たい」は「大委」に通じるから倭国王多利思北孤は上宮王と同様秘字である「委」の用字を知っていて、「大隋」に対抗して「大委→俀」とした、と考える。（上宮王＝倭国王族、俀国＝大委国）
五、五八七年に倭国王家群臣が物部守屋討伐をしている。これに厩戸皇子（上宮王の皇子、のちの上宮聖徳太子）が参加している（崇峻紀）。これは「上宮王も聖徳太子も倭国王族」であることを示唆している。[6]（上宮王・聖徳太子＝倭国王族）
六、多利思北孤は北朝の隋に対し対等外交をしようとした。南朝に朝貢した倭国を継承している。上宮王も南朝系の仏法に帰依している（法華義疏、多利思北孤も上宮王も南朝指向）
七、しかし、上宮王の太子である聖徳太子は北朝系の法師を師としている。上宮王と太子では仏法の系統が違う（古田説）。ところが、その後、上宮王は北朝仏法を聖徳太子から学んでいる。文中

「勝鬘経《しょうまんぎょう》」は北朝系仏法。

推古紀六〇六年

「天皇、皇太子に請い勝鬘経を講ぜ令む〔…〕皇太子また法華経を岡本宮に於いて講ず、天皇これを大いに喜ぶ、播磨国水田百町を皇太子に施す、よって斑鳩寺に納める」

斑鳩寺と関係がある皇太子とは聖徳太子だ。聖徳太子の天皇は（肥前）岡本宮に居る。従来、「推古紀だから天皇は推古天皇、聖徳太子は推古天皇の皇太子」と考えられてきた。しかし、推古天皇（蘇我系大和王権）は六〇三年に肥前から大和小墾田に遷っている（前述）。六〇六年条の岡本宮にいるのは推古天皇ではなく、斑鳩と関係する皇太子（聖徳太子）の天皇である上宮王だ（天子を自称、ここでは天皇と表記）。肥前岡本宮は六〇六年に聖徳太子の父上宮王の本拠となっている。

日本書紀は天王・天子・大王・天皇を天皇表記に統一している（敏達紀など）。「天皇といえば当該天皇紀の天皇と考えるのは読者の勝手」として、事実上誤読を誘導している。そう知って読めば、日本書紀はここでも虚偽記載（聖徳太子＝推古天皇皇太子）をしているわけではない。

さらにこの記述から、上宮王は南朝仏法から北朝仏法へ移っていることが知れる。

八、法隆寺釈迦三尊像は北魏様式といわれ、祀られる上宮法皇の新たに帰依した北朝仏法と合致する。多利思北孤は南朝仏教に留まったと考えられるから、祀られているのは多利思北孤ではない。

(多利思北孤≠上宮法皇)

九、上宮王が北朝仏法に移ったのは衰微する南朝から興隆する北朝へ軸足を移したのであろう。上宮王は「興隆する北朝と交流すべき」と主張した。しかし、倭国は南朝冊封から離脱こそしたが、北朝へ傾斜しなかった。それを不満として上宮王は倭国から独立して上宮王家を創始して年号を建て(五九一年)、仏法も北朝仏法に帰依した(六〇六年)、と思われる。

結論として、大委の上宮王は多利思北孤ではなく、倭国中枢の王族であろうと解釈できる。

◉上宮王家に従った蘇我氏

蘇我氏はなぜ倭国の大臣位を捨て、上宮王家に従ったのだろうか、検討してみる。

一、蘇我氏の祖は「武内宿禰の三男蘇賀石川宿禰」とされ、中国東北地方の渡来系と考えられている。貴国将軍として九州に残って、物部氏らとともに長年倭国の将軍・大臣として活躍した。

二、物部氏の支族だった河内物部麁鹿火が筑紫君所領を得て九州内で地歩を築き、物部尾輿がそれを受け継いで倭国王家内で頭角を現した。物部尾輿は物部当主一三世になり、以後も子孫は倭国王家に密着して倭国滅亡まで続く。

三、その結果、蘇我氏は倭国朝廷の主流になれなかった。そこで貴国以来近い関係にある大和王権が九州に遷都すると近づいて外戚となり、蘇我系天皇用明を立てて肥前に囲った(五八五年、肥前大和王権)。
四、蘇我氏(蘇我馬子)は倭国大臣として物部守屋討伐を成功させた(崇峻紀五八七年)。その結果物部氏の権勢は減少したが、倭国朝廷の実権は蘇我氏に移らず、倭国王が握った(多利思北孤など)。蘇我馬子は物部氏と対抗したり、倭諸国筆頭の大和王権(肥前)の外戚として倭国朝廷内での勢力拡大を謀ろうとしたが、かならずしも成功していない。
五、そのような状況の中で上宮王が独立した。蘇我氏は倭国王朝での覇権をあきらめ、馳せ参じて中心的な大臣となった(五九一年)。上宮王が格の高い倭国王族だったからだろう。
六、蘇我馬子は上宮王家を重視する。相対的に同じ蘇我系の肥前大和王権は重要でなくなる。蘇我馬子は崇峻天皇を殺して敏達の皇后だった推古天皇を立て、大和に送り込んでいる(次節)。蘇我氏は肥前大和王権を倭国朝廷内での勢力拡大の道具から大和支配の道具に転用して使っている。九州では上宮王家を盛り立てることを優先しているからであろう。

六世紀は中国の混乱に対応して列島も新しい体制を模索した時代だった。その新しい体制「倭国王家復活」、「上宮王家創設」、「大和王権の大和帰還」で七世紀を迎えることになる。

◉九州諸王権の並立

少なくも五九五年当時、年号を建てた王権が九州に三つ並立したことは次のように確認できる。

倭国年号は九州年号「吉貴」(五九四年〜六〇〇年)が該当すると考えられる。次に、襲国偽僭考に

「三年（五九五年）を始哭と為す」とあり、推古三年（肥前豊浦宮）に該当するから、蘇我系大和王権の年号と考えられ、王権存在の証拠とされる。三つ目の年号は五九五年を含む上宮王家の法興年号（五九一年〜六二三年）である。

ちなみに大和王権は例外を除いて年号を立てていない。「〇〇天皇何年」という表現が伝統である。例外は物部麁鹿火関係と前述した蘇我系大和王権であるが、いずれも九州と関係がある時代である。

◉推古天皇「大和小墾田宮」に遷る

上宮王家と並立した大和王権（肥前）はともに蘇我氏が戴いた。敏達崩御のあと、蘇我氏は継嗣押坂彦人大兄皇子（太子）を差し置いて蘇我系の用明・崇峻・推古を大和王権（九州）の天皇に即位させた、と前述した。

推古天皇は五九二年に豊浦《とゆら》宮で即位したが、六〇三年に小墾田《おはりだ》宮に遷《うつ》った。

推古紀六〇三年
「小墾田宮に遷《うつ》る」

豊浦・小墾田の比定地には諸説あり、佃は多くの状況証拠を挙げて「豊浦は肥前三根郡葛木豊浦、小墾田も『向原の近辺』と欽明紀にあるから、肥前三根郡向原（現佐賀県鳥栖市西の向原川近く）」として説得力がある。

欽明紀五五二年

「百済聖明王［…］釈迦仏金銅像一軀、幡蓋若干・経論若干巻を献ずる［…］天皇曰く、宜しく情願人稲目宿禰に付けて試しに礼拝せしむ。悦んで小墾田家に安置す［…］向原の家を寺と為す」

つまり五五二年時点では肥前に小墾田の地があり、蘇我稲目の領地だったといえる。

しかし「小墾田宮」の比定にはその先が必要で、筆者の解釈は、六〇三年には推古天皇は肥前豊浦から大和に遷り、その宮を祖父の肥前小墾田にちなんで「小墾田宮」と名付け、それ以来、小墾田宮は肥前と大和二カ所にある、とする。以下にその根拠を示す。

一、五九一年、倭国王家の王族「上宮王」が倭国王家から独立し、蘇我馬子がこの新王権（肥前）に馳せ参じて倭国朝廷を去った。その結果、肥前に二つの王権を擁立するわけにいかず、大和の蘇我領に「大和小墾田宮」を造り、推古天皇を「敏達を継ぐ大和天皇」として大和に送り込んだと考えられる（六〇三年）。

二、蘇我系大和王権のいなくなった肥前では、上宮王が飛鳥岡本宮に（六〇六年）、上宮王家の皇極天皇が肥前小墾田宮に居る（六四二年）。

推古紀六〇六年

「天皇（上宮王）、皇太子（聖徳太子）に請い勝鬘経を講ぜ令む［…］皇太子また法華経を（肥前飛鳥）岡本宮に於いて講ず、天皇これを大いに喜ぶ、播磨国水田百町を皇太子に施す、よって斑鳩寺に納める」（再掲）

皇極紀六四二年

「（皇極）天皇（肥前）小墾田宮に遷る」

三、後述するように、六〇八年に推古天皇は隋使裴清を摂津難波と大和に迎えている。この時の情報を隋書は「邪靡堆《やまと》［…］すなわち魏志の謂う所の邪馬臺なるものなり」としている。推古が大和に居たことを示す重要な証拠である（「邪靡堆＝大和」論については後述）。

四、大和に小墾田宮があったことを示す記述がある。

孝徳紀六四九年

「（摂津難波宮に居た孝徳）天皇は［…］（讒訴事件で中大兄に追われて九州から逃げて来た）蘇我倉山田麻呂大臣を攻めた。大臣の長子興志は是より先倭《やまと》に在って（山田寺［奈良桜井市］を建造中であったが）［…］是の夜、興志は宮を焼くことを欲す、［宮は小墾田宮と謂う］」

大和にいて孝徳軍の襲撃を受けた蘇我興志が、反撃として近くの「小墾田宮」を焼く、というこの宮は「大和小墾田宮」である。この文からは、孝徳は推古天皇から受け継いだ「大和小墾田宮」にいたが（六二九年～六四五年）、難波遷都（六四五年）の後、六四九年時点では、「大和小墾田宮」を領有はしていたが、そこにはいなかった、と解釈できる。地文でなく注である点は論証として弱いが、この注が「肥前小墾田宮」を指す可能性はない。そこは蘇我倉山田麻呂が負けたばかりの相手の本拠、すなわち六四二年以来中大兄皇子が守る上宮王家の宮だからである。この頃、孝徳天皇と中大兄皇子はすでに王権合体で連携していた（第八章）。

以上から、蘇我系大和王権の小墾田宮は大和小墾田宮であるといえる。「いつ遷ったか」については日本書紀の唯一の記録から「六〇三年、推古天皇は大和小墾田宮に遷った」とするしかない。

◉推古が受け継いだ敏達大和王権

安閑・宣化・欽明・敏達と続いた「大和王権の九州遷都」は任那回復の失敗、筑紫君領収奪の限界などで継続の意味を失った。また、九州は三王権（俀国王権・大和王権・上宮王家）がひしめくには狭すぎたのだろう。大和・近畿の諸豪族は中央諸王権（九州）の争いに翻弄されるのを嫌い、大和王権の権威を回復したかった。九州で弱小となった大和王権は新天地で拡大したかった。それら利害の一致が「大和王権の大和帰還」の背景だろう。

その解釈の根拠は「推古は大和勢力と争うことなく大和に遷っている」ことだ。継体天皇王統である敏達の皇后であり後継者でもある推古を、副都から本都へ帰還した大和王権として受け入れた、と考えられる。推古の天皇位は中継ぎとして、次は敏達の継嗣である押坂彦人大兄皇子へというのが受け入れ側の期待であり条件だったであろう。

しかし、彦人皇子は九州に残ったようで、推古の跡は蘇我系孝徳天皇が継いでいる（後述）。蘇我馬子の外戚戦略が優先している。肥前蘇我氏が大和にもそれだけの勢力を拡大していたと考えられる。

◉倭国の改号、俀国

ここから遣隋使関係について検討する。「日出ずる処の天子、日没する処の天子に書を致す、恙無きや云々」という対等外交の顛末である。

六世紀、混乱を極めた中国は隋（五八一年〜）によって統一された。倭国は南朝（宋・斉・梁・陳）に朝貢してきたが、南朝が滅んで二〇年もたってからようやく北朝系の隋に遣使した（六〇〇年）。この前後に、倭国は「俀《たい》国」と国号を改めたようだ。その記事が隋書列伝俀国条（以下隋書俀国伝と表記する）にある。

隋書俀国伝

「俀国は百済新羅の東南に在り、水陸三千里、大海の中、山島に依りて居す、魏時訳を中国に通ず三十余国、皆王を自称す［…］其の国境東西五月行、南北三月行各海に至る［…］邪靡堆に都す、すなわち魏志の謂う所の邪馬臺なるものなり。古にいう、楽浪郡より［…］一万二千里、会稽の東にあり［…］安帝の時又遣使朝貢す、之を俀奴国という［…］魏より斉・梁に至り、代々中国と相通ず」

「俀国は、昔の俀奴国、魏や梁に遣使した国」としている。魏に遣使したのは「倭国」の卑弥呼、梁に遣使したのは「倭国」の武であるから、「俀国」とは「倭国」からの国号変更があったと解釈される。また、過去の別名の国「倭奴国」まで「俀奴国」に変えているから、単なる国字の変更とも考えられる。七年後に再び倭国に戻っていることも、その傍証となる（後述）。

◉俀王阿毎多利思北孤、和名で通す

隋書俀国条には和語の漢字表示が多用されている。

隋書俀国伝
「開皇二〇年（六〇〇年）、俀王、姓は阿毎《あま》（あめ?）、字は多利思北孤《たりしほこ》（たらしひこ?）、阿我輩雞弥（おおきみ?）と号し、使いを遣わして（朝貢となっていない）［…］妻は雞弥《きみ》と号し［…］太子を名づけて利歌弥多弗利となす」

宋時代には倭の五王の姓名は倭讃・倭武のように漢風の一字姓、一字名だった。しかし、俀王は和名を用いている。これを「姓が変わったのは王統が変わったからだ。倭の五王の倭王家は滅びた。磐井倭王家は滅びた」とする解釈がある。しかし筆者は王統は変わっていないと考える。南朝には敬意を表して漢風名を用いたが、新参の北朝に対してそれは媚になる。自分には堂々たる和名があるとして、和名「アメノ□□□タラシヒコ」で通した、と解釈するのが自然だ。「日出ずる国の天子」（後述）と外交姿勢で一致している。逆の例では、百済の武寧王諱名斯摩王は、中国に朝貢する際は中国風一字姓の「余」一字名「隆」を使っている（梁書百済伝五二一年）。

前章でのべたように、倭国王家では物部氏の外戚戦略で主流・傍流の交代はあったかもしれないが、倭国王家（アマテラス系）自体は継続している。

◉「俀」の前の国名は「倭」

この和名重視の多利思北孤が国名を「俀《たい》」としたことは、この国名も和名「たい」の表音当て字であったことを示唆している。海外が列島を漢語名として「倭」と記述し「わ」、または「ゐ」「い」と呼んだこと、また列島も対外的に漢語自称名「倭」を使ったことは宋書の王名倭讃などから疑問の余地がない。しかし、漢語国名「倭」を和名でなんと呼んでいたかはわかっていなかった。従ってこの和名「俀」は、その元の和名が「わ」ではなくもちろん「やまと」でもなく、「ゐ」または「い」であったことを示唆していて貴重である。なぜなら、漢語名「倭」→「大倭」→「俀」の変化に平行して、和名も「ゐ」→「たいゐ」→「たいい」→「たい」と変化したと考えられるからだ。別の表現をすれば、和語国名「ゐ」の表音当て字が「倭（ゐ）」である。もちろん「倭」には「倭我伊能致《わがいのち》」（雄略紀一二年条）のように「わ」の読み方もある。一方、「倭《やまと》」は表意当て字で、恐らく古事記（天武）以降であろう（第十章で検証する）。

◉俀は内政重視で大国に

隋書は続いて、俀国について詳細に記述している。訪倭した隋使の報告書に基づいたようだ。中国からの国使は卑弥呼の時代の魏使以来である。

隋書俀国伝
「城郭無し、内官一二等あり［…］軍尼《くに》一二〇有り、中国の牧宰のごとし［…］冠制を始む［…］兵有りと雖も征戦なし［…］五弦の楽有り［…］仏法を敬い［…］阿蘇山あり［…］新羅・百済は皆俀を以って大国となし、珍物多く、並《みな》敬仰し」

「城郭無し」とは、朝鮮と違って城の伝統がなかったのかも知れないが磐井の乱を克服して敵対する勢力がないことを示している。官僚制度「内官一二等」や牧宰（中国の地方国の長官）に似た地方行政制度「軍尼《くに》（国造？）」を整備したようだ。「兵有りと雖も征戦無し」とは、「倭王武の上表文（前出）のような征戦の連続」と大いに異なり、半島の拠点を失ったが、国内征戦もなかった（終わった？）ことを示している。いっぽうで、文化に力を注ぎ仏教を敬い、隣国から大国と看做されている、とある。俀国は内政を充実させ、文化を興隆させることによって、倭諸国の求心力を回復したようだ。

◉対等外交

倭国は外交でも積極策に出た、と隋書にある。

隋書倭国伝

「大業三年（六〇七年）、其王多利思比孤、使いを遣わして朝貢す。使者曰く、『聞く、海西の菩薩天子重ねて仏法を興すと、故に遣わして朝拝し、兼《あわ》せて沙門数十人来り佛法を学ぶ』と。その国書に曰く、『日出ずる処の天子、日没する処の天子に書を致す、恙無きや云々』帝は覧て悦ばず［…］『蛮夷の書、無礼有るは、復《また》以って聞《ぶん》するなかれ』と。

明年（大業四年）、文林郎《ぶんりんろう》（文書係？）裴清《はいせい》を使いとして倭国に遣わす」

ここで、「朝貢」と記されている。天子を自称する多利思北孤が朝貢するはずはなく「方物を献ず」くらいが妥当だが、後述するように、後に隋は多利思北孤に「あれは朝貢でした」と言わせたので、隋はここを「朝貢」と記している。「重ねて仏法を興す」とあるのは「南朝仏教があるのに、重ねて北朝仏教を興す」の意味で、南朝仏教の守護者を自認する多利思北孤が新興仏教を「温かく見下している言葉」、と筆者は解釈する。しかし、それとは裏腹にこの遣隋使に多くの学者・僧が同行して新興の北朝仏教を学ぼうとする別の勢力（蘇我氏や推古朝）が混じっていたと考える。

さて「日出ずる処の天子云々」で始まる「対等外交国書」を送ったことに対して、煬帝《ようだい》が怒った、とある。煬帝は一度は怒ったものの、直ちに調査団を倭国に派遣した。場合によっては戦争になるかもしれないので、敵状偵察を命じたという解釈もある。

◉小野妹子の遣隋使――推古紀

この隋書俀国伝の記事に対応する記事が同年の推古紀にある。

推古紀一五年条六〇七年

「大礼小野臣妹子を大唐[7]に遣わす」

推古紀一六年条六〇八年

「四月、小野妹子、大唐より帰る［…］大唐使人裴世清《はいせいせい》［…］筑紫に至る、唐客の為に、さらに（摂津）難波高麗館に新館を造る［…］六月［…］客等（摂津）難波津に泊まる、是日、飾船三十艘を以って客等を迎え新館に安置す［…］八月［…］唐客入京［…］時に使主裴世清、みづから書を持ちて両度再拝して、使いの旨を言上して立つ、その書に曰く、『皇帝、倭皇に問う、使人、長吏大礼蘇因高等（小野妹子）至りて［…］皇（倭皇のこと）［…］遠く朝貢をおさむるを知る［…］朕嘉《よみ》するあり［…］故に鴻臚寺の掌客裴世清を遣わして［…］』［…］と」

定説では「隋書と推古紀は見事に一致し、同一事績を記述したものに間違いない。隋の使い『裴清』（隋書）と『裴世清』（推古紀）も二字まで一致している。『倭皇』とは当然推古天皇のこと、多利思北孤は男王だから、摂政の聖徳太子のことだろう。隋書六〇七年の多利思北孤の『朝貢す』という記事と、推古紀の隋帝国書にある『朝貢』も一致する。朝貢を承認されたのだから、『倭の代表』と認められている。だから『俀』は『倭』の誤りで大和朝廷のこと。対等外交は結果的に成功した」とする。

しかしこの定説には女帝推古と男王多利思北孤が対応しないなど無理が多い。さらに前章までに述べたように、倭国と推古天皇の大和王権は王権が異なり、本拠も九州と大和で異なる。国書の差出人も異なるはずだ。同一事績ではない。「別の年の別の事績」とする解釈もある。[8]

筆者も「別の事績」とするが、同一年の事績と解釈する。なぜ同一年に異なる王権が同じ相手に国書を送っているのか。隋書の記述と日本書紀の記述は「同一事績」と「同一でない事績」の二面性を持っていて、後世の史家を惑わしてきた。それを次節以下で解析する。

◉小野妹子は俀国遣隋使の随行使

隋書と推古紀を整合させ得る筆者の解釈について、結論から先に示す。

「六〇七年、俀国は遣隋使を送った。その国書は『日出ずる国の天子〔…〕』で始まる『対等外交』だった。この遣隋使に、大和推古天皇は小野妹子を随行させた。最先端の文化・文明を得る目的で倭国王の同意の下に、推古天皇の信書と献上品を携えて小野妹子は参加した」と考える。

ここまでは倭国の遣隋使としての「同一事績」だ。

「随行」と述べたが、その理由の一つは当時外交権を握っていたのは倭国であって、外交問題では大和王権は従属国に過ぎない。大和からの遣中国使は初めてであり(新唐書)、当時はまだ独自の公式外交ルートを持っていなかった。有力な倭諸国は推古に限らず随行使を送り込んでいたのではないだろうか。費用分担と引き換えに文化・珍宝を求めて。特に、百済が早くから北朝仏教に転向したのを知って、これを学ぼうとする勢力は国内に多かったようだ（前掲に「佛法を学ぶ数十人が随行」とある）。上宮王家の聖徳太子・大和王権の推古天皇・蘇我氏などだ。これら勢力が俀の遣隋使に随行使を送る大きな動機となった、と考える。

ところが、主使である俀国使が煬帝を怒らせた結果、煬帝は俀国に断交を突きつけるいっぽう、随行する大和の使いに倭国代表権の誘いをかけた。煬帝の「遠交近攻策」だ。ここで「隋と俀」と「隋と大和」の「別の事績」に変化した。隋国側が「俀国を相手にせず、随行の小野妹子を倭国朝貢使と認める」と急変したか、あるいは随行使小野妹子が急遽独自に倭国の代表（俀国を除く）として朝貢を申し入れたか、どちらの可能性もある。

◉隋使裴清の訪倭――「海岸に達す」は東海

煬帝は一度は怒ったものの、直ちに調査団を俀国に派遣した。

隋書俀国伝

「明年（大業四年、六〇八年）、文林郎裴清を使いとして俀国に遣わす［…］都斯麻《つしま》国を経て大海中に在り［…］竹斯《ちくし》国に至る、又東秦王国に至る［…］又十余国経て、海岸に達す。竹斯国より東、皆俀に附庸す。俀王［…］来迎し、、すでに彼の都に到る」

隋使は俀国を端から端まで調査した、とある。

ここで「海岸に達す」について、従来から種々論争がある。定説の「倭国＝大和」説では「隋使裴清が難波に来ている（推古紀）。だから『竹斯国に到る〔…〕十余国を経て海岸に達す』とは、瀬戸内海を経て海から海岸に達することで『摂津難波』のことだ。その後の文章に難波での歓迎と俀王の応接記事が続くから、隋使裴清は難波から上陸して大和に到り俀王（推古天皇）と面接した、と解釈できる。従って、『倭国＝大和』であり、『竹斯より東は、皆大和に附庸す』が成り立つ」としている。俀は倭の誤字と解釈している。

いっぽう、九州王朝説では、「『海岸に達す』は『陸路で十余国を経て九州東端の海岸（豊前）に達す』の意味だ。『十余国』はすべて九州内で、『皆俀に附庸す』は九州内が俀国であることを示している。推古紀の隋使裴清が来た難波とは筑紫難波津だ。隋使裴世清は大和に行っていない。推古紀は捏造だ」とする。

しかし筆者は、この「海岸に達す」は九州東端ではなく、また大和難波でもなく、さらに東の伊勢湾あたりあるいは東海だろう、と考える。その根拠を示す。

一、まず、九州王朝説の豊前海岸ではない。なぜなら、筑紫から豊前は約五〇キロメートル、たかだか二～三日の道のりだ。皇帝に命じられ、長安から二〇〇〇キロメートル近くを要した「敵情視察の大調査旅行」を、中国人からみれば「隣村」程しかない豊前海岸に至ってその海の向こう

（東）も見ずに「東は全部わかった」と報告することは考えられない。中国は九州の東に大和があることは知っている（雄略紀）。

二、煬帝の狙いは俀国を牽制する為の「遠交近攻策」である。このことは出発前から用意した大和推古天皇への国書が証となる。裴清は大和を俀国に対抗できる国として訪れ「魏時［…］邪靡堆《やまと》に都す、すなわち魏志の謂う所の邪馬臺なるものなり」と理解した、と考えられる。大和が倭国の強力な同盟国であることは宋書以来の中国の理解だ。小野妹子は中国でそのように強調しただろう。隋使はその認識を確かめる調査使である。

三、しかし「海岸に達す」は（摂津）難波でもない。「海岸に達す」が難波のことでは、難波の西側を見ただけ、大和の東側を見ないで「東、皆俀に附庸す」と判断したことになり、これまた怠慢のそしりを免れない。隋書俀国伝冒頭に「俀国は［…］其の国境は東西五月行、南北三月行、各々海に至る」とある。そこで俀国を端から端まで、すなわち「海を渡り竹斯から秦王国（豊前[9]）や（大和を含めて）十余国を経て反対側の海まで、西端から東端まで全部実地に見た」という調査範囲報告「海岸に達す」が意味を持つ。それがあって初めて「竹斯国（西端）より東、皆（東端まで）俀国に附庸す」という結論が得られたのだ。

四、その全体把握の披歴の後に、俀王と会ったと述べている。実際の行程の順序ではなく、報告の根拠を先に示した文章のようだ。日本書紀によれば、裴清が筑紫に着いたのが六〇八年四月、（摂津）難波津に着いたのが六月、この二カ月間、筑紫で俀王と会っていたと推定される。（摂津）難波に着いてから二カ月後の八月に入京（大和小墾田宮）、この間にさらに東端海岸まで調査していたと推定される。九月帰国する客を推古天皇は（摂津）難波で饗応している（推古紀）。

以上、裴清は筑紫で俀王に会い、東海の海岸に行った後、大和に入り推古天皇に会っていると結論できる。

◉難波津や海石榴市《つばきち》は倭国接待施設

九州王朝説は「裴清が大和に行った、というのは推古紀の捏造だ。なぜなら書かれているのは倭国の筑紫接待施設だからだ。裴清は大和には行っていない」とする。

しかし、煬帝の隋使裴清は、帰国する倭国遣隋使と大和の随行使小野妹子とともに筑紫に着いた。難波津（筑紫）や海石榴市《つばきち》など九州の倭国接待施設で客人が歓迎されたに違いない。出迎えた倭国役人（主使側）と大和役人（随行使側）が一緒に裴清を歓迎している。推古紀に九州倭国の接待設備・行事がでてくる理由はある。

ただ、大和は筑紫の外交施設と同名の同様施設（難波津・難波高麗館）を摂津難波に作り、同様の歓迎行事（飾り船、飾り馬）を再度大和で繰り返した。「海石榴市」すら真似た可能性がある。これは裴清の為、というよりも、日頃から九州風の地名や行事を近畿に持ちこんでいた可能性が高いからだ。これも後世読者の混乱と誤解を招いたようだ。

◉「三つの難波」筑紫・摂津・豊国

「難波」は二カ所あって頻出し、わかり難いが書き分けられている。これを検討する。実は三カ所目があり、これも含めて説明する。

「筑紫難波」は朝鮮半島からの外交使節の到着港であり（福岡市東区の多々良川河口付近か）、筑紫の人物とともに日本書紀に登場する。

欽明紀五四〇年

「難波祝津宮に幸す［…］物部大連尾輿（本拠は筑前鞍手郡、遠賀川中流）等従う」

欽明紀五五二年

「稲目宿禰に試みに（仏像を）礼拝させる［…］大臣よろこんで小墾田（肥前三根郡、鳥栖市近く）の家に安置す［…］向原（肥前養父郡、鳥栖市西の向原川近くか）の家を浄めて寺と為す［…］後に国に疫気がはやり［…］天皇（倭国王）曰く［…］仏像を難波（筑前）の堀江に流し棄てる」

敏達紀五八五年

「物部守屋（筑前鞍手郡）が仏像を焼き難波（筑前）の堀江に棄てた」

いっぽう、「摂津難波」は「神武東征」「神功～仁徳東征」「孝徳遷都（難波宮）」に頻出する。神武紀では『浪速』が訛って今『難波』という」としている。「難波」が神武より後世の名称と示唆されている。神功皇后東征後に筑紫難波の地名を摂津へ移植したと思われる。

三つ目の「豊国難波」については第六章「豊国の難波」で検証した。「豊国に三つ目の難波があった可能性が高い」というのがその結論だ。

日本書紀は三つの難波を説明なしに並記するから、弁別が難しい。日本書紀編纂時にすでに豊国難波の記憶・情報が失われた可能性、意図的に畿内への移植地名だけを記述した例など虚偽記載とは言えないが、大和一元政策に沿った編集が感じられる。応神紀〜敏達紀は「三つの難波の並存」を認めて初めて無理のない解釈が可能となる。

◉俀国の対等外交の放棄

本題の隋書に戻る。前述の隋書に続く記述には、「隋使裴清が俀国に行き、俀国王は対等外交をあっさり放棄し、朝貢を認めた」とある。文中括弧内に筆者解釈を付記するが、付記を合わせ読むことで整合性が理解されると考える。

隋書俀国伝

「その王（俀王多利思北孤）は清（裴清）と相い見え、大いに悦んでいわく、『我れ聞く海西に大隋礼義の国ありと、故に遣わして朝貢す（前回の遣隋使、あれは朝貢でした、俀国王の天子自称はなかったことにしてください）』と。清答えて曰く、『皇帝の徳は二儀（天地）に並び［…］王の化《おしえ》を慕うを以って、故に行人を遣わし来りてここに宣諭す（朝貢するなら許す、その確認に来た）』と［…］その後、（帯方郡に留まり報告書を長安に送って皇帝の許可を得た）清は

（帯方郡から俀に）人を遣わしてその王に謂いて曰く、『朝命はすでに達す（天子の自称をやめたことの確認と報告は終わった）』と［…］復《ま》た（俀の）使者をして（長安に帰る）清に従い方物（宝物）を来貢せしむ（俀の使者が裴清に従って長安に行き朝貢した）。この後、遂に絶ゆ（俀国は再度改号して倭国に戻った、俀国としての使は二度と来なかった）」

多利思北孤は天子を自称したが、中国の反応が厳しく一年でそれを撤回した。「多利思北孤の対等外交の試みは、煬帝によって潰された」と解釈できる。煬帝は「俀国は私が潰した」と勝ち誇って、わざわざ隋書に「俀国伝」を立て、俀王の「あれは朝貢でした」の言を取って六〇七年記事を「朝貢」とした。そのうえで「遂に絶ゆ」として俀国が潰れた事実を記録に残した（実際の隋書編集は後世だが、そのような当時の史料に基づいたものと思われる）。そして、国号を旧に戻した倭国が、二年後に朝貢したことを次のように確認している。俀国伝の中でないことに注目。

隋書帝紀煬帝上
「大業六年（六一〇年）、倭国、使いを遣わして方物を貢す」

◉隋の二股外交

前節の隋書によれば六〇八年に裴清は竹斯に到り、俀国の多利思北孤と会って「天子自称・俀国改号の撤回、朝貢の実行」を引き出した。それに日本書紀六〇八年をあわせ読めば、裴清はその後に大和を訪ね、出発前に用意した煬帝から推古天皇宛の国書「倭国の代表として朝貢を認める」を伝達した。結果的に倭国代表を多利思北孤と推古天皇の二者に認めたことになる。隋使が隋を出る前から想定した公式と非公式の二股外交と考えられる。隋書と日本書紀では使者の身分が異なる。隋書は「文《ぶん》林郎《りんろう》裴清」とあり、日本書紀では「鴻臚寺《こうろじ》の掌客《しょうかく》裴世清」とある。隋が公式と非公式で使者の肩書きを変え、公式での二股を避けたとも考えられる。

裴清は列島の西端の海から東端の海岸まで実地検分し、竹斯国より東は皆（大和も含め）俀に附庸している実態を把握した。その結論として「今回、俀国の多利思北孤の代わりに推古天皇を倭国の代表に認める煬帝の国書を渡したが、実態を見ると大和は俀国に附庸している。多利思北孤も朝貢を受け入れたのであるから、多利思北孤を代表に戻すべき、そう煬帝に報告しよう」としたのであろう。それが隋書にあるように「その後、清は人を遣わしその王（多利思北孤）に謂いて曰く、朝命はすでに達す」となったと考えられる。

この外交騒ぎは俀国の譲歩で収まり、以後の正式遣唐使は再び倭国からとなり、中国史は、倭国遣唐使のみを記録している。いっぽう、日本書紀は大和の遣唐使のみを記録している（隋は六一八年に唐に代わった）。

◉推古天皇は「倭国王認定」を反古にされた

注目すべきは推古紀に、「その書に曰く『皇帝、倭皇に問う［…］皇［…］遠く朝貢をおさむるを知る［…］朕嘉《よみ》するあり』」とある点である。この「倭皇」の記述から、小野妹子が持参したであろう推古天皇の書は俀ではなく「倭国」の立場を取り、「天皇」と自称したと思われる（もちろん「天子」自称ではない）。また、献上品は朝貢品ではない。その時点では推古に朝貢の権限はないからだ。それに対して煬帝は、「倭皇の朝貢を嘉する」として、推古天皇を「倭国の朝貢の主、倭国代表者」と持ち上げている。推古天皇は「倭国王」と認定されたのだ。

裴清が帰国するにあたり、小野妹子を再度送って推古天皇は書を託した。

推古紀六〇八年
「天皇唐帝に聘《あと》ふ。其の辞に曰く、東の天皇、西の皇帝に敬白す」

再度「天皇」を自称している。秦の始皇帝がそれまでの「三皇（天皇・地皇・人皇）」の上に「皇帝」を新設したから「天皇」は「皇帝」の下である（史記秦始皇本紀）。その点は前回のような「天子」自称問題を起こさなかったようだ。しかし、隋書には裴清が大和に行ったことも、推古宛国書のことも記されていない。それは公式化されたり、史書に載ることはなかった。推古天皇への倭国王認定は反古にされたのだ。それは、多利思北孤が譲歩して「俀国改め倭国」として「朝貢」を再開したことにより、再び倭国代表者と認められたからである。こちらは隋書に記載され公式史実とされた。煬帝の二股外交の完勝である。

隋帝と推古天皇のやり取りは、どちらにとっても「裏外交」だ。隋は二股の一方が成功したから推古帝とのやり取りは明かしていない。倭国との公式外交だけを記している。推古帝にとって結果は失敗だったが、倭国滅亡後の日本書紀は隠す必要がない。隋帝と推古天皇の友好外交と表現されている。両書を併読すると読者は誤読（多利思北孤と推古の混同）に誘導され易いが、なんら隠されていないからよく読むと全てがわかる。

●「邪馬台国＝邪靡堆＝大和」説

隋書俀国伝の冒頭には「邪馬台」について重要な記述がある。

隋書俀国伝

「俀国は［…］魏時［…］邪靡堆に都す、すなわち魏志の謂う所の邪馬臺なるものなり」

この記述は「倭国＝大和朝廷」説（定説）が強力な根拠としてきた史料だ。その根拠とは「隋書の内容が推古紀と一致していること」「隋使が大和に来た上で邪馬台国は邪靡堆だ、としていること」「邪靡堆の読みは『やまと』だろう」などだ。その結果、「倭国の都＝邪馬台国（魏志）＝邪靡堆（隋書）＝大和（推古紀）」が史料で確認された、と解された。これについて検討する。以下で「大和」は地域を指し、発音は「やまと」などで表記する。

一、隋使の目的の一つは、俀を抑えるための遠交近攻策として大和を研究することだ。そこで隋使は過去・現在の倭国・俀国・邪馬台国・大和について、貪欲に訪問先の九州と大和の人々に聞いたはずだ。九州と大和で答えは違ったかも知れない。特に大和は隋使に「卑弥呼＝神功皇后説」や巨大墳墓を紹介して「邪馬台国＝大和論」を繰り返したに違いない。

二、隋使が大和を訪問した後に、「邪靡堆」と表記している。大和の発音は当時の表記「夜麻登（古事記）、夜摩苔・野麻登（日本書紀）など」から現在と大差ない「やまと」だったと考えられている。従って、「邪靡堆」の発音も「邪靡堆＝やまと」だった可能性がある。

三、「邪馬台国」を紹介しながら表記を「邪靡堆」に変えている。変えた理由の一つは、「邪馬台と邪靡堆の発音が違う」からだろう。もし「邪馬臺＝邪靡堆＝やまたい≠やまと」だったら表記は変える必要がない。しかしそれでは「魏の時代の都＝邪馬台国はどこか？」の中国の疑問に隋使は答えたことにならず、調査怠慢のそしりをまぬかれない。

四、中国も「邪馬台国は不詳」と思っていたようだ。隋書の「魏志の謂う所の邪馬臺なるものなり」という表現には「魏志の謂う『邪馬台』がよくわからなかったが、大和の説明でよくわかった。『いわゆる邪馬台は邪靡堆（やまと＝大和）のことだ』」と納得したような感じが出ている。

結論として、隋使は「魏志の謂う邪馬台国は地域としては大和、その発音はやまと、その表記は邪靡堆がより近い」との認識に至ったと考えられる。

ただ以下のように、魏以外の時代は倭国の都が大和でないことを中国は知っていた。

一、隋書文中の「俀奴国」は委奴国であり、この一世紀時点で当然大和は都でなかった（金印発掘から北九州)。

二、「宋」「梁」は倭王が大和を統治下に入れたことで倭国王と認め、大和を統治し切れないから倭王と格下げしたのだから、倭国の都が大和でないことを知っていた(第六章)。

三、隋使は「倭王と大和天皇の両方に会って倭王を代表と報告した」(前述)。倭国の都が大和でないことを隋は知っていた。

四、しかし、大和朝廷は「魏志倭人伝の『邪馬台国、女王の都する所』は大和のこと」と主張し、隋使も「少なくも魏の時のみはそうかもしれない」と考えたようだ。

その結果、「魏の時(のみ)倭国の都は大和」と、括弧の補足を加えたような表現になったと考える。

しかし魏の時の倭国の都は九州(第二章)だから、この隋書の文章も依然として誤解だ。

もう一つ、この文章は「六〇八年、推古天皇が大和にいたことを示す重要な史料」として価値がある。推古紀六〇三年条の「小墾田宮に遷る」は「大和小墾田宮」である。

第七章注

[1]「各天皇の大臣一覧」……傍線部は倭国大臣

武烈紀　平群真鳥大臣　物部麁鹿火大連　大伴金村連　大伴室屋大連

継体紀　大伴金村大連　物部麁鹿火大連　許勢男人大臣
安閑紀　大伴金村大連　物部麁鹿火大連　（物部尾輿大連が挿話のみに登場）
宣化紀　大伴金村大連　物部麁鹿火大連（↓没）　蘇我稲目大臣
欽明紀　大伴金村大連（↓失脚）　物部尾輿大連　蘇我稲目大臣
敏達紀　物部守屋大連　蘇我馬子大臣
用明紀　物部守屋大連　蘇我馬子大臣
崇峻紀　物部守屋大連（↓討伐される）　蘇我馬子大臣（後半は倭国を離脱）
推古紀　聖徳太子
舒明紀　蘇我蝦夷大臣

物部尾輿は欽明紀から大連に任命される。それ以前、任命されていないのに安閑紀に尾輿が大連として登場する（初出）。尾輿は倭国大連だった、と解釈される。このことは、欽明紀の「物部尾輿は大連」の記事も「倭国朝廷の大連」を意味している可能性を示唆している。

〔2〕「釈迦三尊像光背銘」……「古代は輝いていたⅢ」古田武彦　一九八五年　朝日新聞社　に拠った。

〔3〕「法皇」……秦始皇帝はそれまでの最高位である三皇（天皇・地皇・人皇）の上位として皇帝を自称した。法皇は三皇と同等と考えられたが、大后・王后などの呼称から、天子を自称したとも解釈できる。法興年号が続いているから上宮王が譲位したのでなく、上宮法皇となって皇位を継続したものだろう。

〔4〕「上宮王家について」……佃收「物部氏と蘇我氏と上宮王家」（星雲社、二〇〇四年）

〔5〕「大委」……家永三郎・古田武彦「法隆寺論争」（新泉社、一九九三年）。「大倭」は古来九州倭の別称として雄略紀五年条（四六一年）、斉明七年条（六六一年）に記載あり。いずれも引用中にあり、日本書紀撰者の恣意的な用字ではないと思われる。それに対し、倭の字の代わりに「委」の字を使う「大委」は唯一、正倉院御物の聖徳太子筆といわれる法華義疏にある書き込み「此是大委国上宮王私集非海彼本」に見られ

る。この法華義疏の内容は南朝系仏教であり、従って写本の筆者は北朝系仏教に帰依する聖徳太子ではなく、南朝系仏教を奉ずる多利思北孤だとする解釈（古田説）がある。

［6］「王族か否か」……物部守屋討伐譚に厩戸皇子（上宮王の皇子、のちの上宮聖徳太子）・竹田皇子（推古天皇の子）が参加していることは史実とみる。その理由は、各天皇紀冒頭の系脈は万世一系の編集に影響されているから史実としては採用できない。しかし、物語部分は誤読誘導はあってもあからさまな虚偽捏造は慎重に避けている、というのが筆者の理解だ。

［7］「大唐」……ここで、「隋」が「大唐」となっているのは「唐の始祖高祖は隋帝から禅譲を受けた」とする建前から唐の「隋は唐の前史」の立場を尊重したからであろう（紀の編纂は唐時代）。

［8］「別の事績」……多利思北孤の遣隋使と推古の遣隋使は別の事績、とする解釈。そのひとつに古田武彦の「一二年ずれ説」がある。「日本書紀のこの記述には一二年の錯誤があり、六〇七年小野妹子の遣隋使は実は六一八年に隋が唐に代わった後の六一九年遣唐使だ。それが推古紀の『大唐』の表現となっている」とする。妥当と思われる論点があるいっぽう、一二年ずれて「唐の遣大和使」だとすると遣使の理由や中国史書に現れない理由が不明など、無理もある。後述するように、唐初期に倭国は再び唐と対立し朝貢を止めていたから「大和朝貢」があったら中国史書に載らない理由がない。ところが、その時期も唐史には倭国しか出てこない。（古田武彦「古代は輝いていた」朝日新聞社、一九八五年）

［9］「秦王国」……秦の末裔を自称する渡来人（実際は漢人系新羅人が多い）の居住地。地名・伝承の豊富な豊前（香春岳付近）が比定されている。倭国役人とともに小野妹子らが裴清を漢人密度の高い豊前地域に案内して、大和王権推古天皇と豊前秦氏（漢人系と信じられていた）の緊密な関係を強調した可能性はあるだろう。豊前は肥前大和王権天皇達の故地であり、当時も支族や領地が残存していたことが考えられる。列島横断の一〇余国の中に秦王国が特記されているのは、そうした案内が奏功したからだろう。豊前秦氏・製錬技術・新羅仏像・蘇我馬子・肥前大和王権推古・上宮王家・聖徳太子・秦河勝などの連想が浮かぶ。

第八章　上宮王家の大和合体と倭国白村江の戦

◉倭国王の天子自称再開と外交

これまでに九州に三王権が並立し、その一つ大和王権（九州）が近畿大和に帰還遷都したことを検証した。ここでは、三王権のその後を辿ることにする。

俀国の多利思北孤は隋帝の圧力に屈して天子自称を返上し、国名も倭国に戻した。しかし、隋が滅び、唐の時代になると多利思北孤は「天子自称」を再開し、国名も「大倭国」を自称した。それは六二二年に没するまで継続したようだ。さらにその継承者も「天子」を自称したと考えられる。このことは以下から推測できる。

旧唐書倭国伝六三一年

「（倭国）遣使して方物を献ず（「貢ず」「朝貢」となっていない）〔…〕（唐は）高表仁《こうひょうじん》を遣わし〔…〕王子と礼を争う」

倭国は隋には朝貢を誓ったが、唐になると朝貢せず、唐使を迎えた倭の王子は席次をめぐって争っている。倭国王の「天子自称」は、後継者も含め六〇〇年～六七〇年（白村江の戦い）までの約七〇年間続いた可能性がある。現在も大宰府（筑紫）に「太極殿」「内裏」「紫宸殿」「北帝門」など、天子に関係する地名が遺存されている。この地名が定着した背景には、倭国の七〇年という長期間の「天子の存在」があったと思われる。考古学調査から、大宰府はこの七〇年間現在地に在ったのではなく、白村江の戦い前後に倭国の本拠地（遠賀川中流、筑前鞍手郡か）から現在地に移されたという可能性もあるようだが、その場合も名称を受け継いでいる、と考えられる。

◉上宮王家を継いだ舒明天皇

上宮王家は上宮王が在位三二年の後崩御したが、太子（上宮聖徳太子）はすでに薨去して次の天皇が立った。その天皇が登場する恐らく現存唯一の文献がある。その天皇から舒明《じょめい》天皇への継承指名のいきさつを示している。[1]

大安寺《だいあんじ》伽藍縁起《がらんえんぎ》 幷《ならびに》 流記資材帳《りゅうきしざいちょう》

「飛鳥岡基宮宇天皇（舒明天皇）の未だ極位に登らざる時号して田村皇子《たむらのみこ》という［…］皇子、私に飽波に参りご病状を問う、ここに於いて上宮皇子命、田村皇子に謂いて曰く、愛わしきかな、善きかな、汝姪男、自ら来りて我が病を問うや［…］天皇、臨崩の日に田村皇子を召して遺詔す、朕病篤し、今汝極位に登れ、宝位を授け上宮皇子と朕の羆凝寺を譲る、仍りて天皇位に即く［…］百済川の側に［…］九重塔を建つ、号して百済大寺という」

この前半には「上宮皇子（聖徳太子）が田村皇子を姪男と呼んだ」とある。田村皇子を夫とするのは宝皇女《たからのひめみこ》（のちの皇極天皇）である。後半に登場する天皇「朕」は上宮皇子と寺を共有する天皇、文脈から、上宮皇子の薨去（六二二年）、上宮王の崩御（六二三年）の後を継いだ上宮王家天皇である。推古天皇ではない。その天皇が臨崩に際し、田村皇子を次代天皇に指名した、とある。後の舒明天皇である。

◉舒明天皇の本拠は肥前

舒明天皇は即位して百済川の側を宮処としたという。

舒明紀六三九年

「大宮及び大寺を造作すという、すなわち百済川の側を以て宮処となす」

宮処は地名として残っている。

和名抄

「肥前国神崎郡　蒲田、三根、神崎、宮所」

風土記

「神崎郡　宮処郷　郡の西南にあり」

神崎郡の西南に流れる川は筑後川支流の城原川という。百済川とは現城原川と思われる。城原川近くの現佐賀県諸富町から、「宮殿」とヘラ書きがある奈良時代の土師器が出土しているという。舒明天皇は肥前の上宮王家を継いで、同じく肥前を本拠としている。舒明紀に大和が出てこないことも傍証となる。

舒明の本拠が九州であることとの根拠となる別の記事もある。

皇極紀元年条六四二年

「阿曇連比羅夫《あずみのむらじひらふ》、筑紫国より驛馬（駅馬《はゆま》）に乗り来りて言う、百済国は天皇（舒明）崩ずると聞き、弔使を奉遣す、臣、弔使に従いてともに筑紫に到る、而るに臣、葬に仕えむと望み、故に独り先に来る也」

舒明天皇の葬儀の場所に「筑紫から早馬で来た」とある。葬儀は本拠で行われたであろうから、そこが九州内ということは「舒明の本拠は九州内」である。

◉上宮王家の外交

本章冒頭の旧唐書倭国伝六三一年に対応する文章が舒明紀にある。

舒明紀六三二年

「唐国使人高表仁等、難波津に到る［…］天子の命ずる所の使が天皇の朝《みかど》に到ると聞き之を迎しむ」

対応するが、内容が異なる。唐側の記録（旧唐書）では唐使と王子は争っている。しかし、舒明紀では歓迎使が丁重に迎え「天子」「天皇」と使い分けている。従来説は同一事績としているから混乱している。しかし、唐使がまず倭国を訪問したが倭国の対等外交で衝突し（旧唐書）、それ故にわざわざ別王権である上宮王家から接待を受けた（舒明紀、唐の遠交近攻策）と理解すると整合する。倭国と上宮王家が別王権であり、外交方針が「対等外交」と「親唐朝貢外交」のように異なることを示している。旧唐書は公式承認国である倭国の事績しか記載していない。

◉大和王権を継いだ孝徳天皇

大和王権はどうなったか。日本書紀は「推古天皇を継いだのは舒明天皇」としているが、舒明天皇が継いだのは九州の上宮王家である。では、大和の推古天皇を継いだのは誰か？　筆者は、推古天皇崩御後に孝徳天皇が直ちに継いだ可能性もあると推測する。その理由は、

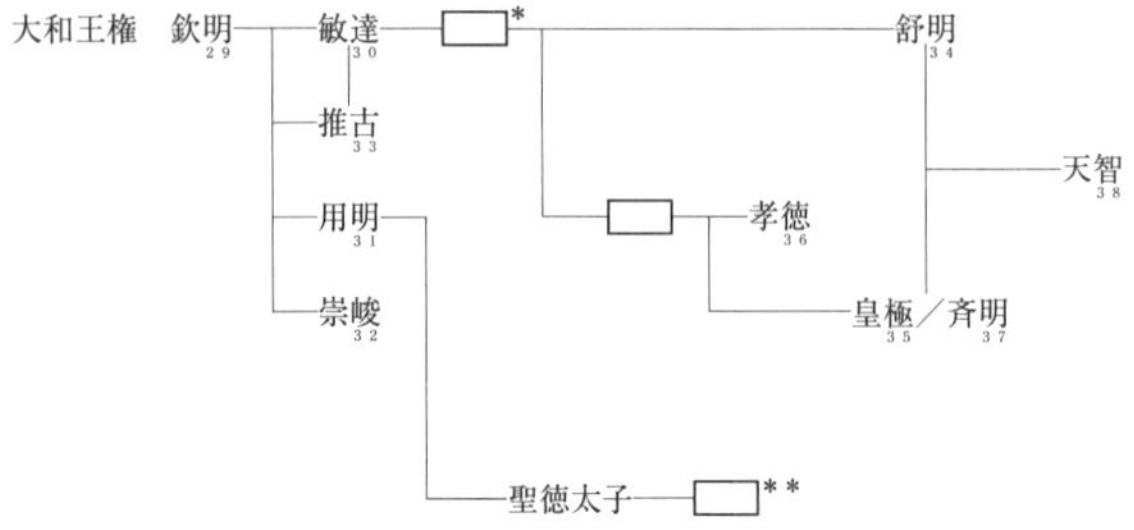

日本書紀系図。＊は彦人大兄皇子、＊＊は山背大兄皇子

一、推古崩御（六二九年、大和小墾田宮）から孝徳即位（六四五年、難波宮、孝徳紀）まで二〇年近くも大和王権が空位だとは思われない。

二、舒明・皇極・孝徳は同世代だが、舒明・皇極が上宮王家（肥前）を継いだから、推古天皇崩御後孝徳以外に空位を埋める大和王権系の適当な人物が見当たらない。

三、推古崩御時の孝徳は三四歳前後で即位に適する年齢だが、皇極譲位（四九歳）を継ぐとすれば六四五年で五〇歳前後。当時としてはすでに老人である。崩御は六五四年で六〇歳近く。

四、用明・推古・孝徳の墓陵は大坂磯長《しなが》（用明・推古陵は孝徳による改葬）、用明・孝徳は和風諡号に「豊日」が付き近い関係が示唆されている。舒明・皇極の墓陵は他所で孝徳との近い関係が示唆されていない。

などが挙げられる。

◉日本書紀系図の定説

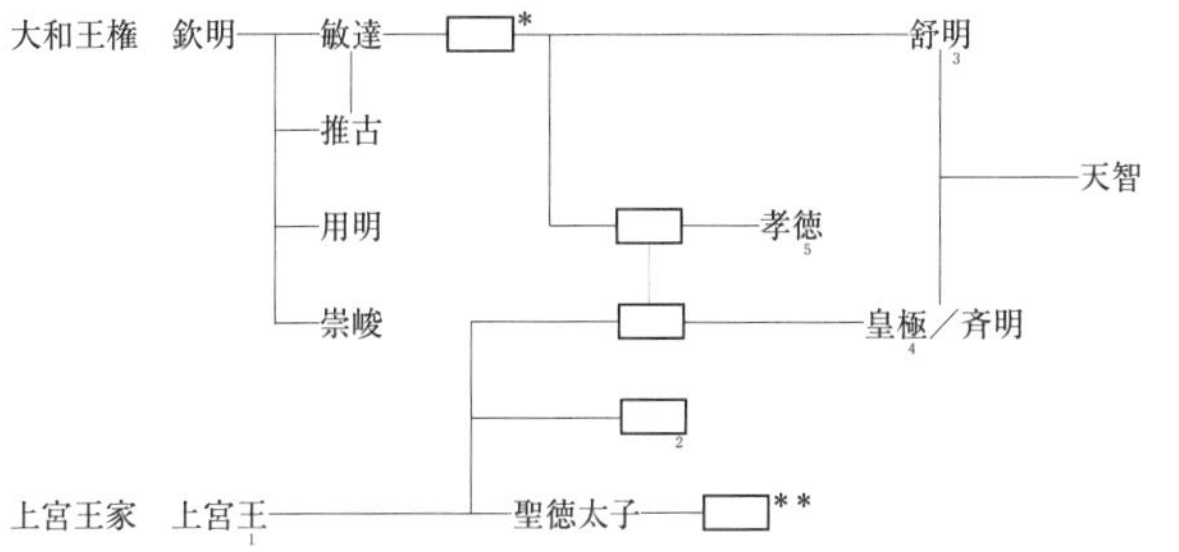

上宮王家系図。＊は彦人大兄皇子、＊＊は山背大兄皇子

では、系図はどうなっているか。系図は改変が多く、公式と実態の乖離もあるので、史実解明の助けにはならないが、全体把握の助けになる。厳密さを追わずに紹介と私見を記す。まず、日本書紀による系図は上の通りである。

敏達－用明－崇峻－推古までは第七章で検証した。疑問はあるが日本書紀通りとした。敏達の子□＊は押坂彦人大兄皇子、用明の子聖徳太子の次□＊＊は山背大兄皇子《やましろのおおえのみこ》である。後述と関係するので示した。定説通りを示したので説明は略す。

◉上宮王家系図

次に、前述に基づく筆者の考える系図試案を示す。前図の記紀系図の構成天皇の記載位置は変えずに結線のみ改めた。数字は上宮王家の歴代天皇（上宮王～皇極）である。

細かくみると、日本書紀は聖徳太子を用明天皇の子としているが、正しくは上宮王の太子である。上宮王を記せない以下の理由があったと考えられる。

一、大和王権と上宮王家は後に合体しているが、合体前のどちらの天皇を記すかは裁量の範囲で、記さないことが虚偽記載にあたるわけではない。
二、推古天皇と上宮王の治世が重なる。大和王権にとって推古天皇は欠かせない。いっぽう、上宮王は元倭国王家中枢の王族だった。日本書紀の倭国不記載の原則が適用されたかもしれない。代わりに天皇にならなかった聖徳太子を推古の摂政として記している。
三、後述する「乙巳の変」で登場する「天皇記」は上宮王家を戴く蘇我氏が死守した記録であるから、上宮王も上記の「朕」も記していたであろう。しかし、それは焼失したとして上宮王を記さない理由にしている（皇極紀）。

「聖徳太子は推古天皇の皇太子」というのは王権が異なるから普通ではあり得ない。両王権で専横する蘇我氏が「聖徳太子が九州に戻って上宮王にならないように独断で推古の皇太子と決めた」ということはありうるが、薨去に際しての高麗僧慧慈の言葉にも「上宮太子」と明言されているから、実際に「推古の皇太子」は周囲も本人も認めなかったにちがいない。しかし、推古と聖徳太子はなにかと協力していた可能性がある。ともに大和に住み、母系はいずれも蘇我系、ともに北朝仏教志向だからだ。「聖徳太子は推古天皇の助言役、いわば摂政的存在」であった可能性がないとは言えない。聖徳太子はどちらの天皇になることもなく薨去し、その継嗣山背大兄皇子一族は蘇我氏によって滅亡に追い込まれた。

舒明天皇と皇極天皇を合体王権の天皇に加えることは、合体の前提条件だったと思われる。両王権の天皇を日本書紀は交互に記している。

いっぽう、孝徳はいくつかの理由で、敏達の孫でなく蘇我系用明の孫と思われる。陵墓は用明と同じ大坂科長、御陵は敏達（前方後円墳）と異なる円墳、などである。しかし確証がないので日本書紀通り敏達の孫とする。

また、皇極と孝徳が同母姉弟とされているが（孝徳紀）、王家が異なり上掲系図が正しいだろう。これでも同母姉弟の可能性もあるからだ（それを点線で表した。例えば孝徳の母吉備姫王《きびつひめのおおきみ》［孝徳の父茅渟王《ちぬおう》の妃］が上宮王皇女であった場合）。

当時の母系社会では、皇子や皇女が母方や養育役の里で長く養育され、母方名・里名を別名とする例（田村皇子など）も多い。蘇我氏の外戚戦略では、女系を通しての囲い込みだけでなく、豊前に根付いた大和王権（九州）を地域ごと影響下に置いて大和王権を囲い込んだと思われる（敏達〜推古）。孝徳は系図上は蘇我系でないとしても、育った環境は蘇我一族（豊前か）であった可能性がある（蘇我系用明と同じ和風諡号『豊日』など）。その意味で以下「蘇我系」と記すことがある。蘇我氏がその手法を上宮王家囲い込みにも当てはめようとしたのが舒明天皇ではなかろうか。舒明も系図では蘇我系でないが、蘇我氏の政略で皇位に就けたと思われる。こちらも蘇我氏に支えられたという意味では蘇我系である。

二つの系図の関係、すなわち二つの王家の関係は乙巳の変によって劇的に変わる。

◉乙巳の変

九州で舒明が崩御すると皇極（宝皇女）が継いだ。六四二年、皇極は蘇我氏本拠の肥前小墾田宮に、その後飛鳥板蓋宮に遷った。

皇極紀六四二年
「（上宮王家の皇極）天皇（肥前）小墾田宮に遷る」（再掲）

皇極紀六四三年
「権宮《かりみや》より（肥前）飛鳥板蓋新宮に遷る」

大臣蘇我入鹿が呼び寄せたのだろう。この後、蘇我氏の専横がはなはだしくなり、蘇我系皇子である古人大兄皇子を次代上宮王家天皇にしようと、六四三年には斑鳩の上宮王嫡孫山背大兄の一族を襲わせて滅亡させた。これで上宮王家の怒りが爆発し、舒明・皇極の継嗣中大兄皇子らは決起して、大極殿（肥前板蓋宮）で入鹿・蝦夷を討つことに成功した。「乙巳の変」（六四五年六月一二～一三日）である。

しかし皇極天皇は翌日には皇位を孝徳に譲位したという。

皇極紀六四五年
「六月一四日、軽皇子《かるのみこ》（孝徳）に譲位す、中大兄を皇太子と為す」

日本書紀は、初めての生前譲位とされる譲位譚を、譲り合いの美談として飾っている。しかしすでに述べたように、皇極は蘇我宗家を倒したばかりの九州王権（上宮王家）、孝徳は大和王権である。「翌日譲位した」とは素直には信じがたい。では、どのように解釈すべきか。

◉皇極から孝徳への譲位、鎌足の建策

上宮王家は蘇我宗家を倒せば蘇我支族に囲まれて四面楚歌となる可能性があった。蘇我支族は大和蘇我支族と結託して蘇我系孝徳天皇を担いで反撃に出るかもしれない。それを計算に入れて「先手で王家連合を結成した上で乙巳の変を実行した」と思われる。[2]それを示すのが次の記述だ。

皇極紀六四四年

「中臣鎌子連（鎌足）は以前から軽皇子と親しかった、故に彼の宮に詣で［…］皇子が天下の王たるを誰か阻むこと能わざるや、と言った［…］（これを伝え聞いた）皇子大いに悦ぶ［…］中臣鎌子連［…］蘇我臣入鹿の長幼の序を失い、社稷の権を侵すを憤る［…］企て（蘇我氏打倒）を可能にする盟主を求め、心を中大兄を寄せたが近づき得ず［…］（ここに有名な中大兄と鎌足の出会い、蹴鞠譚が入る）［…］（その後乙巳の変となる）」（要旨）

乙巳の変の一年半前のことである。ここで、軽皇子はすでに大和王権の孝徳天皇であると前述した。

宮は大和小墾田宮と考える。肥前小墾田宮は皇極天皇が使っていた。

まず注意したいのは、これは鎌足の貢献譚で、子不比等が日本書紀の編纂に影響を及ぼしているはず、という点だ。これは割り引いて解釈しなければならない。

鎌足が孝徳天皇に会うために大和小墾田宮を訪ねた。そして言ったという「皇子が天下の王になる」とは「九州上宮王家と大和王権を含む天下の王にする」と考えていたこと、すなわち両王権の合体を考えていたことを示唆している。鎌足が中大兄に近づいたのは乙巳の変が最終目標ではなく、また自らが蘇我氏に代って上宮王家の中核に座ることでもなく、「より大きな合体王権の実現」だったのではないか。「皇極から神祇伯に任じられた時に辞退」(皇極紀三年条)がそれを示している。

中大兄は鎌足の筋書き「大和王権との合体、譲位、皇太子」に合意したはずだ。この筋書きは「全蘇我支族が大和王権を担いで、上宮王家に反撃する」という恐れに比べ、大和の蘇我支族を敵に回さないという点で格段に優れている。中大兄は次のように考えただろう。「上宮王家が譲位するのだから存続王権は上宮王家だ。孝徳天皇は上宮王家天皇となる、その皇太子は自分中大兄皇子で、孝徳から上宮王家と大和王権を継げば、結果として上宮王家が大和王権を吸収合併したことになる」と。

皇極天皇も事前にこの筋書きを了承したはずだ。さもなければ乙巳の変の翌日に、大和王権の孝徳天皇に譲位するという異例に同意するはずがない。王権合体では、少なくもどちらかが生前譲位することは必要条件だと理解したはずだ。初の生前譲位が前例のない王権合体だったことを傍証している。譲位は継嗣の中大兄を皇太子にする、ということで納得したのだろう。皇極天皇自身、上宮王家の王権を舒明天皇に預けた後で天皇位を取り返した。

孝徳天皇も鎌足の筋書きを受ける下地があった。孝徳も蘇我氏の専横に振り回されてきた。王権連合の天皇となれば、蘇我氏を抑えることができる。大和蘇我支族としても大和天皇の権威拡大は悪い話ではない。孝徳は鎌足の筋書き（譲位のこと、中大兄皇子を皇太子とすること、間人皇女を皇后とすることなど）を了解していたと考えられる。孝徳には中大兄とは違う同床異夢があっただろう。「大和王権天皇位を維持したまま、上宮王家の天皇位を兼ねるのだから、上宮王家を吸収合併することになる。大和豪族等の期待が大きいから『中大兄皇子（大和王権敏達天皇の曾孫）の皇太子』は受けざるを得なかったが、そのあとに継嗣有馬皇子が継げばよい。蘇我氏を抑え込み、大和王権は倭国に比肩しうる列島の王者となる」と。

　こうして乙巳の変は実行に移された。上宮王家側の行動は速かった。

皇極紀六四五年
六月一二日一三日「乙巳の変で蘇我入鹿・蘇我蝦夷を討つ」
六月一四日「軽皇子即位［…］中大兄を皇太子と為す、阿倍内麻呂《あべのうちまろ》臣を左大臣、蘇我倉山田石《そがのくらのやまだのいし》川麻呂《かわのまろ》臣を右大臣、中臣鎌子《なかとみのかまこ》連に大錦冠を授け内臣とす」
孝徳紀六四五年
七月「大化に改元［…］間人皇女《はしひとのひめみこ》を皇后に立てる」
九月「諸国に使者を遣わし、兵を治む［或本に云う、六月より九月まで使者を四方の国に遣り、種種の兵器を集める」［…］中大兄は［…］将兵三〇人を使い古人大兄を攻め、古人大兄と子を斬る、其の妃妾自ら死す」

これらのほとんどは上宮王家側の九州での動きだろう。本拠は肥前の飛鳥板蓋宮から蘇我氏の影響の少ない場所に遷ったと思われる。板蓋宮の名が消えて、代わりに以下のように「京」がでる。

孝徳紀六四五年
七月「百済大使［…］病に遇い、津の館に留まり、京に入らず」
八月「皆戸籍を作り、田畝を校《しら》べよ［…］上京の時は云々」

京は普通名詞なら板蓋宮を意味するが、板蓋宮の名は乙巳の変の後、一〇年間でてこない。代わりに京が出てくるから、豊前の京《みやこ》（福岡県京都郡）の可能性がある（七月条、八月条）。蘇我支族の反撃を避けて板蓋宮から上宮王家の故地に離れたのだろう。結果論をいえば、板蓋宮は結局失われなかった。一〇年後に斉明天皇の即位に使っている。蘇我氏を抑え込んだのだ。

◉孝徳天皇の難波遷都

大和王権も蘇我氏領の大和小墾田宮から難波に遷都した。

孝徳紀六四五年一二月

「難波長柄豊碕に遷都す、老人等相謂いて曰く、春より夏に至り鼠が難波に向かう、遷都の兆《きざし》なり」

ここで「春」とあるから、大和王権側も乙巳の変（六月だから夏）の前から「大和小墾田宮から難波への遷都」の準備をしていたことを匂わせている。また、「鼠」の比喩が「遷都が九州からでなく、大和からであること」を示している。これは、孝徳が皇極譲位の前から大和にいたこと、従って推古を継いで大和小墾田宮で大和天皇であったことを傍証している。

難波の宮地の獲得には中大兄皇子が主体で動いた可能性がある。その根拠は次の記事だ。

皇極紀六四五年一月
「旧本に云う、是の歳、京《みやこ》を難波に移す、而して時の人曰く、板蓋宮の墟（廃墟）と為る兆《きざし》なり」

孝徳天皇（大和）でなく、皇極天皇（肥前）が難波に遷都した、というのだ。皇極紀六四五年一月条に記述されているから、孝徳の難波遷都（六四五年一二月）の前に「中大兄皇子らが摂津難波に宮地を得て上宮王家板蓋宮／京の難波遷都計画があった（六四五年九月頃か）」と考えられる（蘇我氏の難波領を奪ったか）。

前述のように「京」は板蓋宮（肥前の蘇我氏本拠に置いた上宮王家の宮）ではなく、豊前京都郡の上宮王家の本拠と思われる。結果的には、上宮王家は難波に遷都せず、孝徳天皇が遷った。上宮王家は蘇我氏を抑え込むのに成功したのであろう。皇極天皇は孝徳に譲位したが、この段階ではかなり建前だけになって肥前・豊前に上宮王家を実質維持したようだ。難波を主都（孝徳天皇の宮）、豊前を副都（中大兄皇太子の宮）として両方を合体王権領としたのかもしれない。

孝徳は遷都後も大和小墾田宮を領していることは推古遷都の節で前述した。蘇我氏を抑え込んだのだ。鎌足の計画が用意周到だったことがわかる。

◉大化の改新

新王権が落ち着くと「大化の改新」に入る。

孝徳紀六四六年
「正月、改新之詔を宣す、（以下四カ条の詳細な改革諸令がつづく）」

内容は後年の加筆もあるとされている。当初は形式も内容も伴わないが、とにかく改新の詔を出した実績は残したのだろう。鎌足が一応の形式を整え、後年子の不比等が実質以上盛大に顕彰したのではないだろうか。

上宮王家側がいつ九州から難波宮に遷ったかについての情報は少ない。

孝徳紀六五三年
「太子（中大兄皇子）奏請して曰く、倭京《やまとのみやこ》[3]へ遷らんと欲す、天皇許さず［…］皇太子乃ち皇祖母尊（皇極上皇）、間人皇后を奉り、幷《あわ》せて皇弟等を率い、往きて倭飛鳥河辺行宮《やまとのあすかかわべのかりみや》に居す、公卿大夫百官人等、皆随《したが》って遷《うつ》る」

これによれば、六五三年時点では難波宮にはすでに皇極上皇をはじめ、上宮王家の中枢が九州から移って来ている。間人皇后の周りと百官を上宮王家側が固めている。中大兄、鎌足が初めからの計画を着々進めた結果だろう。遷都を提案した「倭京」は「九州の京」（前述）に対応する太子の大和新拠点であろう（倭飛鳥河辺行宮。ただし「倭《やまと》」の当て字はいずれも後年、第十章参照）さすがに孝徳天皇はこれを拒否したが、それまでの経緯で孝徳は独り残される。

◉孝徳天皇の遣唐使と唐の新羅救援令

孝徳天皇は、遣唐使を出している。

新唐書日本伝
「孝徳即位し、白雉《はくち》と改元す、虎魄大如斗、碼碯若五升器を献ず、時に新羅は高麗・百済の暴す所、高宗璽書を賜り、出兵して新羅を援け令《し》む、孝徳死に」

ここで「虎魄大如斗を献ず、碼碯若五升器を献ず」を検討すると、次の史料がある。

唐会要倭国伝

「永徽五年（六五四年）、遣使して琥珀瑪瑙、琥珀大如斗、瑪瑙大如五升器を献ず、高宗書を下し［…］新羅素《もと》より高麗百済を侵す、若し危急有らば、王宜しく兵を遣わしこれを救う（王宜遣兵救之）」

この二つの記事は同一事績と思われるが、微妙に異なる。

一、新唐書日本伝が採用しているから孝徳の遣唐使は事実であろう（建国後の日本の説明があったか）。唐会要倭国伝と内容が似ているから倭国遣唐使に随行したのであろう。

二、どちらも「献ず」となって「貢ず」でないから、倭国が主使で大和が随行使だろう。

三、日本には璽書による「新羅救援命令」だが、倭国には書による「新羅救援希望」のように読める。温度差がある。ここは別々の事績であろう。

まとめると、日本遣唐使は、唐の高宗から「新羅救援の出兵」を命じられている。この事績が旧唐書倭国伝ではなく、新唐書日本伝に記されているところが鍵である。外交関係のない日本に皇帝の璽書を出しているから、裏外交とも解釈できる。対等外交を求める倭国を見放し、朝貢承認を求める大和に「新羅救援命令を実行すれば列島代表と認めよう」と持ち掛けたと思われる。これは唐が倭国を分断して日本を味方につけようとする外交取引であろう。これには孝徳は窮したと思われる。唐皇帝の直接の命令、百済に敵対せよ、との命令である。朝貢を願いながら命令を無視すれば長年の努力も水泡に帰する。さりとて宗主国倭国の友好国百済を攻めることはもっとできない。

三国史記百済本紀六五三年
「百済、倭国と通好す」

孝徳は病から翌年崩じる（六四五年、六〇歳）。御陵は蘇我系用明・推古と同じ大坂磯《し》長《なが》陵域である。

◉斉明天皇の継承——上宮王家の大和合体

孝徳天皇を継いだ斉明天皇（皇極天皇重祚）は、飛鳥板蓋宮（肥前）で即位した（六五五年）。それまでの皇極上皇は豊前の京に残って、板蓋宮も含め事実上上宮王家を維持したと思われる。上宮王家本拠で大和王権の天皇にも即位した、という形だ。拡大王権は少なくも難波・大和・東国（大和王権領、孝徳紀六四八年条など）・肥前・近江・越・安芸・遠江・（以上上宮王家領、皇極紀六四二年条）の各地に領地を有する。斉明天皇は翌年にはその拡大王権の都を大和後飛鳥へ改めて遷都した。

斉明紀六五六年

「（大和）飛鳥岡本に宮地を更定す、遂に宮室を起す、天皇乃《すなわ》遷《ちうつ》る、号して曰く、後飛鳥岡本宮」（再掲）

別の解釈では「大和王権を存続王権とする上宮王家の合流」である。こうして斉明／中大兄皇子を新たな中核とする大和王権がまとまった。拡大大和王権は大和遷都によって倭国と距離を保ち倭国・唐対立の局外中立の立場を取ろうとした、と考えられる。なお遷都の翌々年、孝徳の継嗣有馬皇子は謀反の疑いで中大兄皇子に殺された。

◉王権合体の背景

このような合体は王権の原則に合わないように見える。しかし、上宮王家と大和王権の間には、上記のような状況が有り得る背景がいくつもあった。

一、九州諸氏族の外戚戦略で、諸王族間の姻戚関係が網の目のように絡み合い血脈的に同族に近い。ともに蘇我氏を支持基盤とするか外戚とし、ともに親唐・朝貢指向・北朝仏教派を主張する非倭国王権である（倭国は物部氏が外戚であるが倭国王が専権か）。

二、ともに倭国遣唐使に随行使を出したが、唐から反倭国で協調するよう求められて困っている。特に孝徳朝には「唐帝から新羅支援の出兵令」という難題に苦慮していたと思われる。倭国の敵にまわることになるからだ。

三、ともに王統に傷があった。推古天皇・孝徳天皇は大和に都しながら大和王権の正統継承者とするには疑問があった（推古を欽明の子、とする推古紀、孝徳を敏達の孫とする孝徳紀は疑問）。上宮王家の正統は山背大兄皇子一族の滅亡で絶え、宝皇女の婿田村皇子（敏達大和王権系）に天皇位を継がせるしかなかった。

四、この問題を解決する提案として出されたのが、前述の皇極天皇の「孝徳天皇への譲位と中大兄皇子の皇太子指名」である。大和王権の天皇位継承権がある中大兄皇子（敏達曾孫）は、同時に上宮王家天皇皇極の皇子であるから上宮王家天皇位継承権がある。両王権合体の正統な継承者である。

五、乙巳の変の前から中大兄皇子に近づいた藤原鎌足の一貫した戦略があったようだ。乙巳の変の後に、中大兄皇子が皇極天皇を継げば、上宮王家の天皇だけで終わってしまう。しかし、孝徳天皇に譲位して中大兄が継げば、上宮王家／大和王権の大合同王権を中大兄が統括できる、と。

六、これらの状況に対して、九州・近畿・大和諸豪族や上宮王家・大和王権王族は「両王権が『対等合体』することを条件に新王権を受け入れた」と考えられる。それが日本書紀の「両王権天皇の交互記述」となった。

こうして、上宮王家と大和王権は合体した、と考える。

◉王権合体を受け入れた近畿・大和勢力

大和諸豪族には九州諸王権・諸豪族の領地・支族も多く、九州王権・諸豪族の消長を反映したが、いっぽう、一致して大和の利益を追求したようだ。倭国に独占され続けた「半島との通商路確保」がそれで、欽明天皇の任那復興を支持し、推古天皇の大和帰還を受け入れ、乙巳の変後の上宮王家の斉明・天智を支持した。いずれも非倭国王家勢力・北朝（隋・唐）指向の勢力であり、半島との独自通商路確保、中国文化文明の直接導入がその動機であろう。

◉「近畿飛鳥」と「肥前飛鳥」

斉明天皇は飛鳥板蓋宮（肥前）で即位し、後飛鳥岡本宮（大和）に遷ったという。地名としての「飛鳥」は複雑で混乱することが多いので、ここでまとめる。

和語の地名「あすか」に「明日香」など当て字していたが、明日香の枕詞「飛ぶ鳥の」から記紀では「飛鳥《あすか》」と表記されている、とされる。日本書紀での初出は履中前紀（仁徳時代）の地名譚である。

履中前紀三九九年

「倭漢直《やまとのあやのあたい》の祖阿知使主《あちのおみ》［…］太子（履中天皇）を扶《たす》け馬に乗せしめこれを（履中の弟墨江中《すみのえのなかつ》王《みこ》の反逆から）逃がす［…］太子、河内国埴生坂に到り［…］難波を顧望せり［…］大坂（奈良県北葛城郡逢坂とされる）より倭に向かい飛鳥山（斉明紀の奈良県高市郡飛鳥とは別、岩波版頭注）に至る」

履中記（古事記）

「ミヅハワケノミコト（反正天皇、履中の弟）は（墨江中王を成敗した後）大坂山の口に到りて『明日倭《やまと》に上ろう』と言った。そこでその地を『近つ飛鳥』という。その翌日、倭に上り『明日天皇の居る石上神宮に参ろう』と言った。そこで、その地を『遠の飛鳥』という」

この地名譚の伏線として応神紀に「阿知使主が半島から多くの漢人を引き連れて来た」とある。しかし、阿知王（使主）は後漢献帝の玄孫劉阿知であり、後漢末の混乱期に渡来したと考えられる。恐らく応神紀・履中紀の阿知王の記事は渡来伝承とその子孫の事績の混在であろう。三九九年の記事は仁徳東征（四〇五年以降）以前だから、九州での事件であろう。その地名や地名譚を東征後に近畿に移植したようだ。

それらをまとめると、台与の時代からしばらくして、混乱の帯方郡から阿知王は漢人二〇〇〇余人を引き連れて渡来した。崇神（イリ系）・景行（タラシ系）の渡来と同時代であろう。彼ら漢人は各地に入植したが、その中に「北九州あすか」（以下飛鳥と表記）があった。その飛鳥漢人子孫の一部は仁徳とともに河内に移り、その地に飛鳥の名を付け（近つ飛鳥）、さらに大和に移り、飛鳥の名も移植したと考えられる（遠つ飛鳥）。

その後も雄略紀や顕宗紀に大和飛鳥は現れる。例えば、

顕宗紀四八五年

「飛鳥八釣宮に天皇即位す」

記紀ではこの一〇〇年後に「肥前の飛鳥」が登場する。

崇峻紀五八八年
「蘇我馬子宿禰〔…〕法興寺を作り始める、此地名は飛鳥真神原、またの名を飛鳥苫田《とまた》という」

推古紀六二六年
「（蘇我馬子）大臣薨せぬ、よりて桃原墓に葬《はぶ》る〔…〕飛鳥河の傍《ほとり》に家せり」

この飛鳥は「蘇我馬子が住んだ飛鳥河」とあるから、蘇我氏の本拠である。蘇我氏の本拠が肥前であることはすでに述べた。この時推古天皇は大和に居るが、馬子は蘇我氏本拠の肥前飛鳥にいた。時代はさかのぼるが、大和とこの「肥前の飛鳥」を結ぶ記事がある。

雄略紀四六三年
「天皇、大伴大連室屋（大伴氏の大和支族）に詔して東漢直掬《つか》（阿知使主の子、都加《つか》使主）に命じて新漢の陶部〔…〕等を上桃原、下桃原、真神原の三所に遷し居らしむ」

崇峻紀、推古紀と雄略紀の共通地名「桃原・真神原」は、希少性から同一と考えられ、それは肥前である。また、東漢氏（東漢直氏）は肥前にも東漢直駒（崇峻天皇暗殺者、崇峻紀）の例があり、いずれも阿知使主の子孫とされる。子孫は初期の入植地名「あすか」とともに各地に拡散したと思われる。これに先述した「倭王珍と雄略朝は遣宋使と随行使、あるいは遣呉使を出して、協力して技術者を招聘した」という解釈を合わせると、次のようにまとめられる。雄略朝と倭国は協力して南朝系の技術者集団を招聘し（新漢）、肥前の飛鳥漢人（東漢）とともに住まわせた。その漢人の一部は難波住吉津に移され、いっぽう、この肥前飛鳥の地は蘇我氏の本拠に、その後、蘇我氏に推戴された上宮王家の舒明天皇・皇極天皇はこの肥前飛鳥にいる。

舒明紀六三〇年
「天皇飛鳥岡の傍に遷る、是れ岡本宮と謂う」
皇極紀六四三年
「権宮《かりみや》より移り飛鳥板蓋新宮に幸す」

舒明が崩御した飛鳥、皇極が遷った小墾田宮も肥前であることは本章で検証した。従って、その翌年に皇極が遷った「飛鳥板蓋新宮」も肥前飛鳥と考えられる。
その後、「大和の飛鳥」が再度登場する。

孝徳紀六五三年

「太子（中大兄皇子）奏請して曰く、倭京へ遷らんと欲す、天皇許さず〔…〕皇太子乃ち皇祖母尊（皇極上皇）、間人皇后を奉り、并《あわせ》て皇弟等を率い、往きて倭飛鳥河辺行宮に居す」

この飛鳥はわざわざ「倭《やまと》飛鳥」と断っているから「大和飛鳥」である。大和飛鳥は蘇我宗家が本拠地の地名「飛鳥」を大和蘇我領（後の飛鳥浄御原宮の地＝奈良県高市郡飛鳥）に移植し、乙巳の変後上宮王家が奪った地であろう。「履中紀の大和遠つ飛鳥」とは別の場所であろう(履中紀岩波版頭注)。孝徳天皇が崩御すると、皇極上皇は再び即位した。

斉明紀六五五年
「天皇飛鳥板蓋宮に於いて即位」

この「飛鳥板蓋宮」は「倭」の注もないから前出の「肥前飛鳥板蓋宮」である。大和から肥前に戻って即位している。大和飛鳥宮は「行宮」だからであろうか。それなら立派な難波で即位すればよい。孝徳から受け継いだ難波宮を、斉明はその年に外交接待に使っている（斉明紀六五五年条）。「即位のために九州に戻る」とは、上宮王家を存続王権とする合体にこだわったのかもしれない。以後の変遷は、

斉明紀六五五年

「是冬、(肥前)飛鳥板蓋宮災《ひ》つけり、(肥前)飛鳥川原宮へ遷居す」

斉明紀六五六年

「(大和)飛鳥岡本に宮地を更定す、遂に宮室を起す、天皇乃すなわち遷る、号して曰く、後飛鳥岡本宮」

天武《てんむ》紀元年六七二年

「宮室を岡本宮の南に営る、すなわち冬に遷りて居す、是を飛鳥浄御原宮と謂う」

六五六年条の「飛鳥岡本」は肥前のように見えるが大和である。紛らわしいので「後飛鳥岡本宮」と命名したという。後飛鳥岡本宮はのちには単に岡本宮と呼ばれ、近くに「飛鳥浄御原宮」が造られた。これらが「大和飛鳥」であることは疑問の余地がない。

前述のように、斉明天皇は肥前飛鳥から大和飛鳥へ遷都した(六五六年)。火災も一因かもしれないが、両王権統合の進展、倭国の外交危機からの避難など、これも複雑な事情が推測される。この「後飛鳥岡本宮」は大和の「飛鳥浄御原宮」として続く。以後、飛鳥といえば大和飛鳥を指すようになる。

付言すると、日本書紀は肥前と大和の飛鳥を一見区別していないように見える。このことが、「飛鳥は大和」とする通説と、「日本書紀はすべての飛鳥が大和であるように捏造している」とする九州王朝説の論争を呼んでいる。しかし、注意深く読むと日本書紀は二つの飛鳥が混同しそうな時は「後飛鳥岡本」としたり「倭飛鳥」として区別している。通説も九州王朝説も正しくない。日本書紀は「二つの飛鳥」を明言していないが否定もしていない。

◉唐皇帝が「日本国天皇」の安否を問う

上宮王家が大和王権と合体した一因は「唐と対立する倭国から距離を置きたい」ことだったと考えられる。その唐を訪問した学者伊吉連博徳《いきのむらじはかとこ》の報告が緊迫した両国の関係を伝えている。

斉明紀割注が引用する伊吉連博徳書六五九年

「(遣唐使) 難波［…］より発す［…］(唐) 天子相見て問訊し『日本国の天皇、平安なりや (天子相見問訊之日本国天皇平安以不)』と［…］勅旨す、国家来年必ず海東の政あらむ (戦争となるだろう)、汝ら倭の客東に帰ること得ざる (抑留)、と」

六六一年「(伊吉博徳は許されて困苦の末帰国し) 朝倉の朝庭の帝 (斉明天皇) に送られた［…］時の人称して曰く、大倭の天の報い、近きかな」

ここで日本書紀は「日本国」と「倭」と「大倭」を書き分けている。皇帝が話しかけているのは「日本国 (の客)」だ。正規外交相手でない「日本国」の「客」に皇帝自身が会う、ということは異例のことだ。文中の「勅旨」の相手は正規外交相手の「倭 (国) の使い」だろう。両方 (汝ら) を「倭の客」として「留め置く」と言っている。大和の僧や学者らが倭国遣唐使船に便乗していたのであろう。その「両方」を「留め置く」の理由は、倭と中国の外交問題と示唆されている。留め置かれた博徳の帰国は唐帝の意向 (日本を味方に引き入れる密約) を斉明天皇に伝える為に、特別に帰国を許されたのではないだろうか。「大倭」は九州倭国の自称、ここでは国内での通称。「大倭の天の報い」とは中国外交筋の怒りを博徳から漏れ聞いた倭国外交に批判的な人々（斉明朝）の見解であろう。

ちなみに「天皇」という称号は天武天皇が創始したもので、それまでは「大王《おおきみ》」と呼ばれたというのが定説だ。しかし、日本書紀は海外史料や海外王族の発言については、たとえまちがいと思われる記述もむやみに改変しない[4]、という原則があったという。特にここでは「日本書紀公定のたった六〇年前の朝貢相手国の皇帝の言葉」であり、漢語会話→漢語報告書→斉明紀の引用漢語記述までに意図的な改変があったとは考えられない。「日本国天皇」という呼びかけは改変ない史実であろう。

◉旧唐書倭国伝末尾――閉じた六〇〇年間の倭国外交史

旧唐書倭国伝六三一年の次の記事は倭国伝の末尾となる。

旧唐書倭国伝

「貞観二二年（六四八年）に至り、また新羅に附し表を奉じて、以て起居を通ず」

内容は新羅に託した単なる近況説明の信書で終わっている。倭国の遣唐使は六五四年にも行っている。

唐会要倭国伝六五四年

「遣使し琥珀瑪瑙を献ず（「貢ず」となっていない）」

これは中国正史に載らない程度のお付き合いだったようだ。

倭国最後の遣唐使は六五九年だが、もはや険悪な雰囲気である。「五七年に倭国の倭奴国の遣使」で始まった中国と倭国の公式外交は六〇〇年間続いて終わった。

◉百済の援軍要請

朝鮮半島においては、新羅が高句麗と百済の両方から攻撃を受け、もはや滅亡寸前だった。ここで新羅が外交方針を変更した。独立を捨てて、唐の冊封体制を受け入れて援軍を要請した（六四三年〜六六〇年の間徐々に）。唐・新羅軍事協定が成立した結果、唐は六五五年、六五八年、六五九年と高句麗に出兵する。だが、芳しい成果を得られず、一転、六六〇年に百済へ攻撃をかけた。その結果、百済は義慈王《ぎじおう》以下一万人以上が捕虜となって滅亡した。だが、遺臣鬼室福信《きしつふくしん》らが失地回復を図り、一時かなりの領土を取り返した。さらに遺臣たちは倭国に対して、長年人質となっていた百済の王子余豊璋の帰還と救援を要請した。

倭国内の主戦論には、さまざまな背景があったと考えられる。

一、「高句麗は再三にわたって唐を撃退している、倭国にもできないはずはない」という自信。

二、「質を取っている属国百済の国難を援けられなくて、何の天子か？」といった自縄自縛の立場。

三、「百済が滅びれば、次の標的は列島玄関口の倭国」というドミノ理論的危機感。
四、列島に散在する百済系住民の母国支援の声。
五、百済系貴族、及び血縁関係にあった倭国貴族の大合唱。

結局、倭国王は「大倭の天子」として全列島に百済救済軍の大号令を掛けた。これに、大和をはじめ吉備・関東など全国が応じたようだ。

◉斉明天皇九州へ――その執念

当時の斉明天皇は六八歳、倭国・倭諸国の指導者達の中でも最長老だっただろう。聖徳太子、多利思北孤、推古帝の没年は、斉明天皇の二〇～三〇歳代で、直接会ったことはなくても見識のあるスケールの大きい指導者だったから知らなかったはずがない。そういう時代を動かした指導者達を知っているのは、この時代には斉明天皇しかいなかった。

斉明天皇は以下のように考えたかもしれない。「倭国は唐とうまく付き合えない。大和は遣唐使を送っても、一人前に扱ってもらえない。これでは、国際的な影響力を半島に及ぼすことなどできない。近畿王家と倭王家は協力しなければならない。中大兄皇子には、倭国の姫をもらいうけよう。大海人《おおあまの》皇子《おうじ》には、天皇家の姫を嫁がせよう」。こんな思いと戦略が、斉明天皇を倭国の号令に同調させた背景かもしれない。

あるいは斉明天皇の脳裏に「神功皇后の故事」が浮かんだかもしれない。「神功皇后が大和軍を引き連れて倭国軍に加わり新羅征戦に勝利した。倭国王の御子とされた皇子を大和に連れ帰って大和王権を中興した」という故事だ（第四章）。これに倣って「斉明天皇（自分）が大和軍を引き連れて倭国軍に加わり唐・新羅戦に勝利したい。そして倭国王の御子とされる大海人皇子を大和に連れ帰って大和朝廷をさらに強大にしたい」という夢だ。

◉大海人皇子の謎

それというのも、大海人皇子は舒明・斉明間の第二子といわれているが、この出自については疑問視されている。大海人皇子に、中大兄皇子は自分の娘を四人も嫁がせている。このことが、何か特別な背景があるに違いない、と議論を呼んでいる。「本当に兄弟なのか？」という疑問や、「実は大海人皇子の方が、中大兄皇子よりも四歳年上だ」という説もある。ここから、義兄弟説や、貴胤説、倭国王皇子説、倭国王説、筑紫の君薩野間説などが出ている。

大海人皇子が冠位制定に関して、何か特別な立場にいたことを推定させる記事もある。

天智紀六六四年
「天皇は、大皇弟（大海人皇子）に命じて、冠位階名を換えて増加すること（冠位二十六階制定）、および氏上・民部・家部などのことを告げられた」
天智紀六七一年
「東宮太皇弟が詔して、冠位・法度のことを施行された」

かつて、多利思北孤が冠位を制定し（六〇〇年以前）、推古が施行（六〇三年）したような関係が倭国と大和に続いていて、天智天皇は冠位の改定に関して倭国の了解を必要とし、大海人皇子にその仲介をさせたのではないか？

そもそも、四人の娘を嫁すとは異常だが以前から例があり、蘇我氏の天皇家に対する外戚戦略とそっくりだ。しかし、天智はすでに皇太子や天皇だったから、普通ならこのような外戚戦略はあり得ない。だが大海人皇子が倭国の有力皇子とするならば、「大和天皇家の倭国王家に対する外戚戦略」として、四人の娘を嫁すこともあり得る話だ。実力外戚としての大和のバックアップがあれば、大海人皇子が「倭国王」となることもあり得る。言うなれば公武合体だ。これについては藤原鎌足の建策の可能性もある。

◉大海人皇子は倭国王の弟か

天智即位の時（六六八年）に天武は東宮になった（天武前紀）。「東宮」だけで十分のところ、天智紀には「東宮太皇弟」とあり、「東宮」であるとともに「太皇弟」を強調している（天智紀）。天武は倭国王の弟だったのではないか？　だから「太皇弟」とよばれた、との解釈が出る所以である。天智の弟（天武前紀）だからではない。天智の方が若いという。

天武は白村江の戦いの前に、天智の娘大田皇女《おおたのひめみこ》と鸕野皇女《うののひめみこ》（持統《じとう》）をそれぞれ一三歳のころを、妃としている。倭国王家と上宮王家の政略結婚、天武《てんむ》は上宮王家の婿になったのではないか。後年東宮になったのもその時の約束ではないか。いずれも斉明天皇の采配だろう。斉明自身、上宮王家宝皇女として大和王権系の田村皇子を婿に迎えている（舒明天皇）。狙いは天武の后・妃を天智の娘で固めた上で婿である天武を倭国王に押し上げ、倭国王家と上宮王家を再度合体させることだ。物部氏が倭国に取り入ったと同じ戦略であろう。

斉明はいくつも弱みを持っていた。斉明は上宮王の血脈ではあるが、殺された嫡孫山背大兄王の身代わりに婿（舒明）をとってようやくつないだ王統だ。斉明が継承した大和王権の推古・孝徳も大和諸豪族にとってはよそ者。なぜなら、推古は敏達天皇の皇后に過ぎず、敏達の子押坂人彦大兄皇子の即位は蘇我馬子に阻止されている。王統としては完全とは遠い。そこで、倭国王家主流に近い皇子のひとり大海人皇子を婿として天智の娘だけで囲って外戚となり、天武を倭国王に押し上げる、という物部流外戚戦略を斉明は長期戦略で手を打ってきたのだろう。

天武が倭国王の弟とすれば、兄倭国王（年号は白鳳）は白村江の敗戦（次節）の後、唐に朝貢を約束して傀儡倭国王となったと思われるが消息は不明だ。倭国は唐の年号を使い、白鳳年号は廃止されたのだろう。しかし唐が撤退した後、天武は白鳳年号を改元する形で新しい年号朱雀を建てた（六八四年）。白鳳年号が異常に長い（六六一年〜六八三年）のはその為だろう。天武は倭国王を継承した形を取っている。

以上のように「天武は倭国王の弟」とする状況が多い。

◉斉明天皇崩御と白村江の敗戦

斉明軍は六六一年一月に難波を発った。斉明のたっての願いで、自ら指揮することになったと言われている。西征軍が伊予に休止しした後の出立の歌が万葉集にある。

万葉集巻一、八－額田王《ぬかたのおおきみ》の歌
「熟田津《にきたつ》に船《ふな》乗りせむと月待てば潮もかなひぬ今は漕ぎ出でな」

この歌を斉明に同行した天武の妃額田姫王《ぬかたのおおきみ》の歌、とする通説がある。しかし、万葉集の左注に「類聚歌林《るいじゅうかりん》（山上憶良《やまのうえのおくら》）によれば、斉明天皇の歌である」とあるように、「斉明天皇（＝額田王）の歌」である。これが正しい。[5]斉明天皇の意気込みを感じさせる出立の号令である。

しかし六八歳の女帝の出陣は尋常ではない。斉明軍は時間をかけて、四月に筑紫朝倉宮に着いた。しかし、斉明は旅の疲れからか、七月にあっけなく急死してしまった、とされる。

斉明紀六六一年
「七月、天皇が朝倉宮に崩御された」

「斉明崩御は仮装」説については次章で述べる。その後、皇太子中大兄皇子が政務を引き継いだ。斉明崩御の喪で大和軍は遅れたが、白村江の戦いに参戦した。

天智紀

六六一年「九月、百済王子豊璋《ほうしょう》を軍五千余で本国に衛送した」

六六二年「五月　大将軍比邏夫連《ひらふむらじ》等が軍船百七十艘を率いて豊璋等を百済国に送り其位を継がせた」

六六三年「三月、前・中・後（阿倍比羅夫）七千人を派遣し新羅を打つ［…］六月、百済王豊《ほう》璋《しょう》は福信に謀反の心を疑い［…］斬った［…］新羅は百済王が良将を斬ったことを以って直ちに入国［…］八月、唐軍は軍船百七十艘を白村江に陣烈した［…］日本の軍船が到着し、大唐の軍船と戦った［…］日本不利に退く、大唐は堅陣を守る、日本諸将と百済王は状況を観ず［…］進んで大唐の堅陣の軍を打つ、大唐は進んで左右から船を挟んで包囲戦した。たちまち官軍は敗を続ねた。水に落ち溺死する者多数［…］百済王豊璋は数人と船に乗り高麗へ逃げ去る［…］九月、百済は唐に降伏した」

ここで「日本」とのみ記されているが、もちろん「倭国軍」が主導する「倭諸国軍（日本軍を含む）」だ。倭国軍は大敗した。引用がいささかそっけないのは、抜粋だからではない。原文自体が他人事のような書き方である。記述にもあるように、百済・倭国連合軍は稚拙な戦いをしたようだ。[6]

筆者が白村江を訪れた際、その干満差の大きいのに驚いた。二〇〇キロメートル北の仁川《じんせん》は世界最高クラスの潮位差（八メートル）があり、干潮時には沖合い数キロメートルが干上がるという。上げ潮・下げ潮、干潟の広さなどを熟知しないと、船は泥に乗り上げ身動きができなくなるだろうと思い、戦時における地元水軍の重要性を感じた。しかし、地元百済水軍はすでに唐水軍に組み入れられていたのだろう。

このように、七世紀には朝鮮半島の国際関係に劇的な変化があった。隋が高句麗との戦争で疲弊した後、隋に代わった唐は高句麗の背後の新羅と手を組み、まずは百済を攻めてこれを滅ぼした。次いで、新羅と組んで百済再興派と倭国連合を下し、最後に高句麗を滅ぼして全半島を影響下に収めた。

◉閑題休話——上宮王家の婿戦略

ここで、一つの筆者解釈がある。「上宮王家の皇極天皇は自分の婿・娘の婿・孫の婿を中継ぎとすることで三王権を統一して、現天皇家の祖となった」というものだ。

上宮王家は後継者難から、宝皇女の婿である敏達天皇の皇孫田村皇子を後継天皇に指名した（舒明天皇）。舒明が崩ずると、宝皇女が継いで皇極天皇となった。上宮王家は舒明天皇（婿）を中継ぎとすることで大和王権の継承権（中大兄皇子）を手に入れた、とも解釈できる。

皇極天皇は乙巳の変の翌日、大和王権の孝徳に譲位した。孝徳の妃（皇后）は皇極天皇の皇女間人皇女だ。娘婿に譲位したことになる。そして、孝徳天皇が崩ずると皇極上皇は皇位を取り戻して斉明天皇となった。皇極天皇は孝徳天皇を中継ぎとしたことで大和王権を手に入れた、と解釈できる。

さらに、斉明天皇は大海人皇子（倭国王家皇子か）の妃に中大兄皇子の娘を四人も送り込んでいる。結果論であるが、大海人皇子は天武天皇となり、崩ずるとその皇后が継いだ。持統天皇（天智天皇の皇女、斉明天皇の孫）である。斉明天皇は孫の婿天武を中継ぎとして敗戦後の倭国王権取り込みの道をつけた。

従来、女帝は「中継ぎ」と解釈されてきた。男子天皇を中継ぎとして王権を思い通りにしよう、というのは外戚戦略に翻弄された女帝達の鮮やかな逆襲と解釈できないこともない。

第八章注

［1］「上宮王二代目」……佃収「物部氏と蘇我氏と上宮王家」（星雲社、二〇〇四年）

［2］「譲位から遷都」……諸説ある。

［3］「倭京」……九州年号に倭京《わきょう》（漢語年号、六一八年～六二二年）があるが、ここは「わきょう」ではなく「やまとのみやこ（和語）」であろう。その根拠はつづく文章に「倭飛鳥河辺行宮《やまとのあすかかわべのかりみや》（和語）」とある。

［4］「大倭」「天王」「日本」「天皇」について……森博達「日本書紀の謎を解く」（中公新書、一九九九年）で、「雄略紀五年条（前掲）で『我が（之）孕める婦』の『之』は正格漢語の誤用で、編者（中国人続守言としている）の文章であったら訂正したであろうが、引用扱いとしてあえて改変していない」として、日本書紀編者の改変が加えられていない「準引用文」の例としている。雄略紀五年条には「大倭」「天王」があるが、蓋鹵王の発言であるから、朝鮮王の言葉の引用として改変ない例と考えられる。

［5］「額田王《ぬかたのおおきみ》」……と考えられている人物は三人いる。その一人が本文のように「額田王（万葉集）＝斉明天皇」である。もう一人は斉明崩御後の万葉集の「額田王」だ。こちらは「天智天皇の后、倭姫王」の万葉集での別名で、天智への恋歌を歌い（巻四、四八八番）、天武から「人妻ゆゑに」と歌われ（巻一、二〇番）、天智のもがりの歌を締めくくり（巻二、一五五番）、「類聚歌林」が「御覧・御歌」と尊称する。古人大兄皇子の娘である（日本書紀）。おそらく斉明の別名「額田王」を継承したのであろう。三人目は天武天皇妃「額

田姫王」で、鏡王の娘である（日本書紀）。通説は「額田姫王＝額田王」として天武・天智との三角関係を取り沙汰する。しかし、「額田姫王＝額田王」の根拠は日本書紀にも万葉集にもなく、また父が違う別人である。天武の妃が天智の后になったのではない（坂田隆「人麻呂は誰か」）。

［6］「『白村江』以後」……森公章（講談社、一九九八年）。

第九章　天智の「日本」と天武の「大倭」

◉唐の交渉軍使

白村江の敗戦の半年後（六六四年）、百済の鎮将（唐将）劉仁願《りゅうじんがん》が唐使郭務悰《かくむそう》を派遣してきた。

天智紀六六四年

「夏五月、百済鎮将劉仁願は郭務悰等を遣わす、表函と献物を進む」

従来、戦勝国唐が軍使を敗戦国倭国に派遣して戦後処理の交渉に来た、と解釈されてきた。しかし、倭国は対抗姿勢をくずしていない。

天智紀六六四年

「是歳、対馬嶋・壱岐嶋・筑紫国等に防《さきもり》と烽《のろし》を置く、また筑紫に大堤を築いて水を貯める、名を水城という」

天智紀に記述があるのは、大和王権も協力したからであろう。唐は再度使いを送る。

天智紀六六五年

「九月二三日唐は劉徳高、郭務綜等〔等とは右戎衛郎将上柱国百済禰軍を謂う〕二五四人を遣わしてきた。九月二〇日に筑紫に着き、二二日に上表文の函を奉った〔…〕一二月劉徳高まかり帰る」

唐の軍使が国書を持って筑紫に着き、二日後に国書を提出したという。国書のあて先は筑紫の倭国王だったことを意味し、大和の天智ではない。これに対し、倭国は唐へ使節を送った。

天智紀六六五年

「是歳、小錦守君大石等を大唐に遣わす云々〔等とは小山坂合部連石積・大小乙吉士岐弥・吉士針間を謂う、蓋し唐使人を送るや〕」

唐使の帰国に同行したのだろう。これも和平交渉と解釈されてきた。

ところが次の文書から、これら唐使や倭国使節の目的が別だったことがわかる。

旧唐書劉仁軌伝六六五年
「泰山に封ず、仁軌は新羅・百済・耽羅・倭の四国酋長を領《ひき》いて会に赴く、高宗甚だ悦び」

唐皇帝にとって最大の祭祀慶事、秦の始皇帝に始まる「泰山封禅」に近隣国の酋長が参加し皇帝はご満悦とある。その事前準備の倭国王出席要請（天智紀六六四年）とその迎え（天智紀六六五年）、そして倭国使節の出発（六六五年）だったのだ。六六五年の唐使が二五四人という少人数だったことは「慶事出席要請だから、威圧的行動を避けた」と解釈できる。

泰山封禅使節団の帰国記事がある。

天智紀六六七年
「百済の鎮将劉仁願、熊津（百済）都督府熊山県令［…］等を遣わし［…］石積等を筑紫都督府に送る」

ここに「筑紫都督府」が初出する。都督府は唐の占領地監督の機構であり、敗戦国百済熊津にもある。その都督府が筑紫にあるということは、過去三年の唐の慶事優先の融和外交が一転したということだ。さかのぼって、六六四年の慶事出席要請使は倭国の対抗姿勢を帰国報告しただろう。六六五年の迎えには倭国を刺激しないように少人数で丁重に倭国使を迎えた。しかし、慶事を無事終えた六六七年の倭国使返送便で唐は一転して強硬外交を見せつけた。背景に六六七年に唐は高句麗を討ち「向かう所克ち捷《か》つ」（旧唐書）とあり、余裕の出てきた唐の「対抗姿勢を緩めない倭国に対する厳しい要求」があったと解釈できる。この帰国記事には六六五年条の「小錦某」が含まれていない。留め置かれたのではないだろうか。ただ、この段階では都督府の規模は筑紫の港湾に浮かぶ唐の軍船だけだったかもしれない。その根拠は、依然として倭国は対抗姿勢を崩していなかった。朝鮮史書が、不穏な動きを伝えている。

三国史記新羅本紀六六八年
「唐は『倭国討伐』を理由に軍船を修理したが『新羅討伐』のためと噂された」

唐が「倭国討伐」を唱えるということは、倭国が唐への対抗姿勢を崩していなかったと解釈できる。

◉天智即位

倭国が唐との対立を継続する中、天智が飛鳥から近江大津へ遷都し（六六七年）、天皇に即位した（六六八年）。なぜ斉明の没後六年も称制を続け即位できなかったか、なぜ斉明の造った立派な大和飛鳥を捨てたのか？　さまざまな謎がある。

斉明天皇は白村江の戦いに出兵準備の九州朝倉宮で崩御した（六六一年）とされるが、「実は崩御は斉明軍を大和へ引き上げる口実とする為の中大兄皇子の仮装で、斉明天皇は実際は六六六年まで生きていた」とする説がある（九州王朝説の一部）。その根拠は羽曳野市（大阪府）野中寺弥勒像台座の

「中宮天皇病気平癒の請願文」であるとする。

野中寺弥勒像台座銘文

「丙寅年（六六六年）［…］中宮天皇大御身労坐します時、誓願し奉りし弥勒御像也」

この説は「六六六年に天智は称制で天皇ではない。だから天皇でありうるのは斉明天皇の生存説」とする。一つの可能性である。筆者はもう一つの根拠を挙げたい。「斉明天皇は中皇命《なかつすめらみこと》と呼ばれることもあった。万葉集の中皇命の歌（巻一-一〇～一二）の注には類聚歌林に『天皇の御製歌なり』とあることなどから斉明天皇である」（折口信夫説を引く坂田隆説）とされる。ここから筆者は「六六六年の中宮天皇とは中皇命＝斉明天皇である」とする解釈は有り得ると考える。すなわち「斉明天皇は六六六年まで生きていた」という可能性である。天智は斉明天皇の存命中は称制を続けた、という説が説得力を持つ。

◉斉明天皇の崩御は仮装か

「さすが斉明崩御を仮装してまで軍を引くことはありえない。長年の友邦国倭国を裏切ることになるからだ」というのが常識だ。しかし、事は国家存亡にかかわる。倭国もろとも日本まで滅亡したら、列島は唐の完全な支配下になる。いっぽう、唐にとっても長年朝貢を願ってきた日本を倭国から分断することは伝統の遠交近攻策に叶う。日本は負ければさらに奥地に逃げて手を焼くだろうと考えたに違いない（後述「祢軍墓誌《でいぐんぼし》」参照）。唐帝は遣唐使に随行した伊吉博徳らに異例にも「日本国の天皇、平安なりや」と問いかけている（斉明紀六六一年、第八章参照）。唐から日本に百済復興に協力しないよう何らかの働きかけがあったとしてもおかしくない。

同じような働きかけは過去孝徳天皇にあった。倭国遣唐使に随行した日本使に時の唐帝高宗は璽書を賜り「出兵して新羅を援け令《し》む」と百済攻撃を命令している。悩んだ孝徳は病にかかって崩御してしまう。斉明天皇は孝徳天皇の後継者である。唐帝は同じ命令を繰り返したかもしれない。それを斉明天皇が受け取った可能性がある。「斉明天皇が朝倉宮で崩御される直前、伊吉博徳が唐から帰国して朝倉宮で斉明天皇に『大倭の天の報い、近きかな』と唐の強硬姿勢を報告している」（斉明紀六六一年条）。唐の意向が日本にもたらされたとしたらこの時しかない。そうだとしたら、斉明天皇の窮地はただならぬものだったに違いない。半島出兵直前である。唐に朝貢を願い続けた日本が、唐に「百済を討て」と命令された直後に唐と戦うのでは、唐の怒りが倍加する背信となる。さりとて、命令に従えば、倭国軍を背後から刺すに等しい裏切りとなる。

報告を聞いた斉明天皇が、もちろん心痛から急死したかもしれないが、中大兄皇子と謀って崩御を仮装した可能性もある。

いずれにしても喪に服し、斉明軍を減らしたり参戦を遅らせたりしたようだ。日本としては、ぎりぎりの選択だ。それでも唐は怒った。それを示す金石文がある。白村江の決着が着いたあとも唐は「日本は唐の罰を逃れている」としている（後述）。

◉近江大津遷都に対する筆者解釈

天智の近江遷都も謎とされている。「唐の侵攻を恐れて、より奥地の近江にのがれた異常な臆病か？」とされている。当時の人々からも反対が多かったというから、明らかな身に迫る外敵の脅威があったわけではない。確かに天智の遷都した六六七年は筑紫に唐の都督府が設けられた年だが、まだ倭国の対抗姿勢は続いている。天智軍は倭国に協力して防衛を固めつつあった。

筆者の推測は「天智の恐れたのは、唐の侵攻そのものではなく、倭国が早晩唐に屈すると、唐は倭国に大和を攻めさせる、という想定だ」と考える。倭国は神武の建国以来四〇〇年間大和を同盟国とし、これを敵国・競合国として武力を行使した事はなかった（磐井の乱も含め）。しかし、倭国が唐の傀儡になれば、唐の命令で大和征伐が始まるのは明らかだった（後述「祢軍墓誌」参照）。倭国軍は弱体化していたにしても、そうなれば、すでに大和に逃げてきた多くの倭国の王族・貴族・豪族、それに大海人皇子派までが雪崩を打って天智を裏切り倭国軍に寝返る恐れがあった。そこで天智は先手を打って「倭国を大和に引き込む大戦略」を実行に移した、と筆者は考える。

天智は近江へ遷都して「倭国の藤原京遷都を受け入れる。その為に藤原京を空けた。ただし、その条件とは大海人皇子への倭国王譲位だ」と倭国に提案したのではないだろうか。そもそも、斉明は何のために倭国王皇弟とも目される大海人皇子を取り込んだのか、その大海人皇子に四人もの天智皇女を送り込んだのか。それは、大海人皇子を大和の力で倭国王に押上げ、天智が倭国王の外戚として倭国を専らにする戦略、恐らく藤原鎌足提案の長期戦略の実行だ。その時は熟した、というより、その時は最早余り残されていない。

いっぽう、倭国にとっても今や大和遷都は魅力のはずだ。唐の脅威にさらされる倭国王が大海人皇子（倭国王皇弟？）に譲位することも条件しだいで可能性もある。倭国王が親唐大和派に代われば唐も傀儡としてではなく冊封体制としての朝貢に同意するだろう。新羅の前例がある。唐・百済・高句麗と対立した新羅は唐の懐に飛び込む冊封体制受入れで、むしろ事実上の独立を維持した。

天智にとって危険な賭けだが、成功した前例があった。さかのぼって「乙巳の変」の時、上宮王家皇極天皇は大和王権の孝徳天皇に譲位して上宮王権を大和王権に委ねたが、孝徳天皇が崩御すると斉明天皇が皇位を取り戻した。結果的に大和王権を手に入れた（第八章）。今、大和王権天智が弱体化した倭国を藤原京に迎え入れ、大海人皇子を倭国王に、その子草壁皇子《くさかべのみこ》（天智の孫）を皇太子にすれば、将来倭国王草壁が実現し、天智が外戚祖父として倭国を支配する。天智はその戦略の実行を急いだようだ。斉明天皇の遺言だったかもしれない。藤原京を空けて近江京に遷都するとともに、難波周辺の軍事施設（高安城）を強化した（六六七年）。もちろん藤原京は天智軍で固めた（壬申の乱参照）。倭国には軍事力は余り残っていなかった。

◉唐軍進駐と倭国の朝貢

ところが、天智の恐れは意外に早く現実化して、戦略は狂ってしまった。高句麗を下した唐が本格的に倭国支配に乗り出してきたのだ。

天智紀六六九年

「唐の郭務悰と二〇〇〇名が九州に派遣された」

ついに倭国は対抗姿勢を止め、唐の冊封体制にはいった。

唐会要倭国伝

「咸亨元年（六七〇年）三月、使いを遣《つかわ》し高麗を平らぐを賀す。爾後、継《つづけ》て来りて朝貢す」

これまで長年倭国は、たとえ遣唐使を送っても朝貢はしてこなかった。そのことを中国史書は繰り返し確認している。隋書六一〇年条を最後に「貢」の字を使わず「献」の字のみを記している。しかし、ここの記述では「朝貢」となっていて、倭国の対抗姿勢はなくなっている。倭国はこれまでの対唐対等路線を捨て、朝貢路線に転換した。

天智紀六七一年

「対馬国司が筑紫大宰府に使いを遣わして、郭務悰と二〇〇〇名が、捕虜の筑紫君薩野馬《さちやま》を連れて交渉を要求してきたことを伝えた」

薩野馬の他にも多くの王族人質や捕虜が半島に残されていて、中国はそれを交渉材料にして朝貢より強い軍事干渉を押し付けたと思われる。駐留軍下の朝貢は傀儡王権というべきであろう。

◉百済人祢軍墓誌

この時期の国際関係を示す史料が二〇一一年に中国で見つかった。百済人祢軍《でいぐん》（人名）墓誌拓本である。祢軍は中国系百済人で百済朝廷高級官僚、対唐戦で捕虜となったが抜擢されて傀儡百済政権の高級官僚となり、唐の対倭国交渉にも加わった。天智紀六六五年条（前掲）の「右戎衛郎将上柱国百濟禰軍」がその人と考えられている。六七八年ごろ没した。墓誌の拓本のみが二〇一一年に中国で見つかった。

全文八八四字の関係部分を示す。傍線部が注目カ所だ。

百済人祢軍墓誌（六七八年頃）

「[…] 去る顕慶五年（六六〇年）、官軍（唐軍）本藩（百済）を平らげる日 […] 于時《ときに》 […] 日本の余噍（残党）は扶桑（近畿）に拠りて以って誅（罰）を逋る […] 萬騎野を亘り […] 千艘横波 […]（以下唐・百済戦の描写）、僭帝は一旦臣を称し […] 仍《すなわ》ち大首望数十人将を領《ひき》い、入朝して謁する、特に恩を蒙り左戎衛郎将を詔授される」

傍線部については当時の朝日新聞などでさまざまな推測がなされた。

一、墓が立てられた六七八年頃に「日本」という国号が使われている。最も早い例か。

二、「日本」とは倭国のこと、倭国の残党が逃げた扶桑とは近畿、その意味は「倭国が近畿に遷都したのではないか」（一部の九州王朝説）。
三、倭国王は「天子」から「朝貢する臣」になっているから墓誌の「偺帝一旦臣を称し」に一致する。倭国王は出陣し、戦い捕らえられ、臣下の礼を取らされたのではないか。
四、捕虜の筑紫君薩野馬は唐で「恩を蒙り倭国王を詔授され」て送り込まれてきたのではないか。

◉薩野馬は倭国王でない

これに対応する筆者の解釈を述べる。番号は前節に対応させた。

一、「日本」は墓誌が初出ではない。第四章で述べたように「日本」は東方という意味では古くから九州で使われ（他称）、百済にとって日本とは日本国（東方諸国の集団名）または日本軍（東方諸国軍）を意味する（他称）。国号では「日本貴国」（東国軍兵站基地、第四章）が神功紀に、また「大倭」と並ぶ国名として「日本」が雄略紀に現れる（第五章）。分国名としては次節に述べるように六七〇年に海外文献に出現する。「日本書紀編纂時の改変でない『日本』表記」があることは前述した（第五章）。決して墓誌が早いわけではない。
二、「日本」は「倭国」ではない。「日本の残党」は「倭国の残党」ではない。唐は白村江の倭国軍を「倭衆」（旧唐書百済伝）とし、唐帝は斉明天皇を「日本の天皇平安なりや」（斉明紀六六一年）と使い分けている。

三、墓誌の「僭帝」は倭国王でない。墓誌全体の流れから、ここは倭国王ではなく百済義慈王が捕虜になって唐に忠誠を誓わされた事情を指すのだろう。旧唐書百済伝は白村江の戦いに五〇〇字余を割いていて、該当部分で旧唐書は「扶餘豊《ふよほう》、身を脱し走る、偽王子扶餘忠勝《ちゅうしょう》、忠志《ちゅうし》等、率士女及倭衆並び降る」としているのみで倭王・倭王子はでてこない。もし倭国王が白村江に出陣して陣頭指揮をとり、捕虜になった、ということがあれば、必ず旧唐書に出る。従って、倭国王は捕虜になっていない。薩野馬は倭王・倭王子ではないだろう。日本書紀が倭国王でない筑紫君を記しているのは筑紫君磐井と同様「倭国不記載」の対象外だからであろう。

四、「筑紫君薩野馬は倭国王になったか？」について。唐軍監視下の傀儡王とするには倭国王か王子の方がはるかに罰になり、統治もし易い（百済の例では王子）。たぶんそうしたであろう（天武の兄か）。

以上、墓誌は多くのことを明らかにし、多くを示唆している。

◉天智天皇が「分国倭国＝やまと」を「日本」に改号

倭国が傀儡化して朝貢を始めてしまった（六七〇年）。天智の長年の戦略が狂ってしまった。「唐と対立する倭国に代わって倭諸国代表と認めてもらう」、これが長年の大和の戦略だった。ところが、倭国が朝貢を始めては、その可能性がなくなった。残る道は倭国から独立することだ。倭国とは別の国として親唐大和として朝貢を認められれば倭国と対等の国となる可能性は残っている。

このような流れの理解から、従来謎の一つとされてきた次の史料を読み解くことができる。

三国史記新羅本紀六七〇年
「倭国、更《か》えて日本と号す。自ら言う、『日の出ずる所に近し』と。以って名と為す」

倭国が改号したと言うのだが、この史料以外にこの改号を記すものはない。しかも旧唐書にはこの後も倭国は登場する。そこから「これは後世の日本（総国）建国（七〇一年）の記事を、この年にはめ込んだのだろう」といわれている。しかし、七〇一年は「建国」であって「改号」ではない（後述）。「日本」は古くは倭国・朝鮮から近畿（日出ずる方）を指す漢語他称として、また継体天皇頃から自主外交の場面で大和朝廷の漢語自称として使われた（第五章参照）。この時期（六七〇年）に、近畿・大和のいずれかの国名を「日本」と改号できる人物は天智天皇しかいない。では改号の元の「倭国」は九州倭国だろうか。いや、天智天皇に宗主国の改号権限はない。一つの可能性が考えられる。それは大和朝廷が自らを「倭国（の一員）」と自称してきたことだ（新唐書日本伝・推古紀の「倭皇」など）。「総国倭国の中の分国倭国」という意味だろう。その「分国倭国（＝近畿・大和）」を、天智天皇が分国倭国王として「日本国」に改号することは論理上可能である。「分国倭国の改号」の狙いは、「宗国倭国からの独立、傀儡倭国との決別」だろう。倭国と手を切り、唐と連携する新羅と通じたのだ。新羅だけがこれを受け入れたようだ（三国史記六七〇年条）。しかし皮肉にも、この年から唐と新羅は対立を始めた。

◉壬申の乱

「倭国と日本の大連合を大和が主導する」が大海人皇子に期待される役割だった。それに先んじて唐が倭国を傀儡化することを天智天皇は恐れた。しかし、恐れていた通り、倭国は唐の傀儡となり（六七〇年）、大和に先んじて朝貢するようになった。倭国の藤原京遷都も、大海人皇子の倭国王継承の可能性もなくなった。天智天皇が大海人皇子（皇太弟）に譲位する理由が失われた。天智は子の大友皇《おおとものおう》子《じ》を重用し、ついに太政大臣に就かせた。それが壬申の乱の引き金になった。

天智一〇年（六七一年）、天智は病気を理由に譲位を提案するが、大海人皇子は裏があるとみて辞退し、出家して高野山にこもった。その後天智が没し、翌年（六七二年）六月「壬申《じんしん》の乱」が始まる。

藤原京は天智軍で固められていたから大海人皇子は美濃を頼った。「大海人皇子は倭国を頼った」（古田説）は正しくない。大海人皇子は唐への対抗意識を保っていたから唐の傀儡倭国を頼るはずがない。また西国諸国も天武《てんむ》（反唐）に味方すれば唐の敵となるから賛同しなかったであろう（後述）。皇位継承戦争の形を取った戦いだが、国際力学・新旧勢力・近畿対地方などさまざまな要素が複雑に絡み合いながら、日本古代における最大の内戦は短期間で大海人皇子が勝利した。大海人皇子は藤原京で即位して天武天皇となった（六七二年）。

◉天武天皇の「大倭国」構想

天武天皇が編纂を指示した古事記には「日本」が一度も出てこない。天智天皇の中域「日本国（漢語、国名）」を否定したのだ。では、国名は何にしたのだろうか？　天武天皇は「大倭国（たいわ［ゐ］こく、漢語、国名、おおやまと、和語、国名）」の構想を持っていたと思われる。過去にも正式漢語国名「倭国」に対して、「大倭国」は雄略紀や斉明紀にも出てくるがあくまで自称・美称国名である。多利思北孤の「俀」も「大倭」に由来する、という解釈も前述した。天武はその「大倭国」を再現しようとした。このことは、天武が編纂を指示した古事記の冒頭部分に「大倭《おおやまと》豊秋津島（総国）」の当て字があることからもわかる。数代の天皇名の頭についた「大倭（おおやまと、やまと）根子」の当て字も編纂時の天武の意思ではないか？　その心は唐と対等になろうとした倭国の「大倭」の精神を引き継ぎたい、という天武の意思の表れと考えられる。そうであるならば、天武は生粋の南朝派倭国王家皇子である。

「天武の大倭国構想」と解釈したもう一つの根拠は、天武の崩御後に孫の文武《もんむ》天皇が「大倭（漢語・和語、国名）」を「大倭（やまと、和語、国都名）」に格下げしたからだ（七〇七年以後の大和地名に現れる）。天智の「日本国改号」を天武が否定し、天武の「大倭国」を文武が否定したことになる。いずれも政治的意図と考えられる。逆にそれが「古事記の『大倭』は天武の政治的意思」だったことを示唆している。

第十章　倭国の終焉と日本建国

◉倭国の終焉

朝鮮半島では高句麗を破った新羅が優勢になって、徐々に唐と対抗するようになり、ついに唐軍を朝鮮半島から追い出して朝鮮を統一した(六七六年)。唐軍の半島退去で九州の唐軍も縮小されたと考えられている。

唐軍を後ろ盾とした傀儡倭国の情報も全く消えた。七〇一年の日本建国までに倭国は消滅したと考えられているが、いつ、どのようにして消滅したのか、定かではない。唐は公式には倭国の滅亡に関与した、とはしていない。公式唐史の旧唐書倭国伝の末尾に「白村江の戦い」を記していない。これは「対百済戦」の残敵討伐戦であって倭国は百済残党の支援部隊に過ぎない。唐と倭国は公式に戦争したわけではない。また、旧唐書には「倭国伝」に続いて「日本伝」があるが、「日本は倭国との関係を云々しているが倭国と日本は別種だ」としているだけで、公式には「倭国の滅亡の理由には関知しない」との立場に見える。

しかし、前章で挙げた百済人祢軍墓誌（六七八年頃）から唐軍撤退時期の唐の関係者の率直な見解が読み取れる。

百済人祢軍墓誌

「[…]去る顕慶五年(六六〇年)、官軍(唐軍)本藩(百済)を平らげる日[…]于時《ときに》日本の余噍(残党)は扶桑(近畿)に拠りて以って誅(罰)を逋《のが》れる」

この文章から「倭国は罰を受けている」と読み取れる、と前章でのべた。さらなる解釈の可能性もある。この墓誌には「百済」と「日本」があるが「倭」という字がない。彼が六六五年、使節として来た相手は「倭国」であって「日本」ではない。その「倭」がない。この時期まで「倭」を記録しつづけた中国史料、すなわち「(六六〇年、百済で)倭衆並びに降る」(旧唐書百済伝)、「(六七〇年)来りて朝貢す」(唐会要倭国伝)なども、この時期以後出現しない。そのことに注目すれば、この文章は「唐軍は百済を平らげた。倭国は罰を受けて消滅した。日本の残党は近畿に拠って罰をのがれている」と、傍線部を補って読むのが妥当だろう。墓誌は六七八年で、唐軍の撤退の前後である。その時期に「唐軍の罰を受けて消滅した」とはどんな状況が考えられるだろうか。

唐軍は百済から撤退した時には宝物を根こそぎ奪い、宮殿を破壊つくし、百済王、皇子のほかに一万人を捕虜として連れ去ったといわれている(その後に傀儡政権→唐軍政)。九州の唐軍は最大で二〇〇〇人だから、駐留軍ではあるが占領軍ではない。しかし、唐軍は倭国を傀儡化し、傀儡倭国に対し百済から逃げた王族貴族の引き渡し、彼らが百済から持ち逃げした宝物の引き渡しを要求しただろうことは想像に難くない。百済人のみならず、百済から逃げ帰った倭国軍の王族や将軍もその対象になったであろう。彼らは山野や日本（近畿）に身を潜め、唐軍の引き渡し要求は次第に強奪になり、傀儡倭国はそれを黙認し、さらに協力したかもしれない。唐軍撤退前には見境ない略奪・暴行・放火の嵐が九州倭国を襲ったことが容易に想像される。なぜなら、九州から近畿へ逃避した宝物は多く、九州に残された貴重な遺産があまりに少ない。

倭諸国にとって、倭国の外交機能こそが倭国を宗主国と認める根拠だったから、それを失った傀儡倭国はもはや宗主国の吸引力はない。倭諸国の離反や倭国王族の大和避難で、倭国は急速に空洞化・縮小化して、立ち枯れのように消滅したのではないだろうか。その根拠の一つが「祢軍墓誌には『倭』の字がない」という事実だ。それは六七八年前後と思われる。

◉大極殿——倭国消滅の傍証

天武紀六八一年条に、藤原宮の宮殿の名称として「大極殿」が出てくる。[1] 大和では中心御殿は「内裏」と呼ばれた。九州大宰府に唐軍が残っていてまだ倭国が存在していれば、天武天皇といえども「大極殿」の名称を使うのをはばかっただろう。それが天武によって「大極殿」と改称されたということは、この頃には唐軍は撤退したと推測される（六八〇年頃か？）。天武が「唐／倭国の存在」の束縛から解放された証であり、倭国消滅の傍証だ。また、天武が唐に朝貢する意志がなかったことを傍証している。

◉天武天皇の記紀編纂事業——古事記

倭国が滅亡した。天武天皇はそれを踏まえて、新しい国造りに着手した。その一つが記紀編纂事業だ。「大倭国」を目指していた天武が命じたのは倭国の史書（「倭国紀」？）に比肩しうる国史の編纂だろう。

天武はまず大和の再認識から着手した。大和の古い秩序とその根拠・史実を認識し、その上に壬申の乱での貢献者の出自と影響力を勘案し、新たに味方にすべき氏族に権威の根拠を与えて、新秩序を正当化して固定化する根拠が必要だった。大和に統一王権があったのは断続的だ（崇神・仁徳・継体など）。その後も九州遷都・大和帰還・九州の一王権との合体など、複雑に揺れ動いた。過去の諸王権の子孫が諸豪族となって割拠して、それぞれの家伝を持ち、権威と権利を主張していた。それらの虚実と正統性判断によっては混乱が予想される状況だった。

すでに、孝徳天皇／中大兄皇子らによる「大化の改新」に付随して、合体王権とそれぞれの豪族の序列を定める歴史的根拠を公定した文書がつくられたことは想像に難くない。継体朝以前については神話から雄略までが多くの物語や歌を口承として伝わっていたと思われる。神武以後、特に九州遷都以後は合体王権の王統を一本化して歴代天皇を帝紀としてまとめられていたようだ。天武は稗田阿礼《ひえだのあれ》に命じ、帝紀《ていき》と本辞《ほんじ》を採録させた。古事記である。

◉古事記の「倭《やまと》」

古事記には「倭」字が多用されている（六八カ所）。その大半は「やまと」の意味である。例えば

「吾を倭《やまと》の青垣の東山上にいつき奉れ、此は御諸山の上の神なり」（古事記上巻）。この「倭《やまと》」は表意当て字である。第三章末尾で多少述べたが、この用法はさまざまな問題を含んでいる。

一、表意当て字「倭《やまと》」は「表音和語に同意の表意漢字を当てる用法」と言える。この用法は先行した漢文の訓読（漢語に同意の表音和語を当てる）の普及（推古時代）のさらに後と考えられる。古事記でも歌では「夜麻登」（表音当て字）が使われている。作歌当時の用法（先行）を尊重したのだろう。「倭」は作歌当時の一般的用法ではなかったことを示している。

二、表意当て字には元になる「和語と漢字の関連性」がなければ成り立たない。「やまと」と「倭」字の初期の関連性は「倭（国）のやまと」であろう。新唐書日本伝に日本遣唐使の主張として「日本は小国、倭の幷《あわ》す所と為る。故に其の號を冒す」とある（後述）。「倭（九州）が日本（やまとの意、次節）を併合する」とは神武東征か仁徳東征であろう。そのゆえ「日本は倭国の一部として倭と号した」とある。すなわち「倭のやまと」の表現があった可能性がある。だが、この時代にはまだ訓読も表意当て字「倭《やまと》」もない。

三、大和が自立的な時代は大和の人々にとって「倭のやまと」と自称する動機がない。しかし、「九州に遷都した大和王権」（第六章）をやまとの人々が「倭（九州）のやまと」と呼んだ可能性はあるだろう。安閑〜推古七〇年間の九州遷都と、さらにその後も豊前を中心に子孫・王族が残ったから（田村皇子など）何らかの呼称が必要だからだ。使用頻度が高ければ短縮系の「倭《やまと》」が使われた可能性も推古時代ならある。しかし推古の大和帰還遷都以後は、その必要性が薄くなり、また上宮王家との交流で「倭《やまと》」は九州倭と混同するから使われた可能性は低い。ただし、古事記からは使われたかどうか判断できない。なぜなら、古事記には継体記以後にそもそも物語の記載がなく歌もなく、「倭《やまと》」の出る場面がないからだ。

四、「倭のやまと」の表現がその後大和の人々に広く使われたとは考えられない。特に推古以後は大和は倭国からの独立性を強めつつあった。当て字「倭《やまと》」が形成される状況ではない。また、倭国遣唐使には推古以後大和使が随行している。このような両国関係の中で「倭《やまと》」が使われることは混同の点から考えられない。

五、当て字形成の一つの道は枕詞である。「飛ぶ鳥の明日香」が「飛鳥」となったと同じ範疇で「倭のやまと」が「倭《やまと》」に移行する可能性がある。しかし、古事記の歌では「夜麻登」が使われているから、古事記の「倭《やまと》」は枕詞とは関係がない。

六、倭とやまとが混同しないで用いられる状況が一つある、倭国の消滅である。天武は倭国消滅後多くの地名人名の「やまと（山常など）」に「倭」字を当てさせたようだ。[2] 消滅した倭国を大和に再建したかったと思われる。それが古事記に反映されている。

以上から、「倭《やまと》」の当て字用法は倭国消滅前からの可能性はあるが低く、倭国消滅以後天武が地名・人名の当て字変更令や古事記での当て字を指示したことが実質的な使用開始となったと考える。

しかし、古事記は和語化漢文で国際的に通用する国史とは言えない。また、継体記～推古記は事績記述（物語）を含んでいないから史書とは言い難い。天武は古事記を基に「日本紀」となる編纂事業を続けさせた（のちに日本書紀）。この時点では書名は「大倭紀」だったかもしれない。天武の崩御、後継天皇による修正を経て、日本書紀では古事記の地名・人名の「倭《やまと》」は残しつつ、国名・天皇名の「倭《やまと》」は「日本《やまと》」に変えられている。これについては後述する。

◉「万世一系」

記紀は天皇家の「万世一系」を主張している。これには建前論や捏造説など様々ある。筆者は次の点を指摘したい。

一、百済三書は三国史記の記述から見て「百済建国以来万世一系」と読めるように記述している。これは「虚偽記載」ではなく、ただ合体二王権の片方を「不記載」としただけだ。（第四章「二つの百済」参照）。日本書紀は百済三書を参考にしている。

二、倭国史書はもちろん「万世一系」と記述していたと考えられる。なぜなら、倭国の王権の断絶・交代があったと断定できる史料はない。むしろ、王権が継続したという傍証が多い。[3] 王権のみならず王統もまた連綿と続いてきたことを示唆している。王統は外戚の消長に影響されて主流・傍流の交代はあったと思われるが、広い意味では同族内継承と思われる。倭国史書は「万世一系」を主張していたに違いない。

三、それに対して大和王権はすでに各章で見たように、並立・交代・間接支配・王の不在（九州遷都）などがあり、「一系の王権」とは言い難い。しかし、並立する王権の事績を意図的に選択記述をして虚偽記載なしに一系と読めるようにしている傾向はある(誤読誘導)。これも百済三書を参考にしただろう。また推古天皇までの歴代王権は前王権間に姻戚関係の記述が認められる。推古以後も「蘇我女系も含めて何らかの血脈があれば一系」を認めれば、苦しい説明ながらも記紀の「王統の万世一系」ははっきり否定できない。ただ、鍵となるからより厳密な論証がもとめられる応神天皇の出自についてはなお疑問が残る。

四、ある程度の無理を承知で強引に、編集方針を「大和は王権も王統も万世一系だった」としたのは天武だろう。それを誰よりも必要としたのが天武だからだ。新たに決めた秩序体制をアマテラス以来の約束事とし、大和諸勢力・諸豪族をまとめようとしたと思われる。どの王権の子孫も別王権として排除されるのでなく、万世一系の中に組み入れられたことで、「新たな秩序の約束事」を受け入れたのではないだろうか[4]。

五、古事記は「大和も万世一系」とするいっぽうで、「やまと」に「倭」字を当てている。九州倭国を大和に再興しようとしたとも受け取れる。倭国の万世一系と大和の万世一系、即ちアマテラスの二つの天孫系(ホアカリ?とニニギ)を合体させて「大倭国」を大和に建国する、というのが天武の構想だったと考える。

◉天武天皇崩御

唐軍が撤退し、倭国は消滅した。天武にとって、まさにこれからだった。

しかし、天武天皇は「大倭国」の夢の実現を見ることなく、六八六年に病没した。天武崩御後、皇后の持統《じとう》が称制をとり、六九〇年に即位したとされる。持統天皇は天武天皇の路線を継がず、むしろ父天智天皇の親唐路線で大和の「日本」中心の新国家構想を推進した。天智天皇にその路線を助言したのが藤原鎌足で、持統天皇に助言したのが鎌足の息子藤原不比等だ。この二代にわたる関係に注目したい。

このようにして、倭国は最後の支持者だった天武の崩御によって、継承と再建の途を閉ざされた。持統天皇は「大極殿」を「内裏」に戻し、その孫文武天皇は国都名を「大倭《やまと》（和語）」に変えた[5]。天武の「大倭《たいわ》（漢語、国名）」「大倭《おおやまと》（和語、国名）」を「大倭《やまと》（和語、国都名）」に格下げして矮小化したのだ。これには従来「持統が夫の戦略よりも、血統を選択して父の戦略を採った」という解釈もあるが、それよりは「唐と対立した倭国・大倭国を足下にしっかり押さえ込んだ姿を中国に示したうえで、改めて朝貢外交を請う」と言う、現実的な外交路線が選択された結果と考える。この時点では、天武天皇の親倭・反唐路線は、滅亡した倭国と同じ「危うい観念主義（理想主義）」だったというべきだろう。こうして唐への対抗姿勢を消し去った後、天武天皇が消した中域「日本」を、今度は文武天皇が総国「日本」として建国し、編纂中の国史も「日本紀」とし、念願の日本の朝貢遣唐使へと続く。

◉日本建国と遣唐使

持統天皇の皇太孫文武《もんむ》は、六九七年に持統を継いで天皇に即位したが、七〇一年三月に改めて建元した。

続日本紀[6]七〇一年

「三月、対馬嶋が金を貢ぐ、建元して大宝元年と為す、令を始め官名位号を改制す」

「対馬嶋が貢ぐ」とは、対馬という旧倭国の地を併せたことの誇示であり、「建元」とは「改元」と異なって元号を新たに建てることで、新王朝・新国家の始まりを意味する。では、新国家は何と号したか？　もちろん「日本国」である。しかし、その日本国は「日本国の建国は神武による」としているので（日本書紀）、七〇一年は建前上建国ではなく、それ以前から日本国が存在しなければならない。そこで、文武は即位（六九七年）するとすぐに日本国号を復活させた、と思われる。それを示す史料がある。

三国史記六九八年

「日本国の使、至る」

天智天皇の「日本国（分国）」改号（六七〇年）は、天武天皇が廃止して「大倭国《おおやまと》（総国）」を称していた、と考えられるからだ。では、七九七年完成の勅撰「続日本紀」は、七二〇年の日本紀（改め日本書紀、七九一年）の立場を知りながら、なぜ七〇一年に関して建国を意味する「建元」と記したのだろうか？「どの国も大昔からの建国神話を持っている。だがそれは建前で、実態は七〇一年が建国だ」という当時（七九七年頃）の常識を素直に記している、と解釈できる。

建前は建前として、七〇一年の「建国」以前の大和は「国」ではなかったのか？　宗主国倭国の下で自前の元号もなく、国史もなく、官位制度も借り物で、外交ルートも持っていない、国際的にはとても一人前の国家ではなかった。だから、建国して国際的な承認を得ることが必要だった。遣唐使派遣は建国の仕上げの儀式でもあった。

◉唐の認定「倭国と日本は別の国」

翌年、文武は遣唐使を派遣して、建国の国際的承認を求めた。遣唐使は総勢一六〇人、代表は粟田《くりた》真人《まひと》、萬葉歌人として有名な山上憶良が随行した。その結果が唐の史書「旧唐書」に記されている。東夷伝の中に、高句麗・百済・新羅・倭国と並んで初めて日本国の条が立てられている。

まず、従来の倭国条については、すでに何度も記載した。

旧唐書列伝東夷倭国条
「倭国は古の倭奴国なり［…］世々中国と通ず［…］その王の姓は阿毎氏《あめうじ》、その字は多利思北孤［…］官を設けて一二等あり［…］貞観五年（六三一年）、使いを遣わして方物を献ず［…］高表仁を遣わし［…］綏遠の才なく、王子と礼を争い［…］二二年（六四八年）に至り、また新羅に附けて表を奉り、以て起居を通える」

倭国条の最後は、六四八年の「新羅に託して状況を伝えた」で終わっている。白村江の戦いも、傀儡倭国も出てこない。前者は唐にとって百済との戦争であって、倭国関係の事件ではない。後者は唐軍の末端の失敗でしかない。倭国は記される程のこともなく、唐史から消えた。

これに対して、新たな日本国の条は、

旧唐書列伝東夷日本条

「日本国は倭国の別種なり。その国は日の辺に在るを以て、故に日本を以て名となす。或はいわく、倭国は自らその名の雅しからざるを悪み、改めて日本となすと。或は云う、日本は旧小国、倭国の地を併すと。その人の入朝は多く自ら衿大にして、実を以て対せず、故に中国は疑う［…］其の大臣朝臣真人、来り方物を貢す」

唐は日本の遣唐使から、倭国と日本国の関係について、①別の国、②倭国の改名、③日本が倭の地を併合した、と矛盾する三つの説明を受けたようだ。これを聞いた唐は説明に疑いを持ち、「故に中国は疑う」と述べている。そして「①別の国」だけを認め、朝貢を認めたうえで、国交開始の証として日本条を立てた。それ以外の日本の主張②③については、記すだけに留めている。

これを検討する。

一、「日本国は倭国の別種なり」。倭国遣唐使に随行した推古遣隋使以来、日本は「倭国とは別の国」

を繰り返し主張したから、唐もこれは認めた。

二、しかし次の改名説は受け入れていない。「倭国は自らその名の雅しからざるを悪み、改めて日本となす」は天智天皇が「倭国（分国名、大和）を日本国と改号した時の理由」（三国史記六七〇年、唐会要六七〇年）だが、中国はそう受け取っていない。「倭国（総国名）を日本国と改名した」との主張と受け取り、「倭国は滅亡した。倭国の継続・単なる改名は認めない」と拒絶している。

三、「日本は旧小国、倭国の地を併す」は「倭国消滅の後、倭国の旧地を併す」の意味であって、「倭国を併す」でないから虚偽ではないが、中国側は「日本は倭国を吸収合併」という主張と受け取り、これも「倭国の継続」として拒絶している。「倭国は滅亡した」との理解だからだ。

二、三のいずれも、「実を以って対せず」と言われるような虚偽を言っているわけではないが、中国の理解を得てはいないようだ。

◉日本書紀の編集方針「倭国不記載」と「誤読の誘導」

こうして唐は日本国を承認し、日本国遣唐使は目的を果たした。「日本と倭国は別」とする唐の断定に沿って、日本書紀は「他国である倭国」の事蹟を記さないことにした。もちろん、最大の目的は唐と対立した倭国と一線を画することにあったのは間違いない。最盛期を迎えている唐と対立している暇はない。文化や技術の導入で周辺諸国に後れを取っていたから、遣唐使の派遣と留学生の送り込みを急ぎ繰り返す必要があった。

「不記載の効果」。国内的にも倭国の権威は依然として新王権の前に立ちはだかり、倭国復活の脅威が続いたと思われる（九州年号の継続など）。その権威を打ち消そうとして前王朝を悪逆非道と罵る史書の常套手段ではなく、不記載として語らず権威を利用する方が賢い。さいわい大和王権は倭国の友邦同盟国として長年国内や海外での征戦で協力してきた。記紀はこれら共同征戦を記述しつつ、主導の倭国を不記載とすることで大和の成果として際立たせて大和の権威につなげている。誤読も生じようが、大和も参戦しているから虚偽記載ではない（第三章）。このような「不記載の効果」を記紀編者は百済三書から学んだと思われる（第四章）。

「誤読誘導」の例。三国史記や百済三書は、北百済の王統・事績を不記載とするだけでなく北百済の朝貢記事だけは南百済王統の記事に混ぜて挿入している。その結果、中国史書も並読する読者は、百済（北百済）の朝貢記事のみならず他の事績記事も百済（南百済）の事績と誤読することになる。百済三書に学んだか、日本書紀にも「誤読の誘導」が多い。例えば、雄略紀の「日本の天皇」に百済新撰の「大倭の天王」を黙って並記すれば、「日本＝大倭」「天皇＝天王」と誤読される。別の例では、並記しなくとも読者が海外史書を並読することを想定して「雄略天皇＝倭王武」と比定することを誘導している可能性もある。

三国史記や百済三書のように、合体前のどちらの王権の事績を史書に記述するかは裁量の範囲であろう。記紀も王権合体について何も語らない。黙って両王権の天皇を交互に記載している（推古紀～斉明紀）。恐らく百済三書に学んだのだろう。

「別種同名の誤読」。誤読誘因の例として、別種同名がある。「二つの高麗」がその例だ（第四章）。他の例に、旧唐書は「日本国は倭国の別種なり」とし、新唐書は「日本は小国、倭の幷《あわ》す所と為る。故に其の號を冒す（同名自称）」とあるから「別種同名の誤読誘因」となっている（倭《わ》のやまと）。日本は建国前は「日本は倭国と別の国」を主張したが、「日本」確立後は次節に述べるように徹底的に「倭国＝日本」を教宣した（倭《やまと》、次節）。

「地名移植も誤読の誘因」。記紀はしばしば元地名と移植地名を説明なしで並記している（難波・飛鳥など）。九州から何波もの地名移植を伴う移住があったことは周知だ。ただ、逆の事例も指摘しなければならない。大和王権の九州遷都で近畿地名が九州に移植された可能性は忘れてはならない。

◉その後の日本

日本書紀公定を前に「最近まで存在した倭国」を日本国から排除することが総仕上げだった。それには、倭国に関する記録を含んだ国内史料が問題だった。遣唐使帰国後の七〇八年、朝廷はそうした望ましくない書物を禁書として没収した。

続日本紀七〇八年
「和銅元年とし［…］大赦《たいしゃ》を行う［…］死罪以下、罪の軽重に関わりなく［…］すべて許す［…］山沢に逃げ、禁書をしまい隠して、百日経っても自首しないものは、本来の様に罪する」

どのような書物が禁書になったかは推して知るべし、だろう。
こうして、日本書紀はまず「日本紀」として完成した。

続日本紀七二〇年
「舎人親王、勅を奉じ日本紀を修む。ここに成りて奏上す。紀三〇巻系図一巻」

完成の翌年（七二一年）には早くも、宮中において博士が貴族達の前で講義する日本紀講筵《こうえん》が公的に設けられた。これは、開講から終講までに数年を要する長期講座で、日本紀の古写本の訓点（書紀古訓）として取り入れられたという。ここでは国内向けには日本の正統性を最大限に教宣した。漢文に弱い日本国民に振り仮名を付けて「神武以来、山跡《やまと》が倭《やまと》であり、大倭《やまと》も大和《やまと》も日本《やまと》である」と教えた。日本書紀の「日本」初出に、「大日本［注、日本、此れを耶麻騰と云う、以下皆此れにならえ」豊秋津島云々」とあり、「日本《やまと》」が常用されていなかった新しい訓読であることが読み取れる。しかも、海外文献の引用「日本《にっぽん》」にも適用させている（この乱暴な注は編者注であるはずがなく、解説者注であろう）。海外に通用する理屈ではないが、振り仮名を利用して、理屈抜きに「日本は倭国」を繰り返し刷り込んだのだ。鎌倉時代の「釈日本紀」からは、「二文同一」（第五章）を肯定した解釈から「日本＝大倭」「天皇＝大倭天王」がすでに深く浸透していたことが窺える、と述べた。以後、日本国はこの主張を繰り返し、次第に他国もそれを「日本の主張」として認知していった。

通常史書は隣国までは触れるものだ。しかし、ほぼ完璧な「倭国不記載」だったから「倭国＝日本」

の教宣が成功した。
こうして倭国は終焉しただけでなく、消されてしまった。
さらに後年、天智系の光仁《こうにん》天皇が「日本紀」の特に持統紀に改変を加えて天智系を正統とした「日本書紀」を改めて公定した（七九一年）。これが今日の「日本書紀」として伝わっている、といわれている。このことは本書「倭国通史」の範囲ではないので触れない。本書で参考にしたのは改定後の「日本書紀」であるので「日本書紀」と記述した。

◉新唐書の理解

もう一つの唐の正史である新唐書[7]にも旧唐書に該当する記事がある。

新唐書日本伝
「日本は古《いにしえ》の倭奴也、（つづけて隋書引用）［…］（神武まで）凡三十二世［…］筑紫城に居す、神武立ち（独立）、更《か》えて天皇と号す、大和州に治《みやこ》す、次綏靖、（つづけて歴代天皇）［…］次用明、亦目《また》（代理）多利思比孤という［…］隋の開皇末（六〇〇年）、始めて中国と通ず［…］倭の名を悪《にく》み日本と更号す。或いは云う、日本は小国、倭の幷《あわ》す所と為る。故に其の號を冒す。使者は情を以ってせず、故にこれを疑う」

前半は旧唐書とかなり違う認識で、八世紀の日本の主張「日本の建国は神武から」「推古天皇の遣隋使（六〇七年）は日本」を認めている。さらに「従ってその前の六〇〇年の多利思北孤遣隋使も日本」と過剰理解している。

後半は旧唐書をほぼ踏襲しているが、旧唐書では「日本は旧小国、倭国の地を併す」とあって倭国消滅後の七〇一年の日本建国前後を指しているが、新唐書の類似の記事「日本は小国、倭の并《あわ》す所と為る。故に其の号を冒す」は「仁徳東征で大和は倭国に統一された。大和は倭（の一部）と自称した」という史実（宋書、倭王珍の倭国王叙位）を指している。

◉法隆寺の変遷——大和朝廷の上宮王家顕彰寺

最後に一文を追加したい。日本国建国後、大和朝廷は公式には「神武天皇にはじまり、敏達天皇を経て天智天皇に至る大和の王権」である。しかし途中経過に「九州・大和の非倭国系二王権の対等合体」があったことを検証した。その理解によって初めて「大和朝廷の法隆寺への特別な思い入れ」が正しく理解できる、と考える。「法隆寺の変遷」についてまとめた。[8][9] 法隆寺史を長年追い、法隆寺棟梁西岡常一氏（一九九五年没）の講演会にも参加してきた筆者がようやく納得した結論である。

一、法隆寺金堂の釈迦三尊像は上宮法皇（斉明天皇の祖父、第八章参照）の病気平癒を祈念して六二二年一月発願された（法隆寺金堂釈迦三尊像光背銘、第七章参照）。しかし、祈念は叶わず上宮法皇は一カ月後の二月に崩御した。遅れて像は翌六二三年三月に完成した（同）。

二、釈迦三尊像は尺度Aで造られている。[10] この像を安置する法隆寺の金堂・五重塔の「基壇（組み石に囲まれた土台)」も像と同じ尺度Aで造られている（筆者仮称[10]）。法隆寺はこの像を安置するために同時に発願されたと考えられる。場所は上宮王家の本拠（肥前三根郡飛鳥岡本宮）近くであろう（第七章）。

三、発願者、すなわち法隆寺の創建者は上宮法皇の継嗣である聖徳太子と考えられ易いが、前年の六二一年二月にすでに薨去しているから聖徳太子ではない（日本書紀、弟で斉明天皇の叔父か、第八章参照)。

四、法隆寺の基壇（尺度A）の上の金堂主屋は尺度Bで造られている。新しい基壇の上に、他から移築したようだ。発願者は上宮法皇の病気治癒を願って急いで建立しようとしたのだろう。ここで「移築」とは後年の「肥前から大和への移築」（後述）ではなく「建立時の肥前内（推定）移築」である。

五、五重塔も別の尺度Cで造られている。別にあったものを移築したようだ。五重塔の心柱は五九四年伐採である(心柱の年輪年代測定から)。像よりも二〇年前に建てられている。すでにあった寺から移築した証拠である。心柱（尺度C）の一部は尺度Aで追加工されている。移築の際に加工したものであろう。

六、金堂の雲形肘木《ひじき》は五重塔のそれより古形であるという。金堂は五重塔よりもさらに古い。移築の証拠である。金堂・五重塔の裳階《もこし》も尺度Aで造られている。移築の際に追加されたものであろう。これらに従って細かいことを言えば、世界最古の現存木造建築は金堂であって五重塔ではない。

七、上宮王家が肥前から大和に遷《うつ》ったのは六五六年である。斉明紀六五六年に「天皇遷る、号して曰く後飛鳥岡本宮(大和飛鳥)」とある。少なくもそれ以前は法隆寺は肥前飛鳥にあったと考えるのが自然だ。

八、法隆寺が肥前から現在の奈良斑鳩に移築されたのは七〇八年と考えられる(七大寺年表に「七〇八年、詔に依り太宰府観世音寺を造る、又法隆寺を作る」とある)。移築の理由は斑鳩の若草伽藍の焼失であろう(若草伽藍発掘調査)。「斑鳩寺に火災」(天智紀六六九年)、「法隆寺に火災、一屋も余す無し」(天智紀六七〇年)とある。六七〇年の火事は法隆寺ではなく、これも斑鳩寺であろう。斑鳩寺は六六九年に小火災をおこし、六七〇年に全焼したのであろう。斑鳩寺が焼失したので、その焼失跡(実際は少し離れている)に法隆寺が移築されたと考えられる(七〇八年、「造る」でなく「作る」と七大寺年表にある)。その理由は二つの寺は隣合わせながら方角が二〇度ずれていて、並存したとは考えられない。方角を南北正して法隆寺が移築された後、斑鳩寺の記憶は法隆寺の前史として記憶され、六七〇年の記事のように「法隆寺の焼失」と記録されたが焼失したのは斑鳩寺であろう。呼称が違うのは出典が違うからであろう。従って現存の法隆寺には火事の跡もないし、五九四年伐採の五重塔心柱も現存している。

九、斑鳩寺は聖徳太子の寺だが、その焼失跡に移築する寺としては聖徳太子の父である上宮法皇ゆかりの法隆寺が最適である。当時、九州肥前の法隆寺は寂れていたと考えられる。その根拠は法隆寺伽藍縁起并流記資財帳に「食封三百戸[…]己卯年(六七九年)停止」とある。唐軍撤退・傀儡倭国消滅の混乱期である。建物の移築の前に本尊(尊釈迦三蔵像)だけが九州から大和に(予想された戦乱から避難して）移された可能性はあると思うが定かでない。
一〇、七〇八年に「法隆寺移築の詔書」を出した元明《げんめい》天皇と上宮王は次のようにつながっている。
上宮王―聖徳太子の妹（？）―斉明天皇（上宮王孫）―天智天皇―元明天皇
上宮王は元明天皇の先祖である。元明天皇が先祖の顕彰寺である肥前の法隆寺を大和斑鳩へ移築させた理由は十分ある。元明天皇は「古事記」撰録、「風土記」の編纂を命じている。歴史に関心が強い。
一一、しかし、大和朝廷には上宮王を公式に顕彰できない理由があったようだ。それを推定する。
①上宮王は倭国中枢の王族だったと考えられ、倭国不記載の原則から記述を避けた。
②上宮王（五九一年～六二三年）は推古天皇（五九二年～六二八年）と治世が重なるので両方は出せない。
③大和王権（肥前）から大和王権（大和）へ遷都した天皇として推古天皇は欠かせない。
④記紀は「聖徳太子の父は用明天皇」として蘇我系大和王権と上宮王家をつないでいる。「父は上宮法皇」とはできない。
⑤天子を自称した上宮法皇は唐の手前はばかられる。
一二、以後、天智系歴代天皇は上宮王の顕彰寺を公式には聖徳太子の寺として法会したようだ。
こうして法隆寺は肥前で長年ひっそりと存続することによって戦火を免れ、大和に移築されることによって聖徳太子の寺として尊崇され、皇室によって保護されることによって世界最古の木造建築の地位を守り続けている。

◉倭国の実像

古代史研究者にとって「倭国」は謎であり、夢であった。霧の中に僅かな手がかりを見つけては欣喜雀躍することが繰り返され、邪馬台国論争を繰り広げ、九州王朝説を勇気付けてきた。期待が大きかったし、過大に期待した。

だが、その実態がおおむね明らかになった今、冷静に眺めれば、九州倭国は無視されてきたいっぽうで、過大に評価されてきた面もある。倭国は宗主国として暦・年号・冠位・海外派兵の号令を発したが、だからといって倭国が列島を直接支配したのでなく、歴史的権威による冊封体制のような間接支配であって、領土的・兵力的・経済的には他王権並みであったと思われる。

◉海峡国家に終わる

朝鮮半島の高天原系倭人が海原系倭人を列島に追いやって、海峡にまたがる倭国を造った。倭国は海峡国家として始まった。倭国王自ら征戦を繰り返し、半島に、列島に拡大していく。五世紀以降はもっぱら半島経営に注力していく。しかし、新羅の半島統一とともに、倭国は半島の権益を失っていった。

倭国は「海峡国家」から「列島国家」へ変身することもできただろうが、半島にこだわり続け、白村江の戦いに破れ、大和を筆頭とする列島の倭諸国を残して滅亡した。なぜそこまで半島にこだわったのか？　その理由として従来、半島の権益や百済王家との血脈などが挙げられてきた。諸外国と戦い、国際感覚を磨くうちに、列島内陸部の祭祀的精神に距離感を持ったことや、大和と役割を分担するうちに、列島への直接的影響力を失っていったことも半島にこだわる理由になったのだろう。しかし、倭国の出発点が半島にまたがる倭人の海峡国家だったこと、特に倭国の原点が半島であったことを、もっと重視すべきだろう。現在の我々はそれを失い、理解できないでいるが、倭国にとって半島は父祖の地であり、深い望郷の念や祖先への絶ち難い思いがあった、と推測される。

◉失われた半身

倭国と大和は役割を二分してきた面がある。倭国には諸外国と競う中で培われた国際感覚、競争心、国際標準、歴史観、論理性、合理性などがあり、大和には情緒、自然との一体感、仲間意識、和、事実よりは建前などがあり、祭政二重構造としてそれぞれそれを分担しながら補完してきた。しかしある時、片方の倭国が失われた。残った大和に遺されたものだけで、今日に至る日本を創った、それが祭祀国家日本だと考えられる。

「失われた倭国」、日本人はそこに久しく失ってきたものを見出すような、憧憬と懐かしさを感じるのかもしれない。

第十章注

［1］「大極殿」……実は日本書紀の初出ではない。皇極紀六四五年条に乙巳の変（上宮王家）の舞台として一回だけ出てくる。上宮王は天子を自称していたから宮殿を「大極殿」と呼んでいたと思われる。大和王権孝徳天皇の難波宮にも「大極殿」があったらしい（長岡京へ移築）。これら王権は中国との公式外交権がない地方政権だから天子の象徴「大極殿」と名づけても中国ともめる事がなかった、それでも次第にその呼称を止めたようだ（朝貢外交を模索）。
「大極殿」は九州大宰府に遺存する（第7章で述べた）。倭国王の天子自称の名残りだ。倭国の場合は外交関係があるから中国と対立した。その結果が白村江の敗戦となった。大宰府は敗戦後に倭国の本拠地（筑前鞍手郡、遠賀川中流か）から現在地に移された可能性もある（考古学調査などから）。敗戦後も唐との対決姿勢を変えなかったようだ。その結果が唐軍の駐留と倭国の傀儡化となり、これら名称は廃止されたに違いない。唐軍撤退後、天武が「藤原京（首都）・大宰府（副都）」の両方に「大極殿」の名称を復活させたのだろう。天武は唐との対立覚悟でそれを復活したのだ。

［2］「倭《やまと》」……古事記では時代に関係なく、一括して「やまと」に「倭」を当て字しているいっぽう、歌は当て字していない。このように、あるルールに従って一括して替えていることは編纂時の新方針があった、天武の政治的意図があったことを示唆している。

［3］「倭国王権の継続性」……中国史書は隋書・旧唐書・新唐書ともに倭国の倭奴国以来の倭国継続を認めている。倭国王家中枢の王族（上宮王・多利思北孤）は「漢委奴国王印」の「委」の用字にこだわっている（第七章）。また、アマテラス以来と思われる和風姓「アマ（アメ）」を名乗る王統（隋書）が継続している。

［4］「新たな秩序の約束事」……スサノヲの国譲りを神話に押し込むことで、この秩序は神々の約束事、人代が変えることができない秩序とされた。万世一系もそのようにしたかったのだろう。　神と人との約束事・先祖のした約束の拘束力・臣従の暗黙の契約などに類似の観念がある。キリスト教では「新約聖書」をNew

Testament（新しい契約書）と呼び、神と人との「契約」とする考えがある。これは歴史書ではない。

［5］「大倭」……七〇一年に大和地区を「倭（やまと）」から「大倭（やまと）」に当て字変更した。これより前の天武紀四年（六七五年）に飛鳥地区を「大倭（やまと）国」と呼ぶ例が出てくるが、これは日本書紀の編纂時の遡及改変だろうとされる。「大倭（やまと）」は後に「大和（やまと）」に変更された。坂田隆「日本の国号」（青弓社、一九九三年）

［6］「続日本紀」……七九七年完成の勅撰。撰者菅野真道

［7］「新唐書」……唐年代の別の正史　一〇六〇年、北宋の欧陽脩らの勅撰

［8］法隆寺……米田良三「建築から古代を解く」（新泉社、一九九三年）

［9］「物部氏と蘇我氏と上宮王家」……佃收（星雲社、二〇〇四年）

［10］「尺度A、B、C」……筆者仮称。尺度A＝二七・一センチメートル　尺度B＝二七・〇センチメートル　尺度C＝二六・八五センチメートル　AとBの違いはわずかだが、建築学上別系統といえるという。平井進「法隆寺の建築尺度」（「古代文化を考える」四〇号所収）

関連年表および地図

※年表中の黒太線は日本書紀の舞台が近畿・大和か、九州か、朝鮮半島かを示す。その変化点①〜⑮については表末に解説を付記した。

	近畿王朝	近畿／大和	九州王朝	九州	南朝鮮　朝鮮	中国	歴史書
前二〇〇					周王箕子朝鮮	殷　前一六〇〇〜一〇二七　倭人周王に暢草献す？	
前五三八						呉越の戦い　呉の倭人？	
前二二〇				史記　徐福伝説　会稽東治の東		秦（前二二〇〜二〇二）始皇帝	
前二〇二					前一九五　弁辰	前漢（前二〇二〜八）	
前一〇八					楽浪郡　辰韓建国		「史記」前九一頃　司馬遷編
① 前五〇				アマテラス・スサノヲ原伝承（年代不詳）	倭人が半島南部を荒らす	辰の遺民遼東に（契丹古伝）	
八				楽浪海中倭人あり（漢書地理志）	アマテラス高天原（半島）へ	前漢滅ぶ	
② 二五				この頃スサノヲが諸国を造る（後漢書から推定）	スサノヲ高天原で乱暴し追放される	後漢（二五〜二二〇）	「論衡」王充　二五〜一世紀末）

五七	八〇	一〇七	一六〇	一七三	一八〇	二〇〇 ③	二一〇	二二〇
								この頃纒向古墳創始
倭奴	倭大	倭	国乱			卑弥呼		
委奴国王之印 金印（志賀島） 倭奴国 倭国の極南界（後漢書）	スサノヲと半島からの倭の住み分け		倭国大乱「桓帝（一四七〜一六七）・霊帝（一六八〜一八九）の間、倭国大乱」後漢書	一七〇年頃、卑弥呼共立 一七三年「倭女王卑弥呼が辰韓王に遣使」三国史記	倭国大乱終結	天孫ニニギ降臨（日向）	倭国政事都が九州へ、卑弥呼は祭事都	
倭諸国	倭国							
倭諸国（半島） 五九 脱解王、倭国（半島）と好交（三国史記）	倭国統一（連合？） 魏志倭人伝	半島南に倭国（魏志韓伝） 倭国王帥升等、遣使（後漢書倭伝）	この頃、ワイ・韓強勢（後漢書韓伝） 半島倭人、韓人が列島へ大挙移動	倭国政事都は半島に残存か		ニニギノミコト半島から日向へ	半島の倭国が政事都を九州へ移動	魏の帯方郡、倭を帰属（魏志韓伝）
			黄巾の乱（一八四）					後漢滅ぶ 魏呉蜀時代（三国志）
	この頃「漢書」前漢の史書 班固	「倭人は委の人（おとなしいひと）」説文解字 許慎作、一〇〇成立。						

仲哀　成務　景行　垂仁　崇神　三輪　欠史八代　神武　ニギハヤヒ

倭大　台与　倭国

二三九	女王の都する邪馬台国（国名ではなく国都名、祭事都、三輪？）	卑弥呼魏に使い　親魏倭王金印（魏志）	二四〇年、半島倭国消失→狗奴韓国（魏志倭人伝）	倭王卑弥呼の遣魏使	
二四三		狗奴国と停戦か　倭国女王卑弥呼、遣使奉献（晋書帝紀）		倭国女王遣使（晋書帝紀）	
④ 二六五	この頃神武大和へ	この頃神武東征へ		魏から晋への禅譲	
二六六	倭人来たりて方物を献ず（晋書武帝記）纏向からの随行使？	倭の女王（卑弥呼宗女台与）、訳を重ねて貢献せしむ（神功紀所引晋書起居注）		倭の女王貢献（晋書起居注）	二七〇年頃「魏略」魚豢
二八〇	二七〇〜三〇〇神武在位			魏呉蜀終わる	「三国志」二八〇〜二九〇頃　陳寿
⑤ 三〇〇	二八八〜三一八（記崩年）崇神在位				
三一六	倭国国内征戦（倭王武上表文）崇神、四道将軍	倭国九州征戦に景行軍も参加		西晋の滅亡	
三一八	崇神崩年　垂仁即位				
三三一	景行推定崩年三三一頃　垂仁推定崩年三四〇頃				
三四六		倭国　朝鮮出兵	百済　新羅　高句麗	東晋　鮮卑匈奴	
三五五	成務　記崩年				
⑥ 三五六	仲哀・神功熊襲征伐	仲哀・神功熊襲征伐			
三六二	仲哀　記崩年				

年	⑦⑧	近畿	倭国	朝鮮	中国	
三六四			神功皇后が貴国建国	「倭兵が新羅を襲う」三国史記	五湖十六国	
三六六		欠史八代～三八〇頃まで ～三八〇頃までに神功・御子の近畿帰還	三六九 神功皇后新羅親征 七支刀	「百済、倭国に使者」三国史記		
三九一			倭が百済新羅を臣民化（広開土王碑）	倭が百済新羅を臣民化（広開土王碑）		
三九七			三九四 応神崩御（記崩年）	百済が倭に人質王子腆支		
三九八					北魏（鮮卑）西晋を継ぐ	
四〇〇	⑦	仲哀の御子が崇神系を継承		高句麗が倭から新羅を奪う（広開土王碑）		
四〇二			倭国・貴国が新羅から人質	新羅が倭に人質王子未斯欣（三国史記）		
四〇四			九州貴国の解消			
四一三	⑧	四〇五頃 仁徳が貴国河内遷都	倭王讃 東晋に使い	人質未斯欣、新羅へ逃亡	倭、東晋へ朝貢	
四二〇					南宋	
四二一			倭王讃 宋より称号（南史←宋書）		南朝	
四三八			倭王珍、遣宋使、倭国王に叙せらる」宋書夷蛮伝		北魏→北朝	

近畿の系統帯：神功　御子（三六四～三九八）／崇神系（三六四～三六六）／崇神系（三九一～三九八）／仁徳（四〇四以降）

九州の系統帯：貴国神功（三六四～三六六）／応神（三九一～三九八）／仁徳（四〇〇～四〇四）／倭国

四四三			倭五王	倭国王済（自称）が倭国王に叙せらる			
四四五				四五一年、加えて使持節、倭、新羅、六國諸軍事、安東将軍			
四六二		大和が「日本国」を自称し 倭国から自立傾向		倭王興　倭国王に叙せらる 倭王武倭国王を自称			
四七八	雄略	雄略　遣宋使に随行使？ 又は遣呉使 四八九　雄略崩御(記崩年)		四七一 倭王武　六國諸軍事、安東大将軍、倭王に格下げ　宋書夷蛮伝	四七一　百済高句麗に敗れ　奠都	宋の滅亡（四七九？）	
五〇二		清寧・顕宗・仁賢・武烈		倭王武　征討大将軍に			
五〇三							宋書　沈約編　宋は四七九年まで
⑨ 五〇七		継体（応神から五代）					
五二二	継体			九州年号開始（仏教語多用			
五二七		五二七　継体崩御(記崩年)	倭国	磐井の乱			
⑩ 五三四		安閑勾金（豊前？）へ九州遷都	安閑				
五三六		宣化					
五四〇		五五二　仏教伝来（紀）	欽明				
五五四							魏書なる（倭の記載なし）

⑪

推古

推古　崇峻　用明　敏達

上宮法皇　上宮王

多利思北弧

年					
五七二	敏達（皇后推古）		五六二　任那日本府　滅亡		
五八一				隋（南朝の滅亡）	
五八七 ?		物部守屋討伐　蘇我氏法興寺			
五九一		上宮王家独立　法興元年 法隆寺芯柱			
五九二		推古（蘇我系）			
六〇〇		俀国多利思北孤　遣隋使		俀国遣隋使	
六〇三	推古大和小墾田宮に移る 冠位一二階				
六〇四		憲法一七条			
六〇七	聖徳太子　斑鳩寺 小野妹子遣隋使に随行 推古の朝貢外交	多利思北孤遣隋使「隋に対する対等外交（随書）		俀国遣隋使	
六〇八	小野妹子帰国　裴世清（鴻臚寺の掌客）隋国書「皇帝、倭皇に問う」	隋使文林郎　裴清俀国へ「竹斯国より以東は皆俀に付庸す」隋書俀国伝			
六一八				隋滅び唐興る	
六二〇	推古二八年　天皇紀国記という				
六二二	聖徳太子薨去				

年		上段帯	事項	下段帯	倭国事項	朝鮮	中国	史書
六二三	⑫				多利思北孤崩御			
六三一		孝徳	遣唐使（倭国遣唐使に随行？）	舒明	唐使高表仁倭王子と争い（旧唐書）			
六三二					唐客高表仁を歓待（欽明）			
六三三					高表仁帰る			
六四二	⑬			皇極	皇極　肥前小墾田宮へ			
六四五		孝徳	孝徳　難波遷都		乙巳の変　大化改新			
六四八					新羅を介して唐へ表を奉ずる（旧唐書倭国伝末尾）			旧唐書倭国伝末尾
六五三			孝徳　遣唐使	明				
六五五	⑭	難波		斉	六五五　斉明重祚			
六五六	⑮		斉明大和飛鳥遷都				隋書完成	
六五九		斉明			倭国使蝦夷使と唐へ（冊府元亀）			「翰苑」六六〇年頃　張楚金
六六〇						六六〇　百済滅亡		北史　南史　完成
六六一			斉明崩御　天智称制	倭国	百済救援			
六六三			阿倍の比羅夫　豊璋		白村江敗戦	白村江の戦い	白村江の戦い	
六六四			冠位二六階（倭国制度に合わせた？）		唐使　三月来日　九月二五〇人　共に一二月帰国		六六五　泰山封禅	
六六六					筑紫に水城 唐の百済鎮将が使者	唐の百済鎮将		
六六七		天智	天智　山城					

六六八		天智近江京 天智即位 天武東宮大皇弟 日本国使新羅へ（三国史記）	倭国		新羅　唐と対立	
					高句麗滅亡	
六六九				六六九　唐兵二〇〇〇人が九州に進駐		
六七〇		大和を日本と改号（三国史記） 法隆寺（斑鳩寺？）焼失		倭国遣唐使（朝貢）	新羅　唐との戦争	新羅　唐との戦争 六七六年まで
六七一		天智没　法隆寺火災		筑紫君薩夜麻帰国　二〇〇〇人が駐留		
六七二		六月　壬申の乱 六七三　天武即位		五月郭務綜離日		
六七六			俀俰倭国		新羅　唐に勝つ	
六八一	天武	古事記編纂令　大極殿復活		唐軍撤退？		六七八　祢軍墓誌
六八六		天武崩御　持統称制（高市天皇？）		年号再開（朱鳥←白鳳）一年のみ		
六八七					新羅が唐を駆逐	
六九六	持統	持統この年即位か				六九四　則天武后
六九七		文武				
七〇〇		藤原京				
七〇一	日本 文武	日本国建国　建元　大宝律令		倭国正式消滅		
七〇二		遣唐使真人　旧唐書「日本伝初出」	日本			日本国遣唐使

年表注

①　記紀の神代は伊奘諾・伊奘冉尊神話など海原領域が舞台であるので、九州の欄とした。原アマテラス神話もここであろう。
②　アマテラス（海原倭人の一部）が高天原（半島倭）へ移住を表す。アマテラス神代巻の末尾。
③　ニニギの半島から列島への天降りと南九州への移動（神代巻）。
④　神武東征（一〇年前後かかる、神武紀）。
⑤　同時代の神武天皇系欠史八代・崇神天皇系・仲哀天皇系を記紀は縦につないでいる（斜め線）。
⑥　仲哀天皇・神功皇后の熊襲・新羅征戦（大和王権の将軍達、のちに天皇追謚号）。遷都ではない。
⑦　神功皇后と御子の東征、その後については記述なく、応神・仁徳の事績を仲哀紀・神功紀に記している。
⑧　仁徳紀〜武烈まで河内・大和が舞台。
⑨　継体紀の大半が大和外が舞台（大和に入れない）。後半は大和も。
⑩　安閑〜推古半ばまで九州遷都。ただし、やまとが空白になったことを意味しない。
⑪　推古在位半ばに大和小墾田宮へ帰還遷都。隋書が根拠。
⑫　推古（大和王権、大和）崩御の次は舒明・皇極（上宮王家、肥前）としている。
⑬　孝徳（合体大和王権、難波）。孝徳は推古を直接継いでいる（「鼠」の比喩）
⑭　孝徳崩御後、斉明（合体大和王権）は九州（肥前）で即位。
⑮　斉明、翌年大和に遷る。以後、日本書紀巻末まで近畿。

【参考】
東アジアの変遷

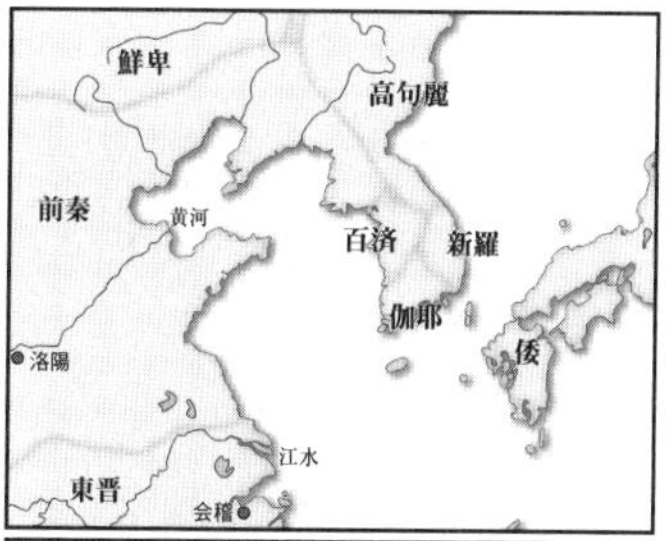

四世紀後半

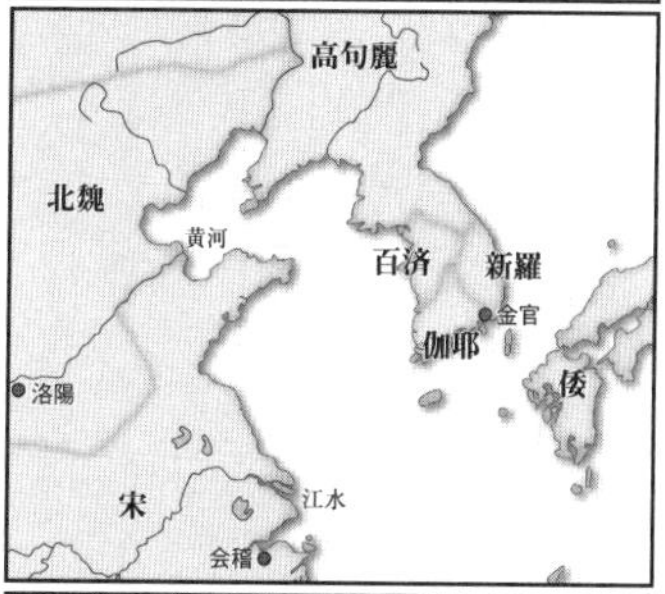

五世紀後半

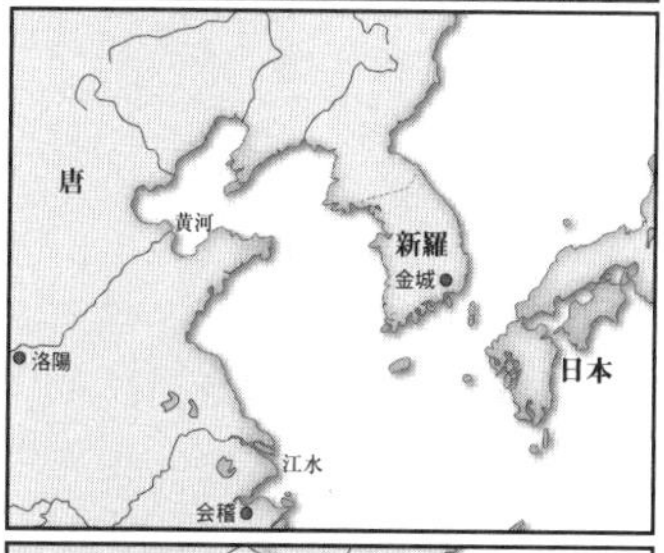

七世紀後半

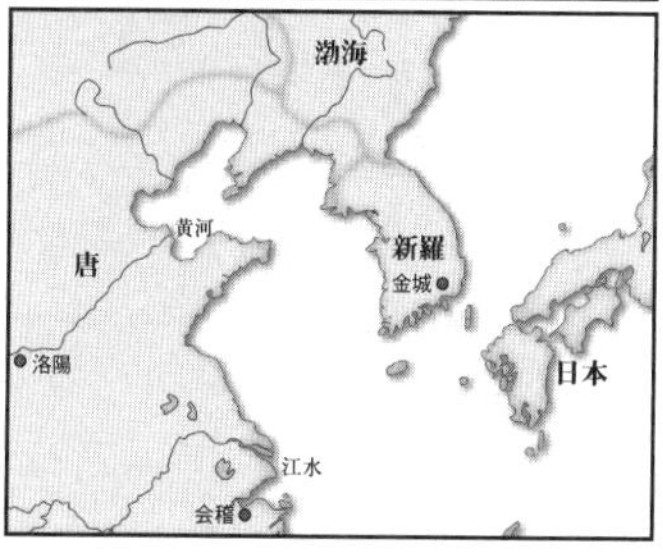

八世紀後半

主要参考文献

（末尾に＊の記してある文献は二〇〇七年以降に入手したもの）

『古事記』（次田真幸訳注、講談社、一九七七年〜一九八四年）
『古事記』（武田祐吉訳注、角川書店、一九七七年）
『三体古事記』（渋川柳二郎、誠文堂、一九一五年）
『日本書紀』（坂本太郎他校注、岩波書店、一九六七年）
『日本書紀』（井上光貞、中央公論社、一九八七年）
『日本書紀』（宇治谷孟訳、講談社学術文庫、一九八八年）
『続日本紀』（宇治谷孟訳、講談社学術文庫、一九九二年）
久松潜一編『万葉秀歌』（講談社学術文庫、一九七六年）
朝日新聞西部本社編『古代史を行く』（葦書房、一九八四年）
家永三郎・古田武彦『法隆寺論争』（新泉社、一九九三年）
家永三郎・古田武彦『聖徳太子論争』（新泉社、一九八九年）
石野博信・森浩一他編『三輪山の考古学――大和王権発祥の地から古代日本の謎を解く』（学生社、二〇〇二年）
井上光貞『飛鳥の朝廷』（講談社学術文庫、一九七四年）
上田篤編『五重塔はなぜ倒れないか』（新潮社、一九九六年）
上田正昭他『謎の五世紀』（学生社、一九九一年）＊
上野武『女王卑弥呼の「都する所」――史料批判で解けた倭人伝の謎』（日本放送出版協会、二〇〇四年）

内倉武『大宰府は日本の首都だった――理化学と「証言」が明かす古代史』（ミネルヴァ書房、二〇〇〇年）
大芝英雄『豊前王朝――大和朝廷の前身』（同時代社、二〇〇四年）＊
大山誠一『聖徳太子の真実』（平凡社、二〇〇三年）＊
大和岩雄『邪馬台国は二ヵ所あった――邪馬台国から初期ヤマト王権へ』（大和書房、一九九〇年）
大和岩雄『「日本」国はいつできたか――日本国号の誕生』（六興出版、一九八五年）
大和岩雄『日本にあった朝鮮王国――謎の「秦王国」と古代信仰』（白水社、一九九三年）
門脇貞二『邪馬台国と地域王国』（吉川弘文館、二〇〇八年）
兼川普『百済の王統と日本の古代――〈半島〉と〈列島〉の相互越境史』（不知火書房、二〇〇九年）
金子修一『古代中国と皇帝祭祀』（汲古書院、二〇〇一年）
川添登『「木の文明」の成立』（NHK出版、一九九〇年）
川端俊一郎『法隆寺のものさし――隠された王朝交代の謎』（ミネルヴァ書房、二〇〇四年）
金両基『物語韓国史』（中公新書、一九八九年）
金達寿　日本古代史と朝鮮　講談社　一九八五年
黒須紀一『覇王不比等』（作品社、一九九五年）
小石房子『暁の女帝推古――日本の女帝』（作品社、一九九六年）
小石房子『天照らす、持統』（作品社、一九九九年）＊
小林恵子『白村江の戦いと壬申の乱――唐初期の朝鮮三国と日本』（現代思潮社、一九八七年）
小林恵子『解読「謎の四世紀」――崇神、ヤマトタケル、神功皇后、応神の正体』（文藝春秋、一九九五年）
坂田俊文・高田良信『再現・法隆寺壁画――幻の至宝が甦った』（日本放送出版協会、一九九二年）
坂田隆『日本の国号』（青弓社、一九九三年）
坂田隆『人麻呂は誰か――万葉歌人決定論』（新泉社、一九九七年）
笹山晴生『日本古代史年表』（東京堂出版、一九九三年）
白石太一郎『考古学と古代史の間』（筑摩書房、二〇〇四年）

新庄智恵子『謡曲のなか九州王朝』（新泉社、二〇〇四年）
関裕二『海峡を往還する神々――解き明かされた天皇家のルーツ』（ＰＨＰ研究所、二〇〇五年）＊
関裕二『謀略の女帝 持統天皇――古代正史への挑戦状』（フットワーク出版社　一九九二年）
関裕二『藤原氏の正体』（東京書籍、二〇〇二年）
関裕二『神武東征の謎――「出雲神話」の裏に隠された真相』（ＰＨＰ文庫、二〇〇三年）
関裕二『大化改新の謎――闇に葬られた衝撃の真相』（ＰＨＰ文庫、二〇〇二年）＊
関裕二『古代史の秘密を握る人たち――誰が本当の歴史を封印したのか?』（ＰＨＰ研究所、二〇〇七年）
高田良信・入江泰吉『法隆寺国宝散歩――日本の美と心のふるさとを訪ねる』（講談社、一九九一年）
田村圓澄編『大宰府――古代を考える』（吉川弘文館、一九八七年）
沈仁安『中国から見た日本の古代――新しい古代史像を探る』
（藤田友治／藤田美代子訳、ミネルヴァ書房、二〇〇三年）＊
佃収『古代史の復元』シリーズ（星雲社、一九九七年～二〇〇七年）
寺沢薫『王権誕生』日本の歴史2（講談社、二〇〇〇年）
鳥越憲三郎『中国正史――倭人・倭国伝全釈』（中央公論社、二〇〇四年）
直木孝次郎『神話と歴史』（吉川弘文館、二〇〇六年）＊
直木孝次郎『古代日本と朝鮮・中国』（講談社学術文庫、一九八八年）
西岡常一『木に学べ――法隆寺・薬師寺の美』（小学館、一九八八年）
西岡常一『宮大工棟梁・西岡常一「口伝」の重み』（日本経済新聞社、二〇〇五年）＊
西岡常一・小原二郎『法隆寺を支えた木』（日本放送協会、一九七八年）
浜名寛祐『神頌契丹古伝――日韓正宗溯源』（喜文堂書房、一九二六年）
林　青梧『「日本書紀」の暗号――真相の古代史』（講談社、一九九〇年）
林　青梧『「日本」建国――藤原不比等の野望』（講談社、一九九三年）
平野邦雄『邪馬台国の原像』（学生社、二〇〇二年）

古田武彦『「邪馬台国」はなかった』（朝日新聞社、一九七一年）
古田武彦『邪馬一国への道標』（講談社、一九七八年）
古田武彦『古代は輝いていた』Ⅰ〜Ⅲ（朝日新聞社、一九八四年〜一九八五年）
古田武彦『よみがえる卑弥呼――日本国はいつ始まったか』（駸々堂、一九八七年）
古田武彦『古代史は沈黙せず』（駸々堂、一九八八年）
古田武彦『九州王朝の歴史学――多元的世界への出発』（駸々堂、一九九一年）
古田武彦『日本古代新史――増補、邪馬一国の挑戦』（新泉社、一九九一年）
古田武彦『古代史を開く独創の一三の扉』（原書房、一九九二年）*
古田武彦『古代通史――古田武彦の物語る古代世界』（原書房、一九九四年）
古田武彦『人麻呂の運命』（原書房、一九九四年）
古田武彦『失われた日本』（原書房、一九九八年）
古田武彦『日本の秘密――「君が代」を深く考える』（五月書房、二〇〇〇年）
古田武彦『古代史の十字路――万葉批判』（東洋書林、二〇〇一年）
古田武彦『壬申大乱』（東洋書林、二〇〇一年）
古田武彦編『シンポジウム倭国の源流と九州王朝』（新泉社、一九九〇年）*
古田武彦ほか『神武歌謡は生きかえった――古代史の新局面』（新泉社、一九九二年）
古田武彦ほか『古代に真実を求めて』第七集（明石書店、二〇〇四年）*
前之園亮一『古代王朝交替説批判』（吉川弘文館、一九八七年）*
松本清張『古代史疑』（中央公論社、一九六八年）
三木太郎『倭人伝の用語の研究』（多賀出版、一九八四年）
室伏志畔『大和の向こう側――隠された国盗り物語』（五月書房、一九九九年）*
室伏志畔『日本古代史の南船北馬――『日本書紀』の遺作を読み解く』（同時代社、二〇〇二年）
室伏志畔『筑豊の黙示――〈非知〉への凝視』（深夜叢書社、二〇〇九年）

森公章『「白村江」以後――国家危機と東アジア外交』（講談社、一九九八年）
安引宏『原万葉――葬られた古代史』（人文書院、二〇〇二年）
安本美典『古代物部氏と先代旧事本紀の謎――大和王朝以前に、饒速日の尊王朝があった』（勉誠出版、二〇〇九年）
安本美典『古代九州王朝はなかった――古田武彦説の虚構』（新人物往来社、一九八六年）
安本美典『大和朝廷の起源――邪馬台国の東遷と神武東征伝承』（勉誠出版、二〇〇五年）
米田良三『法隆寺は移築された――大宰府から斑鳩へ』（新泉社、一九九一年）
米田良三『建築から古代を解く――法隆寺・三十三間堂の謎』（新泉社、一九九三年）
C・L・ライリー『倭人も太平洋を渡った――コロンブス以前のアメリカ発見』（古田武彦訳、八幡書房、一九八七年）
李鍾恒『韓半島からきた倭国――古代加耶国が建てた九州王朝』兼川晋訳（新泉社、二〇〇〇年）

あとがき

一九七〇年頃から、松本清張氏の「古代史を疑う」（一九六八年）をきっかけとして、古田武彦氏の「『邪馬台国』はなかった」（一九七一年）をはじめとする「倭国＝九州王朝」説に瞠目しつつも、一方的な「日本書紀の捏造・盗作」の決め付けに疑問を持ち続けてきました。

本書は同じタイトルで二〇〇七年からネットで公開し、更新と追加を続けてきたものをまとめたものです。先達の諸説に学びつつ新たな検証を加え、中国史書や日本書紀とも整合する「倭国と大和の関係史」の全体像を得たと思います。

引用をさせていただいた諸先達に感謝するとともに、諸兄のご批判とご助言を乞う次第です。
また長年、しばしば古代史の議論を押し売りしてきましたが、辛抱強く耳を傾けてくれた周りの人たちに感謝します。本書の出版では原書房の石毛力哉氏に大変お世話になり、貴重なご教示をいただきました。感謝です。

二〇一五年四月

髙橋　通